Normen und Werte

Werte und Normen
Klassen 7/8
Niedersachsen

Herausgegeben von
Silke Pfeiffer

MiLiTZKe

Herausgeber
Prof. Dr. habil. Silke Pfeiffer

Autoren
Kapitel 1: Eckhard Gruen
Kapitel 2: Dr. Martina Wegener
Kapitel 3.1 und 3.3: Prof. Silke Pfeiffer
Kapitel 3.2: Dr. Eveline Luutz
Kapitel 4: Stefanie Ströhla
Kapitel 5: Jana Paßler

Dieses Lehrbuch folgt der reformierten Rechtschreibung und Zeichensetzung. Texte mit * sind aus urheberrechtlichen Gründen davon ausgenommen.

© Militzke Verlag GmbH, Leipzig 2015
Lektorat: Dr. Eveline Luutz / Korrektorat: Julia Vaje
Umschlag, Layout und Satz: Ralf Thielicke
Umschlagfoto: istockphoto (2): a-wrangler (Mädchen); Zaichenko (Skater)
Druck und Binden: Werbedruck GmbH Horst Schreckhase, Spangenberg
ISBN: 978-3-86189-557-2

www.militzke.de

Die letzte Jahreszahl bezeichnet das Erscheinungsjahr dieser Auflage.
2019   2018   2017   2016

Das bedeuten die Symbole:

| A Aufgaben | Ü Übung | P Projekt |
| Q Quelle | D Definition | ↗ Tipp, Hinweis |

1 Das Leben ist nicht nur berauschend – Von Sehn- und anderen Süchten

1. Formuliert für jede Abbildung eine treffende Bildunterschrift.

1.1 Der Rausch als Grenzüberschreitung

Bereits in antiken Mythen der Griechen spielen zwei gegensätzliche Prinzipien, die den Menschen beherrschen, eine Rolle: das des rational abwägenden, von Klugheit bestimmten Handelns, das durch den Gott Apollon symbolisiert* wird und das sinnenfrohe, lustvolle, rauschhaft-befreiende Prinzip, symbolisiert durch den Gott Dionysos (lat. Bacchus). Dionysos gilt als Gott des Weines und des Rausches, aber auch als Gott des Wahnsinns und der Melancholie, der die Menschen bei ihren Begierden packt. Zu seinem Gefolge zählten Satyrn* und Mänaden*, die lustvoll, grausam und obszön zugleich wilde Orgien feiern und im Rausch selbst davor nicht zurückschreckten, die eignen Kinder zu zerstückeln. Der Philosoph Friedrich Nietzsche (1844–1900) war der Auffassung, dass zum Menschen sowohl das ungezügelte „Dionysische" als auch das disziplinierte und disziplinierende „Apollinische" gehöre.

„Bacchus", 1596–1597, Michelangelo Merisi da Caravaggio (1573–1610)

In vino veritas ?

Es gibt keine Kultur, die nicht über Rauschmittel verfügt. Traditionell wurden diese von Priestern oder Schamanen bei ritualisierten* Gelagen ausgegeben. Der kollektive Rausch wird zum Symbol* und Mittel der Gemeinschaft. Traditionell schützte man sich vor dem Missbrauch von Drogen, indem sie nur zu religiösen Anlässen genossen wurden und ein fester Ablauf des Exzesses* einzuhalten war. Beim Symposion der alten Griechen, einem Gelage, bei dem sich exzessiver Weingenuss mit geistreicher Unterhaltung verband, sorgte ein Symposiarch dafür, dass alle etwa den gleichen Grad von Trunkenheit erreichten. Er musste einschreiten, wenn einzelne Gäste Privatgespräche führten und so dem Geist der Geselligkeit zuwiderhandelten. Der Brauch, bedeutende Themen unter Alkoholeinfluss zu besprechen, besaß in der Antike Tradition. Bei Herodot heißt es, die alten Perser hätten wichtige Angelegenheiten gewöhnlich im Rausch besprochen, um sie dann am nächsten Tage noch einmal nüchtern zu beurteilen. Ähnliches berichtet Tacitus von den Germanen. In Russland und China soll es noch heute üblich sein, bei Geschäftsverhandlungen so lange zu trinken, bis keine Partei mehr zu irgendwelchen Hinterhältigkeiten in der Lage ist.

(Frei nach Stefan Gabányi: Der Zaubertrank. Süddeutsche Zeitung, 5.3.2011, S. V2/6)

1. Findet Beispiele, wie sich die beiden Prinzipien im heutigen Alltag zeigen.
2. Erklärt, was mit „Grenzüberschreitung" gemeint ist.
3. Diskutiert, ob es auch heute noch kollektive Rauschzustände gibt und mit welchen Ritualen* sie verbunden sind.
4. Gebt mit eigenen Worten wieder, warum im Wein Wahrheit liegt bzw. warum nicht.

Was man so alles **sucht**

Durch berauschende Substanzen oder Tätigkeiten sollen Grenzen überschritten werden, auf die man im Alltag stößt und die man als hinderlich empfindet. Warum aber möchten Menschen einen Zustand, in dem sie sich befinden, verlassen?

Fragen

Was ist das für ein Zustand, aus dem der Mensch auszubrechen versucht?

Was sucht er?

Wonach hat er Sehnsucht?

Was wird wann zur Versuchung?

Wieso kann er süchtig werden?

Jeder Mensch kennt aus eigenem Erleben Situationen, denen man rasch zu entkommen sucht, die sich nicht „berauschend" anfühlen.

Situationen

Einsamkeit

zu wenig Aufmerksamkeit oder emotionale Zuwendung durch die Eltern

Mobbing

materielle Not

Misserfolg in der Schule

Unzufriedenheit

tägliches Einerlei

Erfolgsdruck

Langeweile

...

A 1. Erstellt eine Mindmap, wie *Suchen, Sehnsucht, Versuchung, Sucht* zusammenhängen könnten.
2. Ergänzt weitere Situationen, die den Wunsch nach Grenzüberschreitung hervorrufen können.

Ü 3. Versetzt euch in eine der aufgelisteten Situationen.
   a) Beschreibt so genau wie möglich die Gefühle der betroffenen Person.
   b) Notiert, was euch an der Situation missfällt.
   c) Welche Wünsche werden durch die Situation geweckt?
   d) Unterbreitet Vorschläge, wie ihr aus dieser Situation herauskommen könnt.

Leben als „Event"

Das „Recht auf Rausch" ist längst zu einem Grundrecht geworden. [...] „Erlebe dein Leben!" lautet die Devise, die seit den achtziger Jahren einer genussorientierten Kick-Kultur Vorschub leistet. Das Dilemma einer erlebnisorientierten Lebensweise scheint nun gerade darin zu bestehen, dass trotz der wachsenden Freizeit- und Zerstreuungsindustrie die Spielräume zur authentischen Selbstentfaltung des Einzelnen enger werden: Je mehr Langeweile-Vertreibungs-Angebote auf den Markt kommen, umso mehr scheint die Langeweile zu wachsen. Die kleinen Fluchten des Alltags werden immer wichtiger. Das gilt ebenso für Fluchtbewegungen aus äußeren Zwängen wie für die Flucht vor sich selbst. [...] Wir sind eine Gesellschaft von Süchtigen, denn wir bedienen uns nicht mehr der Dinge, sondern die Dinge haben uns in der Hand. [...] Der verführerische Glanz der Märkte produziert ständig

Kaufrausch

neue Objekte der Begierde. Alles Begehren aber kann in Sucht umschlagen, denn die Kurzlebigkeit aller warenförmigen Glückssurrogate führt zur Fortdauer der Unbefriedigung. [...] Das Lustvolle des Konsums liegt eben nicht mehr vorrangig in der Bedürfnisbefriedigung, sondern gerade in einer fortschreitenden Unbefriedigung, die das Begehren immer wieder neu anfacht.

(Peter Kemper, Ulrich Sonnenschein (Hg.): Sucht und Sehnsucht: Rauschrisiken in der Erlebnisgesellschaft. Reclam, Stuttgart 2000, S. 11–13)

1. Erläutert anhand von Beispielen, was unter „genussorientierter Kick-Kultur" zu verstehen ist.
2. Findet in Partnerarbeit Gründe dafür, dass jeder Konsum die Lust auf mehr Konsum fördert.
3. Der Philosoph Günther Anders (1902–1992) spricht davon, dass die Waren dürsten. Liste auf, wonach das Smartphone und die Sneakers dürsten.

4. Bildet Arbeitsgruppen und
    › notiert eure Gefühle:

        a) Vor dem Schaufenster bzw. beim Betreten eines Geschäfts;
        b) Beim Aussuchen dessen, was ihr kaufen wollt;
        c) beim Bezahlen;
        d) beim Verlassen des Geschäfts;
        e) beim Vorführen des Gekauften bei Freund/Freundin/Eltern ...;
        f) beim ersten Gebrauch;
        g) drei Tage nach dem Kauf;
        h) nach einer Woche.
    › Vergleicht eure Empfindungen.
    › Was verändert sich von a bis h?
    › Zieht Schlussfolgerungen für euer Verhalten.

5. Auf welche Langeweile-Vertreibungsangebote greift ihr gern zurück? Berichtet von eigenen Erfahrungen und Empfindungen damit.

Lest das Buch von Susanne Gaschke: Die verkaufte Kindheit. Pantheon, München 2011.

1.2 Die Flucht in die Sucht

Wenn der Alltag als öde und bedrückend erlebt wird, wenn jemand beständig an sich zweifelt, von Ängsten gequält wird oder erfolglos um Anerkennung ringt, dann wächst die Sehnsucht, dies alles hinter sich zu lassen. Es gibt viele Möglichkeiten und Formen, sich zu berauschen oder zu betäuben, sich mit einem „Kick" aus den Schwierigkeiten des Alltags herauszukatapultieren. Wenn man immer mehr solcher „Kicks" benötigt, damit das gelingt, wenn man von ihnen so abhängig wird, dass man ohne sie Entzugserscheinungen zeigt, spricht man von einer SUCHT.

Wie äußern sich

Medika-menten-sucht

Für den klaren Kopf am Montag-morgen sorgt – klare Sache: die Pille zum Einnehmen. Stillsitzen, Mathe-Arbeit, Englischvokabeln, Streit mit Mitschülern – ohne den ständigen Gebrauch von Medikamen-ten scheint nichts zu gehen.

Illegale Drogen

Im Gegensatz zu Alkohol, Nikotin und Medikamenten führen sie oft schon bei der Einnahme kleiner Dosen zur Abhän-gigkeit. Illegale Drogen greifen nicht nur die Gesundheit an, sondern sie verändern auch Denken und Fühlen.

Compu-ter-sucht

Im Internet surfen und neue Spiele ausprobieren, ist schon etwas Tolles. Manchmal kann man sich nur schwer vom Computer trennen. Wer aber dabei seine Freunde und andere schöne Dinge vergisst, ist vielleicht computersüchtig.

Ess-störun-gen

Bei Ess-Süchtigen kreist das ganze Denken um alles Essbare und sie fühlen sich davon un-widerstehlich angezogen. Mager-süchtige fühlen sich auch dann noch zu dick, wenn andere beim Anblick ihres Körpers zutiefst erschrecken.

Fern-sehsucht

Wenn ein Bildschirm in der Nähe ist, sind Fernsehsüchtige nicht zu stoppen. Egal, was über den Bildschirm flimmert, sie blicken gebannt in die Röhre. Von fernsüch-tig spricht man dann, wenn jemand jeden Tag seine Freizeit so verbringt.

Alkohol-abhängig-keit

Der Körper ist so sehr auf Alkohol „eingestellt", dass er protestiert, wenn man weniger als gewohnt trinkt. Typische Entzugserschei-nungen sind das Zittern der Hände oder starkes Schwitzen. Auch können Unruhe und Angst auftreten.

Ü Arbeitet in Vierergruppen!
1. Ergänzt die Übersicht um weitere Süchte.
2. Bildet eine Rangfolge. An die erste Stelle stellt ihr die Sucht, die eurer Meinung nach für den Einzelnen und seine Familie den größten Schaden anrichtet.
3. Schreibt für jede Sucht auf, was eurer Meinung nach die wichtigsten Schäden sind, die an-gerichtet werden, und zwar bezogen auf den Betroffenen und seine Familienangehörigen.
4. Stellt eure Arbeitsergebnisse in der Klasse zur Diskussion.

↗ Ihr könnt euch unter (www.sucht.de) entsprechende Informationen einholen.

Alkohol – Volksdroge Nummer 1

Prost

Bei einer Geburt – sagt die Verwandtschaft Prost
Dann die Taufe – Prost
Papas Geburtstag – Prost
Hochzeitstag – Prost
Und du säufst schon lange mit.
Weil man als Mann ja kein Schlappschwanz
    ist.
Als Frau „seinen Mann stehen"
    muss. – Prost
Verlobung – Prost
Entlobung – doppelt Prost
Heirat – Prost
Erstes Kind – Prost
Beim Kegeln „alle Neune" – Prost
Die Wette um den Kasten Bier – Prost
Ehekrach – Prost
Lohnzulage – Prost
Betriebsausflug – Prost
Sechzigster Geburtstag – Prost (wenn's
    noch geht)
Wenn du stirbst, sagen die anderen nach
    der Beerdigung – Prost

LAURA KENNENGELERNT

LAURA ZUM LACHEN GEBRACHT

LAURA GEKÜSST

LAURA IN DEN AUSSCHNITT GEKLOTZT

ALKOHOL
IRGENDWANN IST DER SPASS VORBEI.

(Nach: Erziehung und Wissenschaft, Heft 3/2013, S. 7)

Feiern bis zum Filmriss?

Lena öffnet die zweite Flasche Sekt – die erste ist bereits bei der Wahl des Outfits vor Vivis Zimmerspiegel draufgegangen. Irgendwer hat einen Sechserpack Bier mitgebracht, die meisten aus der Clique halten sogenannte Wodka-Mischen in den Händen. Die Partynacht beginnt. Für eine von ihnen, Josi, endet sie im Kinderkrankenhaus auf der Bult: Diagnose Alkoholvergiftung. Die Hälfte aller Jugendlichen, die dort jede Woche behandelt werden, sind Mädchen.

Für Mädchen ist Alkohol – wie für Jungen auch – ein Mittel geworden, um Hemmungen abzubauen, Leistungsdruck auszuhalten und ihrer gesellschaftlichen Rolle* gerecht zu werden, so der Jugendschutzbeauftragte der Stadt Hannover. „Er hilft beim Flirten", meint Lena.

(Frei nach HAZ, 11.11.2010, S. 17)

1. Fasse die Aussage des Gedichts in einem Satz zusammen und positioniere dich dazu. A
2. Erstellt eine Liste, auf der ihr die positiven Wirkungen nennt, die vom Alkoholgenuss ausgehen sollen. Ergänzt diese Liste durch eventuelle eigene Erfahrungen.

Generation Komasaufen?

Generell geht der Alkoholkonsum bei Jugendlichen zurück. Dennoch ist Alkohol nach wie vor das Suchtmittel Nr. 1 sowohl bei Jugendlichen als auch bei Erwachsenen. Die meisten Jugendlichen trinken erstmals in der Pubertät* Alkohol, etwa jeder fünfte Jugendliche zwischen 12 und 17 Jahren, betreibt monatlich mindestens einmal ein Rauschtrinken (5 Gläser oder mehr pro Anlass).

Q

Tod nach 30 Wodka

Ein 14-jähriger Schüler, Philip S., wachte nach einem Wetttrinken nicht mehr aus dem Koma* auf. Er starb nach schätzungsweise 30 Wodka. Im Prozess um das tödliche Wetttrinken des 15-Jährigen sitzen vier seiner engsten Freunde, ein Mädchen und drei Jungen, alle nur wenig älter als der Tote, auf der Anklagebank. Die Verteidigung wirft ihnen eine Mitschuld am Tod von Philip S. vor. Die Gruppe hatte sich wie jedes Wochenende auf dem stillgelegten Bahnhof des Ortes getroffen. Durch ein defektes Kellerfenster stiegen sie ein und machten es sich im Obergeschoss „gemütlich". Sie rauchten und palaverten, bis irgendjemand auf die Idee verfiel, ein Wetttrinken zu veranstalten. Zunächst einmal musste mithilfe eines Erwachsenen, Susans älterem Bruder, Alkohol beschafft werden. In den ersten Runden tranken alle mit. Dann stiegen sie nacheinander aus: erst Denny, dann Susan, Robert.

Das Schlussduell fand zwischen Paul und Philip statt. Beide konnten zu diesem Zeitpunkt schon nicht mehr stehen und lallten nur noch. Denny, der nicht viel verträgt, lag bereits schlafend auf der alten Matratze in der Ecke. Irgendwann fiel auch Paul einfach um. Philip goss sich den Siegesbecher ein, der auch ihm den Rest gab. Nach und nach im Verlaufe der Nacht begaben sich alle auf den Heimweg, jeder für sich, gerade so, wie er aufwachte. Auf Philip achtete niemand.

Am nächsten Morgen klingelte Philips Mutter Denny aus dem Bett, Philip war nicht nach Hause gekommen. Er lag noch immer auf dem Fußboden und zeigte keine Reaktion. Mit seinem Handy rief Denny den Notarzt herbei. Drei Tage später war Philip tot. Er war nicht wieder aus dem Koma erwacht.

(Nach einer wahren Begebenheit)

A

1. Tragt in einem Brainstorming Gründe zusammen, die die Beteiligten bewogen haben könnten, ein Wetttrinken zu veranstalten.
2. Recherchiert die gesetzlichen Bestimmungen zur Abgabe von Alkohol an Jugendliche. Haltet ihr diese für gerechtfertigt?
3. Stellt in kleinen Spielszenen andere Reaktionen von Susans Bruder auf deren Bitte, Alkohol zu besorgen, dar.
4. Stell euch vor, ihr kommt auf eine Party. Gleich beim Eintreffen wird euch ein hochprozentiger Cocktail in die Hand gedrückt. Ihr wollt keinen Alkohol trinken. Ihr wollt aber auch nicht von den anderen verspottet werden. Spielt in einem Sketch eine solche Situation nach. Es geht darum, durch eine coole, schlagfertige Antwort zu erreichen, dass der Anbieter davon absieht, euch Alkohol aufzudrängen.

Ein Gläschen in Ehren ...

Q Was ist so schlimm am Alkohol

In der Jugend finden grundlegende Umbauprozesse im Gehirn statt: Es werden neue Nervenzellen gebildet, nicht genutzte Nervenverbindungen abgebaut und die Nervenbahnen in der vorderen Großhirnrinde „fit" gemacht – der Bereich, der für die Entwicklung planvollen Handelns und soziales Verhalten wichtig ist. Gerade das jugendliche Gehirn reagiert auf Alkohol – vor allem auf das Rauschtrinken – besonders empfindlich. [...] Hoher Alkoholkonsum beeinträchtigt kognitive Leistungen wie Gedächtnis, Aufmerksamkeit, Impulskontrolle, Handlungsplanung und abstraktes Denken. [...] „Interessant dabei ist", so Prof. Manfred Laucht vom Zentralinstitut für Seelische Gesundheit in Mannheim, „dass die Auswirkungen auf diese Funktionen besonders stark sind, wenn man häufig so viel trinkt, dass man einen Kater erlebt – ein für Jugendliche typisches Konsummuster. Sie trinken zwar wochentags nichts, dann aber am Wochenende übermäßig." [...]

In der Pubertät* befindet sich das Belohnungssystem des Gehirns im Umbau. Der Neurotransmitter Dopamin, der das Belohnungssystem steuert, wird verstärkt aktiv. Das führt zu dem jugendtypischen Bedürfnis nach Spaß und schneller Belohnung. Rauschtrinken verspricht diesen schnellen Kick, denn das Belohnungssystem reagiert sensibel auf Alkohol und schüttet erhöhte Mengen von Dopamin aus. Die Folge: Das sich noch entwickelnde Gehirn stellt sich auf „die Belohnung" durch Alkohol ein. Das begünstigt wiederum eine spätere Suchtentwicklung."

(BzgA [Hg.]: Wie Rauschtrinken das jugendliche Gehirn verändert. In. ALKOHOLSpiegel. Oktober 2011)

Q Was trinken Jugendliche

JUNGEN

MÄDCHEN

Aufteilung 2011 nach Getränken

	JUNGEN	MÄDCHEN
Bier	21,9	4,7
Biermischgetränk		4,4
Mixgetränke mit Spirituosen	7,3	2,8
	5,0	0,7
Spirituosen	4,2	5,2
Wein/Sekt	2,6	1,0
Alkopops	1,5	

(Erz. & Wissenschaft. H3/2013, S. 12)

1. Die gesundheitlichen Folgen des Alkoholkonsums sind vielen Jugendlichen bekannt. **A** Dennoch trinken sie meist, wenn sie in Gruppen zusammen sind. Tragt in einem Brainstorming Gründe zusammen, die dafür eine Rolle spielen können.
2. Erstellt eine Wandzeitung, auf der ihr die als „positiv" empfundenen Wirkungen des Alkoholkonsums sowie negative Folgen darstellt.
3. Bereits das Betrachten von Alkoholwerbung kann bei Suchtgefährdeten dazu führen, dass der Körper „sagt", dass er jetzt Alkohol *braucht*. Führt eine Pro-Contra-Diskussion (siehe S. 73) durch, ob Alkoholwerbung in Deutschland verboten werden sollte.

In Rauch und Asche

Im Vergleich zur Kulturgeschichte des Alkohols ist die des Tabaks, zumindest was Europa betrifft, deutlich kürzer. Zunächst wusste man auch nicht, wie man das, was da aus Amerika als neue „Genussmode" nach Europa importiert wurde, nennen sollte.

Q Die Sauferei des Nebels

Im Jahre 1627 berichtete der Gesandte Johann Joachim von Rusdorff über eine neue Mode in den Niederlanden: „Ich kann nicht umhin, mit einigen Worten jene neue, erstaunliche und vor wenigen Jahren aus Amerika nach unserem Europa eingeführte Mode zu tadeln, welche man eine Sauferei des Nebels nennen kann, die alle alte und neue Trinkleidenschaft übertrifft. Wüste Menschen pflegen nämlich den Rauch von einer Pflanze, die sie Nicotiana oder Tabak nennen, mit unglaublicher Begierde und unauslöschlichem Eifer zu trinken und einzuschlürfen". [...]

Die Analogie mit dem Trinken ist zunächst also eine Hilfskonstruktion, mittels der man ein sonst unfassbares Novum in den Griff zu bekommen sucht. Darüber hinaus jedoch hat sie einen realen Grund in der pharmakologischen Wirkungsweise des Tabaks. Dessen Hauptbestandteil, das Nikotin [...] lässt sich in seiner Wirkung [...] mit dem Alkohol vergleichen. Nikotin stimuliert nicht, sondern lähmt das Nervensystem. [...] Die Nikotinmenge, die ein Gewohnheitsraucher über den Tag verteilt zu sich nimmt, würde, auf einmal genommen, tödlich wirken. [...]

Schwindelgefühl, Übelkeit, Schweißausbrüche sind die Folge erster Rauchversuche. Erst durch die Gewöhnung kommt es – ähnlich wie beim Alkohol – zum Genuss.

Wolfgang Schivelbusch: Die trockene Trunkenheit des Tabaks. In: Peter Kemper, Ulrich Sonnenschein (Hg.): Sucht und Sehnsucht, Reclam, Stuttgart 2000, S. 183 ff.)

[A] 1. Vergleicht die Charakterisierung des Rauchens und der Raucher durch den Gesandten von Rusdorff mit dem Bild, das die Zigarettenwerbung vermittelt.
2. Formuliert Gründe, warum Menschen trotz anfänglicher negativer körperlicher Reaktionen dennoch weiter Alkohol und Tabak konsumieren. Welche Folgen hat es, wenn erst durch die Gewöhnung Genuss entsteht?

[Q] Stellt euch vor, ihr müsstet Kippen verkaufen. 400 eurer Kunden sterben täglich allein in Deutschland. Euer Produkt macht hässlich, impotent, süchtig und unsportlich. WIE schafft ihr es dennoch, neue Kunden zu gewinnen?

(Nach einer Idee der Initiative „Aufklärung gegen Tabak", 2014)

[Ü] 3. Entwerft in Gruppen eine Werbestrategie für euer Vorhaben.
4. Setzt euch anschließend kritisch mit den Werbeaussagen der Tabakindustrie auseinander, indem ihr die Versprechungen der Tabakindustrie mit den Wirkungen des Rauchens vergleicht. Recherchiert dafür im Voraus Material.

Raucherkarrieren

Eine typische Raucherkarriere weist als Merkmal auf, dass man schnell dabei ist, aber ganz schwer wieder loskommt. Daher wäre es ratsam, erst gar nicht mit dem Rauchen zu beginnen, die erste Zigarette nicht zu rauchen.

Gründe, die erste Zigarette zu versuchen

Ich war einfach neugierig.

Ich will erwachsen wirken.

Ich will Freunden und Freundinnen, die rauchen, imponieren.

Ich will cool wirken, besonders beim anderen Geschlecht.

Ich will nicht als Weichei dastehen.   …

1. Ergänzt diese Liste an Gründen für die erste Zigarette.   A
2. Sammelt Gründe für das Nichtrauchen.
3. Welche dieser Motive sind eigene, welche sind durch andere Menschen hervorgerufen?

Warum rauchst DU?   P
4. Befragt (siehe S. 129) Raucher und Raucherinnen.
   › Entwickelt einen Fragenkatalog, mit dem ihr erkundet, warum, zu welchen Anlässen, was, in welcher Menge, seit wann … die Personen rauchen.
   › Erkundet, ob sie den Wunsch hegen mit dem Rauchen aufzuhören. Welche Gründe gibt es und was steht dem Wunsch entgegen?
   › Präsentiert (siehe S. 31) eure Ergebnisse.

Wer nicht nach wenigen Kippen aufhört, wird fast unvermeidbar zum Raucher. Doch was steckt eigentlich drin in einer Zigarette?

Schon mal Rattengift inhaliert?

Im Zigarettenrauch steckt:

Ammoniak (Putzmittel)

Arsen und Blausäure (Rattengift)

Anilin (Bestandteil von Farbstoffen)

Formaldehyd (Desinfektionsmittel)

Naphtalin (Mottengift)

Benzol (Benzindampf)

Phenol (Teer)

Polonium (Alpha-Strahler)

1,3-Butadien (Autoreifen)   …

Weitere Informationen zu den Inhaltsstoffen in Zigaretten findet ihr unter:
www.rauch-frei.info

5. Sammelt leere Zigarettenschachteln und analysiert, ob ausreichend auf die Gesund-   A
   heitsgefährdung durch Rauchen hingewiesen wird.

Ich bin dann mal web

Computer und Internet haben in den letzten Jahren bis dahin ungekannte Möglichkeiten eröffnet, sich über die Grenzen der eigenen „kleinen" Welt hinaus in Sekundenschnelle im „Netz" zu bewegen, Kontakte zu knüpfen oder zu pflegen, zu chatten, in andere Identitäten zu schlüpfen und an interaktiven Spielen teilzunehmen. Dieser weite Raum des Netzes ist sehr viel vielfältiger als die kleine überschaubare Welt von Familie, Clique, Schule, Verein ..., in der man lebt. Sie bietet tausend Ablenkungen und Verlockungen. Sie alle sind beinahe mühelos zu erreichen. Dazu muss man nur die Finger auf der Tastatur bewegen. Die virtuelle Welt bietet so viele Möglichkeiten, aber auch Gefahren.

Q Gefangen im Netz

Sascha, 15 Jahre, hat sein Zimmer nicht mehr verlassen. Erst in der Freizeit nicht, dann nicht zu familiären Mahlzeiten, am Ende auch nicht, um am Unterricht teilzunehmen. Er hat ein halbes Jahr lang die Schule geschwänzt. Sascha bekam Stress. Mit seinen Eltern, der Schule, mit sich selbst. Seine Freunde setzten ihm nicht zu. Er hatte keinen Freund mehr. Keine Hobbys, keinen Schlaf. Eine Rund-um-die-Uhr-Gesellschaft hatte er hingegen, und die hatte ihn fest in der Hand: sein Computer und seine Spiele-Konsole.

Ein Leben auf Knopfdruck, Leben als künstliches Spiel ohne Frust und Konflikte. Sascha zog sich aus der Realität zurück. In der Internet-Welt konnte er alles sein. Ein Held, ein Sieger, der Größte, Stärkste und Tollste. Je mehr der Druck echter Menschen auf ihn zunahm, desto lieber flüchtete er sich in das virtuelle Alternativ-Dasein. Da hatte er die vermeintliche Kontrolle. Erfolgserlebnisse. Dank des Botenstoffes Dopamin rauschten ständig Glücksduschen durch sein Hirn. Gegen diesen Dauer-Kick ist die Langsamkeit normalen Lernens so öde wie Fußball ohne Tore.

(Petra Mies: Gefangen im Netz. Frankfurter Rundschau, 23.4.2005, S. 3)

 A

1. Haltet über den Zeitraum von einer Woche in einem Protokoll fest, wann, wie lange und wofür ihr moderne Medien (Computer, TV und Smartphone) nutzt. Vergleicht eure Protokolle und verständigt euch über Gemeinsamkeiten und Unterschiede.
2. Stellt in einer Liste Chancen und Gefahren der Internetnutzung gegenüber.
3. Erläutert, warum Erfolgserlebnisse für Menschen so wichtig sind. Warum sind diese bei Computerspielen leichter zu erlangen als im realen Leben?
4. Versetzt euch in die Lage von Saschas Eltern. Entwerft in Partnerarbeit Dialoge, in denen ihr eine Lösung für die Situation vorschlagt.

Mediensucht

Ohne neue Medien geht beinahe nichts mehr. Wir googeln, chatten, surfen, mailen oder skypen. Ohne unser Smartphone fühlen wir uns nackt. In der Straßenbahn, beim Spaziergang … immer wollen wir on sein. Doch wann beginnt Medienabhängigkeit? Und wann wird sie zur Sucht?

Die Stundenzahl, die jemand vor dem Fernseher oder Computer verbringt, kann bereits ein wichtiger Hinweis darauf sein, ob jemand suchtgefährdet ist. Bei drei und mehr Stunden täglich giltst du als gefährdet, bei über fünf als internetabhängig.

Es gibt aber noch mehr Anhaltspunkte für eine Selbsteinschätzung.

Alarmsignale für Medienabhängigkeit

du aus der Schule kommst, deinen Ranzen in die Ecke wirfst und vor dem Computer oder Fernseher mehrere Stunden verbringst

du Freunde oder Hobbys vernachlässigst, Verabredungen nicht einhältst und viel Zeit allein verbringst

dein gesamter Tagesablauf durch die Medien diktiert wird

du gereizt, nervös und unruhig bist, wenn du einmal nicht im Internet sein kannst

du den Fernseher oder den Computer von allein nicht abschalten kannst

Gespräche mit deinen Eltern kaum noch stattfinden

du dich einsam fühlst und Angst hast, Kontakte zu wirklich lebenden Menschen zu knüpfen

dein Essverhalten gestört ist, du ständig vor dem Bildschirm futterst oder das Essen ganz vergisst und stark abnimmst

Treffen mehrere der folgenden Aussagen zu, dann solltet ihr euch Hilfe suchen. Jugendliche beraten euch unter: **www.helferline.info**

1. Schätzt auf der Grundlage der „Alarmsignale …" ein, wie es bei euch mit einer Gefährdung aussieht.
2. Verdeutlicht anhand der Alarmsignale und an Saschas Beispiel, welche Werte sich durch die übermäßige Internetnutzung verschoben haben.
3. Legt dar, was „Kontrollverlust" im Zusammenhang mit Computersucht bedeutet.

Ich will doch nur spielen …

Computer und Internet haben die Spielewelt revolutioniert. Würfel- und Karten-spiele sind out und auch Bewegungsspiele im Freien sind nur etwas für Babys oder Alte. Wer etwas auf sich hält, spielt im Netz Roulette, Poker, Schach …

Q Süchtig nach dem nächsten Level

Ein Freund überredete mich World of Warcraft zu spie-len. Ratzfatz waren die ersten Quests erledigt, ich fand in „Tanks" starke Beschützer und kam auf zweistellige Levels. Meist spielte ich abends, um die Stufe 60 zu er-klimmen. Unzählige Stunden habe ich vorm PC ver-bracht, nach der Schule oder am Wochenende. Bald hörte ich täglich aus der Spielergemeinde: „Ein Krieger wird gebraucht!" Die Mitglieder in meiner Gilde – allesamt Nachteulen, verbrachten unzählige Stunden auf dem Weg zu diesem Level. Auch von mir erwartete man, dass ich die magischen 70 erreiche, um mit ihnen durch die High-Levels zu ziehen. So wurde ein Druck aufgebaut, dem ich mich nicht entziehen konnte. Ich ging nicht mehr zur Schule, traf keine Freunde mehr – selbst zum Essen nahm ich mir kaum noch Zeit. Es kam, wie es kommen musste.

(Frei nach einem anonymen Blogger)

Q Der Onlinespieler: ein dressierter Hund?

Computerspiele gleichen Wettkämpfen. Der Beste wird man durch Üben. Bei die-sem Üben handelt es sich um eine klassische Konditionierung. Je weniger ich denke, je bedenkenloser ich die Vorgaben der Programme befolge und je länger ich auf diese Weise spiele, umso besser werde ich. Darin besteht die „soziale Kompo-nente" der Computersucht. Bei Onlinespielen erreichen Spieler erst nach Stunden, wenn sie schon im Rausch sind und kaum noch einen zusammenhängenden Satz formulieren können, Hochform und die besten „Skills". Das reale Leben funktio-niert nicht so: Wer schulische oder Probleme mit seinen Eltern hat, kann diese nicht dadurch lösen, dass er länger im Raum sitzen bleibt. Im realen Leben sind Leistungen immer an innere und äußere Aktivitäten gebunden. Wer sich an das Be-lohnungs- und Erfolgssystem von Computerspielen gewöhnt hat, dem fällt es zu-nehmend schwerer, sich den Herausforderungen des wirklichen Lebens zu stellen.

(Frei nach Uwe Buermann: Kinder und Jugendliche zwischen Virtualität und Realität. APuZ H. 39/2008, S. 40)

1. Ein Computermagazin bescheinigt dem Spiel „World of Warcraft" die höchste Sucht-gefahr, dicht gefolgt von „Mass Effect 2". Arbeitet in einer Diskussion heraus, was dieses hohe Suchtpotenzial ausmacht.
2. Berichtet von eigenen Erfahrungen mit Computerspielen. Beurteilt ihre Suchtgefahr.
3. Worin unterscheidet sich das Belohnungssystem bei Computerspielen von dem im realen Leben?
4. Was bedeutet es, wenn jemand „konditioniert" wird? Welche Folgen hat das für die Entwicklung seiner Persönlichkeit?

Faszination Smartphone: Das magische Fenster

Dass das Eintauchen in virtuelle Welten nicht nur im stillen Kämmerlein möglich ist, zeigt sich an der rasanten Verbreitung von Smartphones. Binnen weniger Jahre hat es Handy und Computer ersetzt bzw. vereint. Überall sieht man Menschen gebannt auf sein Display starren, sein Leuchten wird zum Wegweiser durch die Welt.

Das iPhone [...] ist zum ständigen Begleiter des modernen Menschen geworden. [Q] [...] Das Gerät wird genutzt, wann und wo immer möglich, seine Nutzung hat Suchtcharakter. Nach Fernsehapparat und PC ist das iPhone die neueste Erfindung, die wie ein Sog auf den Besitzer wirkt, und es bleibt zu fragen, was das Faszinosum aller dieser Geräte ausmacht. [...]

Der Grund für die Faszination [...] wurde stets im Inhalt der Angebote gesucht: Fun und Sex, Gewalt und Games waren es, die die Attraktivität der Geräte ausmachen sollten. Der süchtige Umgang mit dem iPhone aber [...] könnte zur tatsächlichen Ursache der Faszination führen, die offensichtlich im Bildschirm selbst, in seiner Technik zu suchen ist: Fernseher, PC und iPhone sind Flächen, die durch Licht von hinten beleuchtet werden. [...] Licht von hinten schaltet, indem es das Auge überanstrengt, alle anderen sinnlichen Wahrnehmungsorgane aus. [...]

Mit dem Effekt des wirklich oder scheinbar von hinten ausstrahlenden Lichts arbeiten die Lenker der Massen seit Jahrtausenden. Die Magie kalkuliert diese Wirkung nicht anders als Religion und Kunst. Das Christentum stellte im Mittelalter seine Heiligen vor einem Goldhintergrund dar, [...] durch die Kirchenfenster drang Licht von außen und hinten in einen Raum, den schwere Mauern verdunkelten. [...]

Die Bildfläche des iPhones, aufgeteilt in bunte, fingernagelgroße „Cookies", erinnert in ihrer hochrechteckigen und buntscheckigen Form ans Kirchenfenster der Kathedrale, – nur erzählen „Cookies" nichts. Sinnlos und gerade deshalb faszinierend, stürzen sie durch- und übereinander. Die bunte Erscheinung und das Wunder ihrer mühelosen und nichtssagenden Bewegung sind es, wovon der faszinierte Spieler nicht loskommen kann.

(Hannelore Schlaffer: Das Licht von hinten ist Licht von innen – warum uns Computerbildschirme süchtig machen. Neue Zürcher Zeitung, 15.2.2014, S. 25)

1. Fasst die Aussagen des Textes mit eigenen Worten in Thesen* zusammen. [A]
2. Berichtet über eure Erfahrungen mit dem Smartphone: Wie oft am Tag nehmt ihr es in die Hand? Welche Gefühle habt ihr, wenn ihr es vergessen habt oder nicht findet?
3. Erfindet eine Kurzgeschichte: Eine Woche ohne Smartphone.

4. Erkundet in euerm Heimatort die Wirkung des Lichts von Kirchenfenstern. Vergleicht [P] deren Wirkung beim Betrachten von außen und von innen. Begründet, warum bzw. warum nicht ihr den von Hannelore Schlaffer gewählten Vergleich für zutreffend haltet.

Hunger – die Droge junger Mädchen
Die Suche nach der idealen Figur

Die Pubertät* hat nicht nur Auswirkungen auf die neuronalen Strukturen im Gehirn, sondern auf das gesamte körperliche und psychische Wohlbefinden von Jugendlichen. Viele fühlen sich in dieser Phase unsicher, nicht mehr wohl in ihrer Haut. Sie sind auf der Suche nach etwas, von dem sie noch keine rechte Vorstellung haben. Der Körper verändert sich, das andere Geschlecht erregt und fordert Aufmerksamkeit, man selbst möchte als Mann bzw. Frau be- und geachtet werden. Das lässt den Blick auf das eigene Äußere aufmerksamer und prüfender werden.

Gerade junge Mädchen vergleichen sich mit dem Schönheitsideal, das ihnen in der Werbung, auf Laufstegen oder im TV jeden Tag suggeriert wird.

Eine 16-Jährige, die an Magersucht leidet, reflektiert dies so:

Viel zu dick?

Jana ist 15, 160 cm groß und wiegt 50 kg. Das ist eigentlich viel zu dünn für ein Mädchen in ihrem Alter. Oft hätte sie Lust zu essen, mal ein Eis oder ein Stück Schokolade. Sie greift zu dem Stück und legt es dann doch immer wieder zurück.

„Bloß nicht zunehmen", denkt sie mit Blick in den Spiegel: „Guck nur, wie fett ich bin!"

Q Ich wurde einst als Samen in die Erde gesetzt.
Ich fing an zu sprießen und zu wachsen.
Nun bin ich ein junger Baum,
doch ich kann nicht wachsen wie ich möchte.
Ein Baum darf nicht zu breit, nicht zu schräg,
nicht zu hoch und nicht zu krumm sein.
Nein, jeder Baum ist verpflichtet,
schön anständig zu wachsen.
Ich würde gern so wachsen wie ich will,
doch es ist, wie wenn Zäune um mich gebaut wurden,
die meinen Ästen keinen Platz bieten,
die mich einengen.
Ich befürchte, als alter Baum werde ich denken,
ich bin nicht gewachsen, wie ich wollte.
Und es würde zu spät sein.

Verfasserin anonym (In: Monika Gerlingshoff, Herbert Backmund: Magersucht und andere Essstörungen. Aus Politik und Zeitgeschichte, Januar 2004, S. 29)

A 1. Interpretiert das Gedicht der 16-Jährigen. Zieht am Ende eine Lehre, die ihr in einem Satz festhaltet.
   2. Beurteilt, inwieweit Janas Selbstwahrnehmung mit ihrer tatsächlichen Figur übereinstimmt. Tragt – auch unter Beachtung des Gedichts – Gründe zusammen, wodurch Janas Selbstwahrnehmung beeinflusst sein könnte.

P 3. Erstellt zum „Wandel des Schönheitsideals" eine Bildersammlung aus verschiedenen Epochen.

⃞Q Wie Ess- und Magersucht entstehen

Essen verbessert die Laune, entweder direkt über opiatwirksame Stoffe oder indirekt über eine Erhöhung des Serotoninspiegels im Gehirn. Außerdem kann der Organismus selbst Drogen herstellen, die Endorphine. Mit Endorphinen belohnt sich der Körper, und sie helfen ihm, in Krisenzeiten zu überleben: sie verscheuchen Depressionen, verringern das Schmerzempfinden und die Angst – kurz, sie erhöhen das Wohlbefinden. [...] Was Lust bereitet, möchte man immer wieder haben [...]. Mit diesem System von Belohnung und dem Wunsch nach steter Wiederholung hat die Natur lebenserhaltende, notwendige Vorgänge wie Nahrungsaufnahme und Sexualität fest in unserem Verhalten verankert. Endorphine sind starke „Lustmacher", deshalb können sie unter besonderen Umständen auch süchtig machen. [...]

Versuchen wir uns die Suchtentstehung an einem Beispiel zu verdeutlichen. Nehmen wir ein junges Mädchen in der Pubertät*, das gerade die Schule gewechselt und Liebeskummer hat. Es hat also eine Menge Stress und ist nicht bester Laune. Zunächst tröstet es sich mit Schokolade. Auf diese Weise futtert es sich ein wenig „Kummerspeck" an. Das ist bei Liebeskummer eigentlich ganz normal. In der Schule und bei den Freundinnen ruft es jedoch alles andere als Anerkennung hervor, und gerade die hat diese Schülerin in ihrem Zustand bitter nötig. Irgendwann ist ihre Stimmung auf dem Nullpunkt. Nun entscheidet sie sich, eine strenge Diät zu machen. Alles läuft prima, sie nimmt ab und erntet dafür von allen Bewunderung. Ihre Laune ist phantastisch.

Was auf den ersten Blick harmlos und „normal" aussieht, kann jedoch unter Umständen fatale Folgen haben: Dieses junge Mädchen hat die Erfahrung gemacht, dass es durch Verzicht auf Nahrung die Stimmung heben kann. Ihr Körper hat die negativen Seiten einer Diät (Hunger, Gereiztheit, Depression) sehr effektiv mit Endorphinen überdeckt. [...] Überwiegt die Belohnung durch die körpereigenen Endorphine die anfänglichen Unlustgefühle durch das Hungern sehr stark, dann ist es kein Wunder, wenn das junge Mädchen süchtig wird.

Dass eine echte Abhängigkeit entsteht, zeigt sich spätestens dann, wenn unsere junge Dame ihr „Zielgewicht" erreicht hat und aufhören will, Diät zu halten. Es gelingt ihr nicht. Ihr Körper verlangt weiterhin nach den schönen Gefühlen und dem „High". Ihre Abhängigkeit wird sie immer weiter hungern lassen, [...] obwohl ihr Körper längst nicht mehr dem Schönheitsideal entspricht, denn sie ist inzwischen ziemlich abgemagert.

(Udo Pollmer: Magersucht und Stierhunger. In: Peter Kemper, Ulrich Sonnenschein (Hg.): Sucht und Sehnsucht. Reclam, Stuttgart 2000, S. 234 ff.)

1. Verdeutlicht mithilfe eines Schaubildes die Stadien, die das junge Mädchen durchläuft. ⃞A
2. Besprecht in Partnerarbeit Ähnlichkeiten bzw. Unterschiede zu anderen Suchtformen.
3. Entwerft ein Szenario, in dem ihr zeigt, wie das junge Mädchen esssüchtig wird. Fixiert zunächst im Text den Punkt, an welchem die Entwicklung auch hin zur Esssucht hätte gehen können und beschreibt dann analog einzelne Schritte auf diesem Weg.

Illegale Drogen als letzter Ausweg?

Obwohl auch Alkohol und Tabak zu den wahrnehmungsverändernden Stoffen zählen, denken viele Menschen, wenn sie das Wort Drogen hören, zuerst an illegale Substanzen wie Haschisch, Heroin, Kokain, LSD oder Crystal.

Was unterscheidet diese von anderen Drogen? Was macht deren besonderen Reiz aus?

Zunächst natürlich die Tatsache, dass sie illegal sind. Das heißt, ihre Herstellung, Besitz sowie Verkauf sind verboten. Andererseits sagt die Einstufung als illegal nichts über die Gefährlichkeit einer Droge aus. Unter Jugendlichen ist es in der Gegenwart nichts Ungewöhnliches, Gras zu rauchen. Und auch die Drogenpolitik der Bundesregierung wird in diesem Zusammenhang immer einmal wieder kritisiert. Erst das Verbot, so die Kritiker, schaffe einen Schwarzmarkt für Drogen und treibe die Preise in die Höhe. Sie fordern eine Liberalisierung der Drogenpolitik.

 Kiffer sind keine Kriminellen

Auch der Jugendrichter Andreas Müller tritt dafür ein, dass das Kiffen legalisiert werden sollte, weil das Verbot Menschen kriminalisiere, die nicht kriminell sind. Kriminelle sind seiner Meinung nach Menschen, die andere zusammenschlagen, sie berauben, die ihre Frauen und Kinder misshandeln oder Steuern hinterziehen. Von Menschen, die sich an Mitteln berauschen, die seit Jahrhunderten bereits konsumiert werden hingegen, gehe keine Gefahr aus. Erst das Verbot kriminalisiere den Konsum. Es stempele Menschen als kriminell ab, die es nicht sind, es mache Familien kaputt, weil Kinder mit ihren Eltern nicht darüber reden können, sondern sie belügen müssen und es untergrabe den Jugendschutz, da jeder Dealer das Gras beliebig strecken könne.

(Frei nach Rainer Schmidt: Interview mit Andreas Müller. www.zeit.de/wissen/2014-10/legalisierung-von-cannabis-drogenpolitik-andreas-mueller; Zugriff: 20.1.2015)

A 1. Recherchiert das Betäubungsmittelgesetz und positioniert euch zu den darin festgeschriebenen Vorschriften und Begründungen.
2. Führt eine Pro-Contra-Diskussion (siehe S. 73) zur Frage: Sollte das Kiffen verboten bleiben?
3. Konfrontiert die Gründe, zu Drogen zu greifen mit Gründen, es nicht zu tun.
4. Angenommen, ihr habt schlechte Schulnoten. Durch die regelmäßige Einnahme von Crystal light jedoch könntest du deine Noten verbessern. Argumentiere, warum du Crystal light einnehmen bzw. nicht einnehmen würdest.

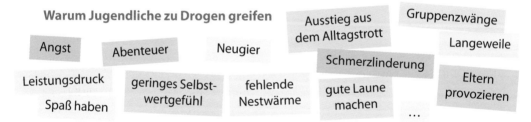

Warum Jugendliche zu Drogen greifen · Ausstieg aus dem Alltagstrott · Gruppenzwänge · Angst · Abenteuer · Neugier · Langeweile · Schmerzlinderung · Leistungsdruck · geringes Selbstwertgefühl · fehlende Nestwärme · gute Laune machen · Eltern provozieren · Spaß haben · …

Gefährliche Drogen

Nicht alle Drogen sind so verhältnismäßig harmlos wie Gras. Und der schöne Schein kann trügen.

„Eiskalte" Kristalle

Auf dem Vormarsch und gegenwärtig bei Jugendlichen besonders beliebt ist Crystal Meth, auch als Yaba (übersetzt = verrückte Medizin), Speed, Glass oder Ice bekannt. Die weiße kristalline Droge kann geschluckt, geraucht, geschnupft oder auch gespritzt werden. Sie wirkt stark euphorisierend und extrem leistungssteigernd. Mit Crystal im Blut ist man im Nu fit, man kann Tag und Nacht arbeiten, zocken oder tanzen. Ihre Wirkung, schnell und sicher die Leistungsfähigkeit zu steigern, macht sie bei Schülern vor allem in Prüfungszeiten sehr beliebt. Ihre Wirkung hält einen ganzen Schultag lang an. Aber Crystal steht auch im Verdacht, extrem schnell süchtig zu machen. Es verändert sowohl das äußere Erscheinungsbild, Persönlichkeitseigenschaften als auch das Gehirn.

Nicole – ein Leben an der Kante

Nicole ist erst 13 Jahre alt. Indes für ihr Alter hat sie bereits einiges hinter sich: auf der Straße gelebt, Polizei und die Jugendbehörden ausgetrickst, mit Drogen gehandelt, selbst Drogen genommen, sich prostituiert und gestohlen sowie Diebesgut im Internet verkauft, um ihre Drogensucht zu finanzieren.

Als sie zwölf war, lernte sie Marcel (20) kennen. Nicole verliebte sich unsterblich in ihn und büxte zuhause aus. Doch Marcel war drogensüchtig. Nicole zog mit Marcel zusammen und vertickte Drogen, um Marcel Stoff zu beschaffen. Anfangs tauchte sie hin und wieder bei ihren Eltern auf, um sie skrupellos zu bestehlen. Selbst vor der Playstation ihres jüngeren Bruders machte sie nicht halt. Um zu Geld zu kommen, prostituierte sich Nicole, und um dies „auszuhalten", nahm sie selbst Drogen. Irgendwann landete sie bei Speed. Sie fühlte sich damit gut und voller Elan. Doch ihr Körper reagierte nicht nur mit zwanghaftem Verlangen nach mehr, er wurde unschön und schreckte die Freier ab. Nun begann sie, alte Frauen zu überfallen, bis sie eines Tages gefasst wurde. Sie landete bei der Polizei und später – in Absprache mit den hilflosen Eltern und dem Familiengericht – in einer Suchtklinik.

Nach Entzug und Entgiftung soll Nicole in einer Therapie lernen, ihr Leben wieder unter Kontrolle zu bekommen und ein normales Leben zu führen. Ihre Eltern hoffen, dass sie das schafft, denn sie lieben Nicole. „Derzeit ist sie kein Kind mehr, sondern ein wildes Raubtier auf der Suche nach Beute", sagt ihr Vater.

(Nach einer Idee aus der Neuen Presse. Hannover, 27.9.2014)

1. Recherchiert zu Crystal Meth. Fertigt ein Poster an, das seine Gefahren zeigt. Ⓐ
2. Ein Kommentar zum Fall Nicole beginnt mit den Worten: „Viel zu lange weggeschaut …" Verständigt euch in einer Diskussion darüber, wer aufgrund welcher Indizien hätte merken können, dass Nicole Hilfe braucht.
3. Stellt euch vor, ihr seid Nicoles Mutter oder Vater. Verfasst einen Brief, den ihr in die Klinik schickt. Euer Ziel ist es, dabei zu helfen, die Sucht zu besiegen.

1.3 Raus aus dem Gefängnis der Sucht

Eine Abhängigkeit oder Sucht entsteht nicht von heute auf morgen.

Gebrauch – Gewöhnung – Sucht

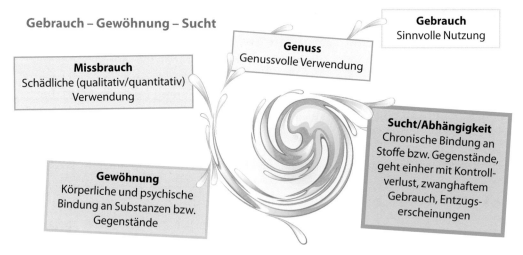

Gebrauch
Sinnvolle Nutzung

Genuss
Genussvolle Verwendung

Missbrauch
Schädliche (qualitativ/quantitativ)
Verwendung

Sucht/Abhängigkeit
Chronische Bindung an
Stoffe bzw. Gegenstände,
geht einher mit Kontroll-
verlust, zwanghaftem
Gebrauch, Entzugs-
erscheinungen

Gewöhnung
Körperliche und psychische
Bindung an Substanzen bzw.
Gegenstände

Auch wenn die Grenze zwischen Genuss und Missbrauch fließend ist, gibt es Anzeichen, die auf eine mögliche Gefährdung hinweisen. Die Antworten auf die folgenden Fragen sollen das Bewusstsein für die eigenen Verhaltensmuster schärfen.

Fragen zur Selbstwahrnehmung

Q			
Fühlst du oft ein starkes Verlangen, einem bestimmten Verhalten nachzugehen oder eine bestimmte Substanz zu dir zu nehmen?	Leidest du körperlich, wenn du diesem Verlangen nicht nachgibst?		
Tritt die gewünschte Wirkung immer später ein oder schwächt sie sich immer weiter ab?	Bist du außerstande, dem Verlangen einen Anfang und ein Ende zu setzen?		
Hast du Schwierigkeiten in deinen Beziehungen (Freundschaften, Familie)?	Beschäftigst du dich fast nur noch mit deinem Verlangen?	Hast du Schwierigkeiten in der Schule?	

(Frei nach STEP – Paritätische Gesellschaft für Sozialtherapie und Pädagogik, Informationsblatt)

↗ Bei ersten Unsicherheiten oder bei konkreten Fragen helfen die Sucht- und die anonyme und kostenlose Drogenberatung beispielsweise unter: **www.info@step-hannover.de** oder **www.drobs-hannover.de**
Bei Essstörungen, Computersucht, Kaufzwang unter: **kontakt@helferline.info**

P
1. Erläutert die Metapher* von der Sucht als Gefängnis und findet Beispiele dafür.
2. Recherchiert in Arbeitsgruppen unter den angegebenen Internetadressen die Angebote der Beratungsstellen und stellt diese in geeigneter Form (Vortrag, Poster) vor.
3. Ergänzt Empfehlungen, die aus eurer Sicht noch für eine Drogenberatung wichtig wären.

Alkohol:
Kenn Dein Limit

So bleibst Du
im Limit

Du hast Durst? **Dann bestell erst mal etwas Alkoholfreies.**

Lass dir Zeit beim Trinken. **So weißt du besser, was und wie viel du getrunken hast.**

Eine Runde für alle? **Setz lieber mal aus und bestell was Alkoholfreies.**

Meide **Trinkspiele oder Flatrate-Partys!**

Schau auf Freunde, **die weniger oder keinen Alkohol trinken, und orientiere dich an ihnen.**

Hast du Sorgen oder Stress? **Dann bleib besser nüchtern. Alkohol löst keine Probleme, er schafft nur neue.**

1 Diskutiert die Wirkung des Plakats auf euch. Erreicht es seinen Zweck?
2. Ergänzt/verändert die Liste der Empfehlungen „So bleibst Du im Limit".

Ein Leben ohne Rauch

Die Zahl der Raucher ist in Deutschland in den letzten Jahren zurückgegangen und auch unter Jugendlichen ist das Rauchen nicht mehr so angesagt wie noch vor einem Jahrzehnt. Gründe dafür gibt es viele: Der erschwerte Zugang zu Tabak und Zigaretten, die Einrichtung von Nichtraucherzonen im öffentlichen Bereich, das Bewusstsein über die gesundheitlichen Risiken ...

Wer raucht, sieht alt aus

kurzfristige Folgen

- Sehr brüchiges Haar
- Im Durchschnitt mehr Pickel und Hautunreinheiten als ein Nichtraucher, die schlecht weggehen
- Hohes Aknerisiko
- Blasse Haut durch verminderte Durchblutung
- Gelbliche Verfärbung der Zähne

langfristige Folgen

- Schnelles Ergrauen und vorzeitiger Ausfall des Haares
- Schnelle Erschlaffung des Oberlids (müde Erscheinung)
- Erschlaffung der Wangenhaut, dadurch tiefe Mundwinkel (trauriges Erscheinungsbild)
- großporige Haut
- Verminderung des Lippenvolumens
- Fünf mal so schnelle Faltenbildung wie bei Nichtrauchern

Was tun?

Du bist am Nachmittag mit deinen Freunden im Park zum Fußballspielen verabredet. Kaum habt ihr angefangen, kommt Guidos großer Bruder vorbei. Ihr unterbrecht, um zu quatschen. Mit großzügiger Geste lasst er eine Packung Zigaretten kreisen, alle greifen zu. Schließlich bist du an der Reihe. Du hast das Rauchen vor ein paar Wochen schon einmal probiert, und dir ist dabei speiübel geworden. Nie wieder hattest du dir geschworen. Jetzt zögerst du. Guido hat sich schon eine angesteckt. Er grinst dich an: „Na, hast wohl Schiss?"

  1. Gestaltet in kleinen Rollenspielen den Fortgang der Situation in verschiedenen Varianten und spielt sie euch vor.
2. Stellt euch vor, ihr selbst seid in der Situation. Was antwortet ihr?
3. Erläutert, was es in solch einer Situation schwer macht, klar und deutlich „Nein" zu sagen.
4. Recherchiert, welche rechtlichen Vorschriften es für das Rauchen und den Konsum von Tabakwaren durch Jugendliche gibt und bewertet, ob diese ausreichen.
5. Zählt weitere Argumente auf, die gegen das Rauchen sprechen.

Be smart – don't start! Rauchfrei leben

Be smart – don't start, so lautet der Name eines Projektes zur Förderung des Nichtrauchens bei Jugendlichen.

Es handelt sich dabei nicht um ein Raucherentwöhnungprogramm, sondern um eine vorbeugende Maßnahme, die in Form eines Wettbewerbs ausgetragen wird.

ZIELGRUPPE des Projektes sind die Klassen 7 und 8, weil so etwa im Alter von 12 Jahren Jugendliche mit dem Rauchen zu experimentieren beginnen. Sie probieren es aus, haben aber noch keine festen Rauchgewohnheiten ausgebildet. Daran knüpft das Vorhaben an. Es will die Motivation dafür schaffen und festigen, dass die Schülerinnen und Schüler rauchfrei bleiben.

SO GEHT'S Die Klasse stimmt darüber ab, ob sie an dem Projekt teilnehmen möchte oder nicht. Angestrebt wird, dass die Klasse als Ganzes entschlossen ist, nicht zu rauchen, jedoch es müssen mindestens 90 % der Schüler einer Klasse mitmachen. Nun wird ein Klassenvertrag geschlossen und im Klassenzimmer sichtbar für alle aufgehängt, so dass jeder sehen kann, was erreicht wurde und daraus den Willen, weiterzumachen, schöpfen kann.

Einmal in jeder Woche geben die Schüler ehrlich an, ob sie im Verlauf der Woche geraucht haben oder nicht. Ziel ist es, dass niemand raucht, jedoch ist eine Toleranzgrenze von 10 % zugelassen.

Für jede rauchfreie Woche, die die Klasse absolviert hat, wird ein Aufkleber auf dem Vertrag angebracht. Am Ende eines jeden rauchfreien Monats sendet die Klasse eine Rückantwortkarte an das IFT-Nord in Kiel.

Am Ende bekommt jede Klasse, die über das Jahr rauchfrei geblieben ist, das Zertifikat „rauchfrei".

Unter notarieller Aufsicht wird aus der Gesamtheit aller Klassen, die rauchfrei blieben, ein Wettbewerbsgewinner gezogen. Der Hauptpreis ist begehrt, denn es handelt sich um eine Klassenreise im Wert von 5.000 €.

1. Informiert euch über das Projekt.
   Hinweise findet ihr unter: www.besmart.info oder www.ift-nord.de

2. Beratet, ob eine Teilnahme eurer Klasse an dem Projekt für euch infrage kommt und bereitet diese vor.
3. Legt dar, ob sich das Projekt auch auf andere Süchte (z.B. Alkohol, Magersucht) übertragen lässt.

4. Unternehmt einen Selbstversuch, in welchem ihr eine Woche lang auf etwas „Unentbehrliches" (z.B. Computerspiele, Smartphone, Schokolade …) verzichtet.
   Protokolliert jeden Tag,
   › wie ihr euch gefühlt habt,
   › wobei es euch gefehlt hat,
   › was ihr stattdessen gemacht habt.
   Wertet nach Ablauf der Woche eure Selbstversuche in einem Gespräch aus.

Suchtprävention

Ist erst einmal eine Abhängigkeit eingetreten, dann ist es schwer, aus dieser Sucht wieder herauszukommen. Deshalb gilt hier wie anderswo, dass Vorbeugung oder Prävention der beste Weg ist, erst gar nicht in die Suchtfalle zu tappen. Doch wie kann man vorbeugen?

Mit Schwierigkeiten umgehen lernen

Angst gehört zum Leben

Angst ist ein normales, lebensnotwendiges Gefühl, das Gefahren signalisiert. Ein Mensch ohne Angst würde sich ständig in Gefahr bringen. Jeder hat Ängste.

Schüler über ihre alltäglichen Ängste

A 1. In Vorbereitung auf die Stunde schreibt jeder anonym und per Computer eine Angst, die er hat, auf einen Zettel und legt diesen gefaltet in ein Gefäß, z.B. eine Mütze.
2. Jeder zieht in der Stunde einen Zettel und notiert darauf, welchen Ausweg er vorschlägt, um die Angst zu meistern und legt den Zettel zurück. Dieser Vorgang wird zweimal wiederholt, sodass unter jeder Angst zwei mögliche Auswege stehen.
3. Nun werden Gruppen gebildet, die sich zu den angebotenen Auswegen verständigen.

Eigene Stärken und Schwächen erkennen

Bereits der Philosoph Sokrates (ca. 469–399 v.u.Z.) unterstrich die Bedeutung der Selbsterkenntnis.

Selbsterkenntnis [bringt] größte Vorteile und Selbsttäuschung schlimmste Nach- $\boxed{Q}$
teile mit sich. Die sich selber kennen, wissen, was ihnen frommt, und vermögen zu unterscheiden, was in ihrer Macht liegt und was nicht. Indem sie das tun, worauf sie sich verstehen, verdienen sie sich ihren Unterhalt und ernten Erfolge; dadurch dass sie Aufgaben, denen sie nicht gewachsen sind, meiden, begehen sie keine Fehler und bleiben vor Unheil bewahrt. Ihr Wissen ermöglicht es ihnen, auch andere richtig einzuschätzen, und im Umgang mit Menschen heimsen sie das Gute ein und gehen dem Nachteiligen aus dem Wege.

Denjenigen dagegen, die ihre eigenen Grenzen nicht kennen, sondern sich darin Täuschungen hingeben, geht es hinsichtlich anderer Menschen und fremder Handlungen nicht besser. Sie wissen auch nicht, was ihnen selber Not tut, was sie treiben, mit wem sie umgehen, sondern täuschen sich in allen diesen Fragen; jeder Vorteil entgeht ihnen, und sie stürzen ins Unglück.

(Xenophon: Erinnerungen an Sokrates, Reclam, Leipzig 1973, S. 134 f.)

1. Arbeitet heraus, warum nicht allein das Wissen um die eigenen Stärken, sondern auch $\boxed{A}$
das Wissen um die eigenen Schwächen für jeden Menschen bedeutsam ist, um Süchten keine Chance zu geben.

Selbstbewusstsein entwickeln

Wer seine Stärken und Schwächen realistisch einschätzt, kann auch seine Ängste artikulieren und überwinden und mit dem, was andere über ihn sagen, umgehen.

Das kannst du sowieso nicht.   Du hast schöne Augen.   Du bist mein Sonnenschein.

Du bist zuverlässig.   Du bist ein toller Mannschaftskapitän.   Du bist fleißig.

Du bist leicht eingeschnappt.   Du bist oft unzufrieden.   Du bist selbstbewusst.

Du überforderst dich ständig.   Du gibst zu schnell auf.   Du bist ein toller Freund bzw. eine tolle Freundin.

Du musst dich mehr anstrengen.   Du bist ulkig.   Du bist die Ruhe in Person.

Das lernst du nie.   Du bist ein Loser.   Du weichst Auseinandersetzungen aus.

2. Wählt jeweils drei positive und negative Aussagen, die zu euch passen, und schreibt mit $\boxed{A}$
deren Hilfe eine kleine Geschichte, in der ihr eure Stärken hervorhebt und verdeutlicht, woran ihr noch arbeiten müsst, um ein gesundes Selbstbewusstsein zu entwickeln.
3. Schildert anhand von Beispielen, wie man mithilfe seines Wissens um die eigenen Stärken und Schwächen und einem gesunden Selbstvertrauen mit Lebensängsten fertig wird, ohne auf Drogen zurückgreifen zu müssen.

Starke Kinder trotzen der Sucht

Die Pubertät* ist eine Altersphase, in der bisherige Gewissheiten sich auflösen, neue sich erst nach und nach herausbilden. Der Jugendliche ist auf der Suche nach dem, was das Eigene ist oder vielleicht sein könnte. Er will alles anders und besser machen als die Eltern. Es gibt zahlreiche Angebote, mit denen er sich identifizieren soll (Werbung, Vorbilder oder Stars aus dem Sport, TV ...). Jede und Jeder möchte etwas Besonderes und Einmaliges sein. Um das zu werden, müssen Jugendliche die Grenzen der Kindheit überschreiten. Sie müssen herausfinden, was ihnen wichtig ist auf dem Weg in die Erwachsenenwelt. Ob das gelingt, ist von vielen Faktoren abhängig, nicht zuletzt von der Bereitschaft der Erwachsenen, Kinder eigene Erfahrungen machen zu lassen, die es ihnen erlauben, ihre Kräfte zu entwickeln, sich mit anderen zu messen, Grenzüberschreitung zu wagen, um sich seiner Fähigkeiten, aber auch seiner Grenzen bewusst zu werden.

Was Menschen stark macht

Einige Schulen haben in den letzten Jahren in ihr Schulkonzept das Projekt *Herausforderung* aufgenommen. Schülerinnen und Schüler der Klassen 8 bis 10 suchen im Rahmen des Projekts für zwei bis drei Wochen ihre Herausforderung: Sie sind in Gruppen ohne Erwachsene und ohne Handy, ausgestattet mit ca. 150 € pro Person unterwegs. Nur in äußersten Notfällen darf ein „Begleiter" helfend eingreifen.

Q Ben, Bruno, Francis, Luna, Jakob, Johni und Fabian paddeln drei Wochen mit vollgepackten Kanus in Mecklenburg, jeden Tag ein neuer Ort. Das ist der Plan. Das Ziel: überleben und heil zurückkommen. Alles läuft gut, wenn auch nicht ohne Probleme, bis Ben Heimweh bekommt. Seit Tagen belastet das die Gruppe. Beim Frühstück isst Ben nichts, er sagt nichts. In der Gruppe haben sie beschlossen, dass er entscheiden soll, ob er bleibt oder abreist. Er darf das Notfallhandy der Betreuerin benutzen und wählt die Nummer von zu Hause. Als er zurückkommt sagt er, dass er bleibt. Sein Vater sei so stolz auf ihn. Für den Rest des Tages summt der sonst ängstliche Ben vor sich hin. Er ist glücklich.

Was hat ihm geholfen? Der Zuspruch der anderen? Die Sorge, in der Schule gehänselt zu werden? Dass seine Eltern ihm etwas zutrauen? Ben ist in der „Herausforderung" über sich hinausgewachsen.

„Wir schwächen unsere Kinder, indem wir ihnen die Steine aus dem Weg räumen und versuchen, sie vor den Schwierigkeiten des Lebens und ihren eigenen Verletzlichkeiten zu schützen", so die kanadische Therapeutin Polly Young-Eisendraht.

(Frei nach Tina Hüttl, Carolin Pirich: In die Welt hinaus. Süddeutsche Zeitung Magazin, 7.11.2014, S. 16 ff.)

A 1. Positioniert euch dazu, ob Projekte wie „Herausforderung" geeignet sind, Jugendliche stark zu machen gegen Suchtgefahren. Erläutert, wodurch dies erfolgt bzw. warum ihr solche Projekte für unwirksam haltet.

Präsentation von Arbeitsergebnissen in einem Kurzvortrag

Bei vielen Aufgaben müssen die gewonnenen Ergebnisse präsentieret werden.

Überlegungen im Vorfeld

> Welches sind die wichtigsten Ergebnisse, die du vorstellen willst?
> Warum sind sie wichtig? Geht es um Informationen zu einem Sachthema oder um eine Problemlösung zu einer philosophisch-ethischen Frage?
> Wie können die Inhalte am besten dargestellt werden? Wie baut man den Vortrag (übersichtlich und nachvollziehbar) auf?
> Welche Hilfsmittel (Handzettel, Tafel, Overheadprojektor, Beamer) sollen eingesetzt werden?

Inhaltlicher Aufbau des Vortrags

> Zu Beginn sollte in einer kurzen *Einleitung* das Thema genannt und gegebenenfalls (an der Tafel oder mittels einer Folie) visualisiert werden. Mit einem Zitat, Bild oder einer interessanten Frage kann in die Thematik eingeführt und Aufmerksamkeit geweckt werden.
> Den *Hauptteil* bilden einige wenige *Thesen*, also Aussagen, die durch *Argumente* bzw. Argumentationsketten und Beispiele zu belegen sind. Dabei sollten die Argumentationen knapp und überzeugend, die Beispiele wohlüberlegt sein. Bedenke auch die Anordnung deiner Argumente im Vorab!
> Im *Schlussteil* des Vortrags wiederhole deine Hauptthese(n) noch einmal knapp und ziehe Schlussfolgerungen oder ein Resümee.
> Um die *Diskussion* anzuregen, bitte dann die Zuhörer um Fragen oder Anmerkungen und versuche, diese zu beantworten oder erläuternd darauf einzugehen.

Ratschläge zur sprachlichen Gestaltung des Vortrags

> Bedenke, dass der Vortrag *kurz* (max. zehn Minuten Redezeit) sein muss.
> Versuche *langsam*, nicht zu leise und deutlich zu sprechen sowie Pausen einzubauen.
> Stelle so oft als möglich *Blickkontakt* zum Publikum her. Dies gelingt am besten, wenn du den Vortrag *nicht wortwörtlich* abliest, sondern versuchst, ihn frei zu halten.
> Das *freie Sprechen* lässt sich üben, indem du auf einseitig beschriebenen Karteikarten die Stichworte und Leitgedanken notierst und dich an diesem Gerüst „entlanghangelst".
> Auch mit PowerPoint angefertigte und mit Beamer an die Wand projizierte Schemata stellen solch ein Stichwort-Gerüst dar, das im Vortrag erläutert werden kann.

Noch ein guter Rat zum Schluss: Probe deinen Vortrag zu Hause vor einem Spiegel. Dabei merkst du nicht nur, wo die „Stolpersteine" (schwierige Stellen) liegen, sondern auch, ob du die Zeit richtig kalkuliert hast.

2 Verantwortung für Natur und Umwelt

2.1 Mensch und Natur – ein Spannungsverhältnis

In der Natur aufgehen

Dichter und Maler haben seit jeher die Natur als Inspirationsquelle gesehen. Gedichte und Gemälde zeugen davon, wie sich der Mensch in der Natur spiegelt, welches innere Erleben ihn mit der Natur verbindet.

Lied eines Vogels
Vor meinem Fenster
singt ein Vogel.
Still höre ich zu.
Mein Herz vergeht. [...]
Er singt,
was ich als Kind besaß
und dann – vergessen.

(Arno Holz (1863–1929)
Ders.: Lied eines Vogels.
www.phantasus.de/g_liedeinesvogels.html;
Zugriff: 4.11.2014)

„Kreidefelsen auf Rügen", 1818,
Caspar David Friedrich (1774–1840)

A 1. Erzählt euch paarweise gegenseitig von eigenen Erfahrungen mit der Natur, die etwas mit Sinnesempfindungen zu tun haben: Wie riecht/schmeckt/hört bzw. fühlt sich Natur an? Welche Bilder entstehen im Kopf?

P 2. Eine Gruppe aus eurem Kurs unternimmt morgens um fünf Uhr einen kleinen Spaziergang durch ein Naturstück. Die Stimmung, die in der Natur geherrscht hat, wird den anderen im Rahmen eines Kurzreferats beschrieben.
3. Unternehmt eine Exkursion zu einem Natur-Sinnespfad (z.B. Egestorf in der Lüneburger Heide). Erarbeitet im Vorfeld Arbeitsaufträge für mehrere Arbeitsgruppen. Legt fest, in welcher Form die Ergebnisse dokumentiert und präsentiert werden sollen.

Was bedeutet mir eigentlich die Natur?

„Alles Natur" ist ein Qualitätsmerkmal geworden, mit dem man Werbung betreiben und Geld verdienen kann. Weil unsere Umwelt immer mehr von Technik geprägt wird, ist Natur zum einen etwas Seltenes und Schützenswertes geworden, zum anderen haben wir im Alltag nur noch wenig Kontakt zur Natur. Deshalb ist unser Verhältnis zu ihr ambivalent, das heißt zwiespältig und in sich widersprüchlich geworden.

Sinnsuche im Gehölz

Wir Städter wissen ja nicht einmal, ob man Brennnesselsamen essen kann. Wir können Bäume nicht benennen, Blüten nicht bestimmen und haben grundsätzlich Angst vor kleinen Tieren, die fliegend auf uns zu kommen. Die Reize der Hightech-Welt machen uns müde, dennoch können wir nicht schlafen. Stets haben wir das Hintergrundrauschen der Autos im Ohr; nachts flackern Impulse der Bildschirme in unserem Gehirn fort. Durch die Schuhsohle sind wir dauernd vom natürlichen Boden getrennt, wir rasieren unsere Körper und bilden uns ein, mit Biofleisch und Biojoghurt hinreichend gesund ernährt zu sein. Zum nahe gelegenen See fahren wir mit dem Auto; hüpfen wir ins Wasser, fragen wir uns vorher, ob dies einen unangenehmen Hautausschlag zur Folge haben könnte. Sonne schadet uns Städtern schnell, wir fürchten Verbrennung und Dehydrierung und googeln zur Sicherheit Erste-Hilfe-Maßnahmen – da draußen ist's gefährlich.

Es kommt aber der Tag, an dem vielen von uns unsere Naturentfremdung sauer aufstößt, an dem wir überreizt sind, überfordert, ausgebrannt, keineswegs so glücklich, wie wir sein müssten. Wir brechen auf, um unseren Verstand zu verlieren. Mutig suchen wir die Natur, ohne zu wissen, ob wir ihr überhaupt gewachsen sind. Und wir werden uns die Frage stellen: Machen Wiesen, Weiden, Flüsse und Seen uns tatsächlich zum besseren Menschen?

(Christian Schüle: Sinnsuche im Gehölz.
In: Zeit Wissen Nr. 5/2010)

1. Gebt das oben beschriebene Naturverhältnis in eigenen Worten wieder. Inwiefern ist es widersprüchlich?
2. Diskutiert über das beschriebene Naturverhältnis des modernen Menschen: Stimmt ihr dem Text zu? Was zeigen eure eigenen Erfahrungen?

Natur – was ist das?

D

Natur (vom Lat. „natura" = Geburt) ist dasjenige, was von selbst da ist und sich selbst reproduziert. Natur ist die uns umgebende, vom Menschen *nicht* geschaffene Welt. Wir unterscheiden die belebte von der unbelebten Natur. Zur belebten Natur gehören alle Lebewesen (Pflanzen, Tiere und Menschen), zur unbelebten die Steine, Ozeane, der Boden ...

Die Natur ist für den Menschen auch heute noch Nahrungsgrundlage, auf die er angewiesen ist, andererseits greift er durch technische Errungenschaften (Wehre, Rohstoffgewinnung, Straßen) immer mehr in die Natur ein und drückt ihr seinen Stempel auf. Durch die Eingriffe in die Natur gefährdet er sogar seine natürlichen Lebensgrundlagen.

(Frei nach Brockhaus Enzyklopädie. Bd. 12. Brockhaus, Mannheim 1990, S. 580)

Der Mensch ist Bestandteil der Natur. Er unterscheidet sich in seinem Verhältnis zur Natur jedoch von anderen Lebewesen. Der Philosoph Arnold Gehlen (1904–1976) beschreibt den Menschen als ein handelndes Wesen in der Natur, das seine eigenen Mängel durch Intelligenz und durch Kulturleistungen (allen voran die Technik) auszugleichen versteht:

Q

[Von seiner äußeren Gestalt her ist] der Mensch im Gegensatz zu allen anderen Säugern hauptsächlich durch Mängel bestimmt, die jeweils im exakt biologischen Sinne als Unangepasstheiten, Unspezialisiertheiten, als Primitivismen, d.h. als Unentwickeltes zu bezeichnen sind: also wesentlich negativ. Es fehlt das Haarkleid und damit der natürliche Witterungsschutz; es fehlen natürliche Angriffsorgane, aber auch eine zur Flucht geeignete Körperbildung; der Mensch wird von den meisten Tieren an Schärfe der Sinne übertroffen, er hat einen geradezu lebensgefährlichen Mangel an echten Instinkten und er unterliegt während der Säuglings- und Kinderzeit einer ganz unvergleichlich langfristigen Schutzbedürftigkeit [...] und er vergütet diesen Mangel allein durch seine Arbeitsfähigkeit oder Handlungsgabe, d.h. durch Hände und Intelligenz; eben deshalb ist er aufgerichtet, „umsichtig", mit freigelegten Händen.

(Arnold Gehlen: Der Mensch. Seine Natur und seine Stellung in der Welt. Aula, Wiesbaden 1997, S. 33 f.)

A

1. Legt dar, wodurch sich das Verhältnis des Menschen zur Natur von dem anderer Lebewesen unterscheidet.
2. Diskutiert, wodurch der Mensch trotz seiner mangelhaften biologischen Ausstattung in der Natur überleben konnte.
3. Listet analog dem nachfolgenden Beispiel auf, durch welche Erfindungen der Mensch seine natürlichen Mängel ausgleichen konnte.
   Mangel: Dem Menschen fehlt ein natürlicher Witterungsschutz.
   Erfindung: Er baute sich feste Behausungen.

Wunder Natur

Natur muss nichts Spektakuläres sein: nicht unbedingt der Urwald mit seiner Vielzahl von Arten, nicht der Pazifik mit seinen bunten Fischen oder die Bergwelt der Alpen. Natur kann etwas ganz Unspektakuläres sein: das Unkraut am Wegrand, die Ameise auf unserer Terrasse oder der Spatz auf dem Dach. Was wissen wir eigentlich über diesen kleinen Ausschnitt aus der Natur?

Schon gewusst?!

Die Biomasse aller Ameisen auf der Erde umfasst mehr als die Hälfte der Gesamtbiomasse aller anderen Insekten zusammen und sie übersteigt jene der Menschen bei Weitem, obwohl eine einzelne Ameise je nach Art nur 8 bis 25 mm lang wird und 4 bis 12 mg Gewicht hat.

Der Ackerschachtelhalm, der als Unkraut gilt und jeden Gärtner ärgert, gilt als blutreinigend und entzündungshemmend und kann sogar bei Nierenleiden und gegen Rheuma helfen.

Der Spatz ist in seinem Bestand gefährdet und nähert sich der Roten Liste, weil er nicht mehr genügend Nahrung findet. Es fehlen Grünflächen, auf denen der Vogel genügend Insekten für seinen Nachwuchs finden kann. Besonders in Großstädten wie zum Beispiel London gibt es daher kaum noch Spatzen.

Der Tannenhäher gehört zur Familie der Rabenvögel. Er ist schlauer als der Mensch – zumindest was seine Merkfähigkeit angeht. Tannenhäher können sich bis zu 3.000 Verstecke merken! Sie deponieren Nüsse oder auch Kiefersamen in Bäumen als Vorrat für den Winter.

Der Mauersegler, der der Schwalbe ähnelt, hat sein Leben perfekt an die Luft angepasst. Außerhalb der Brutzeit hält er sich höchstwahrscheinlich mehrere Monate ununterbrochen in der Luft auf. Er schläft sogar beim Fliegen. Wie die Vögel das genau machen und dabei die Orientierung behalten, ist nicht erforscht. Man vermutet einen Halbschlaf wie bei Walen oder Delfinen.

1. Wählt euch eine einheimische Pflanze oder Tierart aus, bringt sie (soweit das möglich ist, ansonsten ein Foto oder eine Zeichnung) in den Unterricht mit und berichtet in einem Kurzvortrag (siehe S. 31) dem Kurs etwas Erstaunliches oder Wissenswertes darüber.

P

Mensch und Natur in den Religionen

Die jüdisch-christliche Tradition kennt zwei unterschiedliche Schöpfungsberichte (Genesis 1 und 2). Gemeinsam ist ihnen, dass Gott als Schöpfer der Welt auftritt und seine Schöpfung als gut bezeichnet. Der Mensch spielt in dieser Schöpfung ebenfalls in beiden Berichten eine besondere Rolle. Beide Berichte sind zwar zu unterschiedlichen Zeiten entstanden, von heute aus gerechnet aber rund 2.500 bis 3.000 Jahre alt. Ihnen gemeinsam ist weiterhin, dass sie nicht als wissenschaftliche Berichte, sondern als Glaubensberichte* zu lesen sind und damit mythologischen* Charakter haben.

Zum jüdisch-christlichen Naturverständnis

Q **Unterwerft euch die Erde**

Dann sprach Gott: Das Land bringe alle Arten von lebendigen Wesen hervor, von Vieh, von Kriechtieren und von den Tieren des Feldes. So geschah es. Gott machte alle Arten von Tieren des Feldes, alle Arten von Vieh und alle Arten von Kriechtieren auf dem Erdboden. Gott sah, dass es gut war. Dann sprach Gott: Lasst uns Menschen machen als unser Abbild, uns ähnlich. Sie sollen herrschen über die Fische des Meeres, über die Vögel des Himmels, über das Vieh, über die ganze Erde und über alle Kriechtiere auf dem Land: Gott schuf also den Menschen als sein Abbild; als Abbild Gottes schuf er ihn. Als Mann und Frau schuf er sie. Gott segnete sie, und Gott sprach zu ihnen: Seid fruchtbar, und vermehret euch, bevölkert die Erde, unterwerft sie euch, und herrscht über die Vögel des Himmels und über alle Tiere, die sich auf dem Land regen. Dann sprach Gott: Hiermit übergebe ich euch alle Pflanzen auf der ganzen Erde, die Samen tragen, und alle Bäume mit samenhaltigen Früchten. Euch sollen sie zur Nahrung dienen. Allen Tieren des Feldes, allen Vögeln des Himmels und allem, was sich auf der Erde regt, was Lebensatem in sich hat, gebe ich alle grünen Pflanzen zur Nahrung. So geschah es.

(Bibel. AT. 1. Ms. 1, 24-30)

D | **Anthropozentrismus** (vom Griech. „anthropos" = Mensch) ist eine Richtung, nach der nur der Mensch als Lebewesen eigenständigen Wert und eigenständige Rechte besitzt. Tiere, Pflanzen sowie die unbelebte Natur besitzen keine eigenen Rechte, sie dienen dem Menschen.

A 1. Schreibt aus dem Schöpfungsbericht alle Textstellen heraus, die darauf hinweisen, dass der Mensch im Mittelpunkt von Gottes Schöpfung steht.

„Der Garten der Lüste"
(Triptichon, Außenflügel,
„Die Erschaffung der
Welt"), Hieronymus
Bosch (ca. 1450–1516)

Bewahrungsauftrag

Q

Es war zu der Zeit, da Gott Himmel und Erde machte. Und alle die Sträucher auf dem Felde waren noch nicht auf Erden, und all das Kraut auf dem Felde war noch nicht gewachsen. [...]. Da machte Gott der Herr den Menschen aus Erde vom Acker und blies ihm den Odem des Lebens in die Nase. Und so ward der Mensch ein lebendiges Wesen. Und Gott der Herr pflanzte einen Garten in Eden gegen Osten hin und setzte den Menschen hinein, [...] dass er ihn bebaute und bewahrte. [...] Und Gott der Herr machte aus Erde alle die Tiere auf dem Feld und alle die Vögel unter dem Himmel und brachte sie zu dem Menschen, dass er sähe, wie er sie nannte; denn wie der Mensch jedes Tier nennen würde, so sollte es heißen.

(Bibel. AT. 1. Ms. 2, 2-20)

A

1. Vergleicht den ersten und den zweiten Schöpfungsbericht: Welche wesentlichen Unterschiede hinsichtlich des Verhältnisses Mensch und Natur findet ihr?
2. Argumentiert mithilfe des Fünfsatzes*, woraus sich der Auftrag, die Natur zu bewahren, ergibt und was er beinhaltet.
3. Überlegt, ob mithilfe der beiden Schöpfungsgeschichten der Wert der Natur allein anthropozentrisch begründet werden kann.
4. Welche Haltung zur Natur vertreten moderne Christen? Recherchiert dazu im Internet und präsentiert die Ergebnisse in geeigneter Form (Poster, Collage, Artikel ...).

Der Mensch: Ebenbild Gottes oder Ergebnis der Evolution?

Stammt der Mensch vom Affen ab?

Im Jahre 1859 erschien das Werk des britischen Naturforschers Charles Darwin (1809–1882) „Über die Entstehung der Arten durch natürliche Zuchtwahl". Insgesamt 1.250 Exemplare wurden gedruckt. Schon am Tag nach der Veröffentlichung waren alle Exemplare verkauft. Darwins „Schöpfungsgeschichte" war über Nacht zum Bestseller geworden. Das lag daran, dass viele Menschen den Inhalt als Schock empfanden: Der Mensch war demnach nicht das Ebenbild Gottes, sondern ein Nachkomme des Affen.

Die Evolutionstheorie* erklärt die Entstehung, Entwicklung und die Vielfalt des Lebens auf wissenschaftliche Weise. Allerdings war Darwin keineswegs der Erste, der eine Evolutionstheorie aufgestellt hatte. Bereits in der Naturphilosophie des Aristoteles (384–322 v.u.Z.) finden sich derartige Denkansätze. Ebenfalls vor Darwin hatte der Biologe Jean-Baptiste de Lamarck (1744–1829) eine Evolutionstheorie formuliert, in der er behauptete, dass die menschliche Entwicklung auf Vererbung, genetischer Veränderung (Mutation) und natürlicher Auslese (Selektion) basiere.

Darwins Hauptwerk lieferte jedoch die wissenschaftliche Erklärung für die biologische Vielfalt (Biodiversität) und stellt die Grundlage der modernen Evolutionsbiologie dar. Es markiert den entscheidenden Wendepunkt in der Geschichte der modernen Biologie.

Falsch ist jedoch die Aussage, der Mensch stamme vom Affen ab. Tatsächlich hat Darwin das so niemals geäußert. Er ging davon aus, dass Mensch und Affe einen gemeinsamen Vorfahren gehabt haben könnten, von dem aus sie sich in zwei verschiedene Richtungen entwickelt hätten. Die Forschungen anderer Biologen haben diese Theorie bestätigt.

Darwins Evolutionstheorie führte zu einer wütenden Kontroverse zwischen Religion und Wissenschaft. Die Geistlichen des Viktorianischen Zeitalters* sahen darin einen gotteslästerlichen Angriff auf die Bibel. Noch heute gibt es vor allem in den USA viele sogenannte Kreationisten*, die Darwins Theorien aus religiösen Gründen ablehnen. Die christliche Kirche hält heute die Berichte in der Bibel für vereinbar mit der Evolutionslehre.

„Darwins Affe", 1871, Karikatur

A
1. Recherchiert in Gruppen, warum moderne Christen die Evolutionslehre* anerkennen. Legt dar, wie sie den Drahtseilakt zwischen Glauben* und Wissenschaft meistern.
2. Stellt euch vor, ihr findet im Internet die Karikatur „Darwins Affe". Positioniert euch in einem Blog zur Aussage der Karikatur.

Doch noch auf den Hund gekommen? – Positionen der Philosophie

Die Geschichte der Philosophie ist immer auch eine Geschichte des Nachdenkens über das Verhältnis von Mensch und Tier sowie das Wesen des Tiers gewesen.

Diese Überlegungen stellen eine Art Fenster dar, durch das der Mensch sich und seine eigene Natur in den Blick bekommen will. Das Verhältnis des Menschen zum Tier entscheidet darüber, welche Stellung der Mensch für sich selbst in der Welt beansprucht und welche Positionen er anderen Lebewesen zuweist.

Seit der Antike lassen sich zwei Konzeptionen nachweisen, die bis heute in mannigfaltigen Variationen immer wieder diskutiert werden:

Eine auf Aristoteles (384–322 v.u.Z.) und die Stoa* zurückgehende Theorie
Der Mensch unterscheidet sich kraft seiner Vernünftigkeit und der damit verbundenen Fähigkeit, sein Tun und Lassen zu reflektieren und sich frei entscheiden zu können, grundsätzlich von allen anderen Tieren. Tiere seien auf die Welt der unmittelbaren Wahrnehmungen und Empfindungen beschränkt, sie können ihr Verhalten weder reflektieren noch frei wählen.

Die von den Pythagoreern* und den Skeptikern* vorgetragene Gegenthese*
Demnach erweisen sich tierische Aktivitäten als so komplex und raffiniert, dass sie nur erklärt werden können, wenn man davon ausgeht, dass es eine tierische Vernunft gibt. Der Unterschied zwischen Mensch und Tier sei nur gradueller Natur.

Als klassisches Beispiel verweisen sie auf Argos, den alten Hund des Odysseus*, der als Einziger seinen Herrn wiedererkannte, als dieser nach zwanzigjähriger Abwesenheit nachhause zurückkehrte.

„Argos erkennt Odysseus",
Theodor van Thulden (1606–1669)

1. Formuliert die beiden Grundannahmen der Philosophie zum Vergleich von Mensch und Tier in eigenen Worten.   [A]
2. Sammelt Belege für beide Annahmen.
3. Positioniert euch: Zu welcher Annahme neigt ihr?
4. Legt dar, welche Konsequenzen für den Umgang des Menschen mit den Tieren sich aus dem einen und dem anderen Konzept ergeben.

Und was sagt der Koran?

Nicht nur in der Bibel, auch im Koran finden sich Überlegungen zum Verhältnis Mensch – Natur und zum Verhältnis Mensch und Kreatur. Auch der Koran weist dem Menschen eine besondere Verantwortung im Umgang mit der Natur zu.

Ⓠ Der Mensch als Gottes Treuhänder

Die besondere Bedeutung des Menschen, den Gott vor allen anderen Geschöpfen sichtlich ausgezeichnet hat, drückt der Koran dadurch aus, dass er ihn als Khalifa, das heißt Nachfolger, Statthalter, Stellvertreter, Treuhänder bezeichnet. [...] In seiner Eigenschaft als Treuhänder Gottes auf Erden kommt dem Menschen eine besondere Verantwortung zu. Immer wieder ist im Koran davon die Rede, dass die Erde mit dem, was sie an Möglichkeiten bietet, dem Menschen von Gott zur Verfügung gestellt worden ist – allerdings nur vorübergehend [...]. Jeder Mensch wird für sein Tun und Lassen hier und jetzt oder, um den koranischen Terminus aufzugreifen, die „Weile", die er auf Erden ist, einmal zur Rechenschaft gezogen. [...] Obwohl Treuhänder Gottes, ist der Mensch – selbst wenn er sich noch so wankelmütig gibt – auf seinen Ursprung verwiesen, den Schöpfer, der ihn ins Dasein gerufen hat und ihn abberufen kann, wann er will. Weil der Mensch jederzeit mit seiner Abberufung, das heißt seinem Tod, rechnen muss, kann und darf er nicht – umweltethisch formuliert – unbegrenzt die ihm anvertraute Schöpfung Gottes ausnutzen, vielmehr muss er, will er seinem auf Zeit angelegten Schöpfungsauftrag gerecht werden, so handeln, dass er vor dem unausweichlichen Gericht Gottes bestehen kann.

(Ludwig Hagemann: Islam und ökologische Kultur. In: V.B. Mensen (Hg.): Die Schöpfung in den Religionen. Steyer, St. Augustin/Nettetal 1990)

Ⓠ Aus dem Koran

Und es gibt kein Tier auf der Erde und keinen Vogel, der mit seinen Flügeln fliegt, ohne dass es Gemeinschaften wären gleich euch Menschen. *(Sure 6, 38)*

Verboten hat er euch nur Fleisch von verendeten Tieren, Blut, Schweinefleisch und Fleisch, worüber (beim Schlachten) ein anderes Wesen als Gott angerufen worden ist. *(Sure 2, 173)*

Schächtung eines Huhns

Ⓐ 1. Welche menschlichen Pflichten sind mit der Stellvertreter- oder Treuhänderschaft verbunden? Beziehe zur Klärung auch den Text auf S. 41 mit ein.
2. Vergleiche die Aussagen zum Verhältnis Mensch – Natur in der Bibel (siehe S. 36 f.) mit denen des Koran.
3. Informiere dich über den Brauch des Schächtens von Schafen zum Opferfest. Begründe mit dem Fünfsatz*, ob dieser im Widerspruch zur Treuhänderschaft gegenüber der Natur steht.

Der Prophet Mohammed als Bewahrer der Natur

Mohammed (570–632) gilt im Islam als letzter einer Reihe von Propheten, die Gott zu den Menschen schickte, um ihnen Gottes Botschaft zu verkünden.

Fazlun Khalid hat die muslimische Umweltorgansation „Ifees" gegründet. [Q]

Eines der größten Projekte ist Masdar-City in Abu Dhabi, eine grüne Stadt mitten in der Wüste. Ist sie nur ein Spielzeug reicher Ölmultis oder eine echte Chance? Es gibt „Grüne Moscheen" in Singapur, Abu Dhabi und Manchester. Sie sind aber nur ein Anfang. „Aus islamischer Sicht kann man sagen, dass alles, was seiner Bestimmung folgt, den Schöpfer verehrt", so Khalid. [...]

Der Islam ist in einer Gegend entstanden, die von jeher karg war. Der Prophet Mohammed hat einen sparsamen Umgang mit Ressourcen gepredigt. „Wenn man die Menschen an die Ursprünge ihres Glaubens* erinnert", so Khalid, „und ihnen sagt, wie sie handeln, sei falsch, dann ändern sie sich. Das ist eine mächtige Waffe. Das ist auch der Grund, warum die Umweltbewegung von heute an Glauben und Natur interessiert ist." Religion tritt in den Dienst des Umweltschutzes. Der Direktor von Greenpeace International, Kumi Naidoo, hat Anfang des Jahres verkündet, mehr mit religiösen Gruppen zusammenarbeiten zu wollen. „Unser Vorbild ist der Prophet des Islam", so der Ifees-Gründer. „Er war ein Umweltschützer. Er war ein Bewahrer, lange bevor es diese Idee überhaupt gab."

(www.3sat.de/page/?source=/kulturzeit/themen/145753/index.html; Zugriff: 7.8.2014)

Ressourcen und Nachhaltigkeit [D]

Ressourcen sind vorhandene Rohstoffe der Natur, die die Menschheit laufend benötigt.

Man unterscheidet erneuerbare und nichterneuerbare Ressourcen. Holz wächst nach, während Erdöl Jahrmillionen zur Entstehung braucht und die Vorräte schon in wenigen Jahrzehnten erschöpft sein werden. Auch Wasser ist eine wichtige Ressource, mit der wir sparsam umgehen müssen. Im Zusammenhang mit dem Schutz der Ressourcen spricht man auch von Nachhaltigkeit*. Ihr Ziel ist es, den folgenden Generationen ein intaktes soziales, wirtschaftliches und ökologisches Gefüge zu hinterlassen.

 *HIMA ist eine Organisation, die sich für den Umweltschutz einsetzt*

1. Moderne Christen und Muslime tun sich für den Umweltschutz zusammen. Über welche religiösen Voraussetzungen und praktischen Ziele wären sie sich einig, über welche nicht? Gestaltet dazu kleine Dialoge, in die ihr euer Wissen über das christliche und muslimische Verhältnis zur Natur einfließen lasst und eine Einigung sucht.
2. Spielt die Dialoge vor und verständigt euch, welcher Dialog am überzeugendsten war.

Fernöstliches zum Thema Natur

Charakteristisch für das fernöstliche Denken ist eine Haltung freundlicher Zuwendung zu allen Lebewesen, die in *Ahimsa*, dem Gebot, kein Lebewesen zu verletzen, zum Ausdruck kommt. Nicht nur Tieren, höheren wie niedrigen, sondern auch Pflanzen kommt Respekt und Achtung zu.

Q **Heilige Bäume und Pflanzen**

Seit vielen Jahrhunderten ist der Hinduismus eine Kultur und Religion, in der tiefsinnige und überaus rationale Systeme philosophischen Denkens Hand in Hand gehen mit uralten animistischen* Glaubensvorstellungen* und lokalen Naturreligionen. Das wird besonders deutlich im Fall der als heilig verehrten Bäume und Pflanzen. Dass Bäume und Pflanzen als lebendige Wesen angesehen werden, die Geister beherbergen, mag für manchen Zeitgenossen lächerlich klingen, doch haben Untersuchungen ergeben, dass Pflanzen sehr wohl positiv reagieren, wenn sie z. B. mit entspannter klassischer Musik „berieselt" werden. Pflanzen wachsen besser, wenn ihnen viel Liebe entgegengebracht wird.

Schon zu Zeiten der Harappa-Kultur* gab es Tonsiegel, auf denen weibliche Baumgottheiten abgebildet waren. Männliche Baumgötter kommen jedoch nicht vor. Die Ehrfurcht vor den Bäumen und den diesen zugeschriebenen Lebensgeistern gehörte seit jeher zum Kultus der „großen Mutter", und heilige Haine, die den Baumwesen geweiht waren, erfreuten sich längst vor der Buddha-Zeit als geheiligte Stätten großer Beliebtheit.

(Werner Scholz: Schnellkurs Hinduismus. DuMont, Köln 2000, S. 143 f.)

Kailash, heiliger Berg im Himalaya **2**

1

Heilige Kühe auf den Straßen Indiens

Müll in einem Slum in Mumbai **3**

Q **Heilige Kühe**

Seit jeher gehören Kühe zu den Grundlagen hinduistischen Lebens. Sie ziehen noch heute Pflüge, liefern Dung und Milch, die gerne zu Joghurt weiterverarbeitet wird. In der Landwirtschaft sind sie nach wie vor unersetzlich. Während

„dumme Kuh" hierzulande ein Schimpfwort ist, versinnbildlichen Kühe in Indien Duldsamkeit und Gelassenheit. Sie gelten als lebendes Symbol* der „Mutter Erde".

(Werner Scholz: Schnellkurs Hinduismus. DuMont, Köln 2000, S. 143)

1. Tauscht euch darüber aus, ob ihr die Gedanken, die man im Hinduismus zur Heiligkeit von Bäumen und Kühen findet, nachvollziehen könnt.
2. Verständigt euch darüber, ob es auch hierzulande so etwas wie Ehrfurcht vor Bäumen gibt und wie diese sich zeigt.
3. Schaut euch Bild 3 an. Tragt Überlegungen zusammen, wie Umweltverschmutzung und Armut zusammenhängen.

Buddhisten und ihr Verhältnis zur Natur

Buddhismus und Hinduismus besitzen ein zyklisches Weltbild, nach dem alle Dinge und Lebewesen in einem Zusammenhang stehen. Das Leben ist ein unendlicher Kreislauf, in dem alles ewig wiederkehrt. Auch der Mensch ist in diesen Zyklus eingebunden. Er lebt, erwirbt durch seine Taten ein bestimmtes *Karma*, das entscheidend dafür ist, in welcher Gestalt er nach dem Tod wiedergeboren wird, um den Kreis erneut zu durchlaufen. Ein ethischer Grundsatz des Buddhismus ist es, sich in allen Lebewesen zu sehen und alle Lebewesen in sich.

Buddhistischer Lehrtext

Den Wesen allen soll man Frieden wünschen,
Glück für ihr Herz, Glück für ihr ganzes Leben.
Wie immer die Gestalt der Wesen ist:
Ob klein, ob groß, ob lang, ob kurz,
Ob stark, ob schwach, ob grob oder ob zart,
Ob sie uns sichtbar sind, ob unsichtbar,

Ob fern sie weilen oder nah uns sind,
Ob sie entstanden sind, ob sie ins Dasein streben,
Sie alle mögen glücklich sein!
Wie eine Mutter während ihres ganzen Daseins
Ihr einzig Kind beschützt mit ihrem Leben,
So möge man jedwedem Wesen gegenüber
Den Geist mit grenzenloser Güte füllen!

(Sutta Nipata 149bis.
www.ourswiss.ch/namaste/VegetarismusEthik/buddhismus.html;
Zugriff: 22.9.2014)

4. Vergleiche das Verhältnis von Mensch und Tier, das in dem buddhistischen Lehrtext zum Ausdruck kommt, mit dem des jüdisch-christlichen Schöpfungsberichts auf S. 36.
5. Erkläre mit eigenen Worten, warum man im Buddhismus jedem Lebewesen nach dem Grundsatz: „Auch das bist du!" begegnen soll.

Das Naturverständnis der Indianer

In Nordamerika lebten vor 400 Jahren viele Indianervölker wie die Hopi, die Apachen und andere. Sie lebten in Stämmen zusammen, ihre Anführer bestimmten sie aufgrund von deren Fähigkeiten, dem Wohl des Stammes zu dienen. Die Natur, von der und mit der sie lebten, betrachteten die Indianer nicht als ihren persönlichen Besitz.

Nach der Entdeckung Amerikas durch Christoph Kolumbus im Jahre 1492 strömten immer mehr Europäer („Weiße") auf der Suche nach einem wirtschaftlichen Auskommen in die „Neue Welt". Sie siedelten in den Gebieten, in denen die Indianer zuhause waren, und begannen, Häuser und Städte zu bauen, Fallen zu stellen und mit Pelz zu handeln, nach Gold zu suchen oder Felder anzulegen und Wildtiere zu zähmen.

Ein indigener Ureinwohner in einem typischen Holz-Kanu im ecuadorianischen Amazonas-Dschungel

Die europäischen Eroberer schleppten Krankheiten ins Land, z. B. eine Pocken-Epidemie. Sie brachten ihre Sitten, ihre Ansichten von Besitz und ihre Wünsche nach Reichtum mit. Zudem versuchten die christlichen Kirchen den Indianern das auszutreiben, was sie „Aberglauben" nannten.

Die Indianer lebten eine Religiosität, in der Mensch und Natur eng verbunden waren. Die Natur galt ihnen als eine Mutter, die ein tiefes Geheimnis umgibt und die allzeit für ihre Kinder sorgt, die immer für sie da ist. Sie glaubten an übernatürliche Mächte und Kräfte. Diese Kräfte entsprachen jedoch nicht dem christlichen oder jüdischen Gott. Die Indianer verehrten zum Beispiel die Sonne, die Leben und Wärme spendet. Sie sahen Kräfte und Energien in Steinen, Pflanzen, Tieren und Menschen gleichermaßen. Neben diesen Kräften glaubten verschiedene Indianervölker auch an Schutzgeister. Das waren oft Tiere wie Adler, Biber, Bär, Wolf oder Wal. So glaubten die Indianer an der Nordwestküste, jeweils von einem bestimmten Tier abzustammen, ihr sogenanntes „Totemtier"*.

Bis heute ist das Leben der Indianer dadurch erschwert, dass sie ihre Kultur vom Einssein mit der Natur nicht weiterleben können, da sie in Reservaten leben. Arbeitslosigkeit, Drogenprobleme und mangelnde Schulbildung sind Folgen dieser Politik. Erst seit einigen Jahren setzen sich Indianer vermehrt für ihre Rechte ein und fordern die Rückgabe ihrer alten Territorien oder heiliger Stätten, die oft von Weißen bewohnt werden.

1. Tragt weitere Informationen zur Geschichte und zum Leben der Indianer zusammen, die ihr aus Büchern, Zeitschriften oder der Internetrecherche entnehmen könnt.

Indianer-Aphorismen

Erst wenn
der letzte Baum gerodet,
der letzte Fluss vergiftet,
der letzte Fisch gefangen ist,
werdet ihr feststellen, dass
man Geld nicht essen kann!

(Häuptling Seattle)

Wissen sie
nicht, dass
man das Land nicht privat
besitzen kann, genauso wenig
wie das Wasser, die Atemluft
und den Sonnenschein?

(Guarani-Indianer in Paraguay über die Weißen)

Ich bin das Land

Meine Augen sind der Himmel.
Meine Glieder sind die Bäume.
Ich bin der Fels, die Wassertiefe.
Ich bin nicht hier, um die Natur
zu beherrschen oder sie zu nutzen.
Ich bin selbst Natur.

Hopi-Indianer

Großer Geist

Bin nicht mehr taub,
kann dich wieder hören,
die vierflügelige Libelle
flüsterte mir zu:
Wir sind Brüder.

Ich höre deine Stimme im Wind,
in den Bäumen ...

Ich laufe durch das hohe Gras,
nicht mehr allein gelassen:
mit Mutter Erde vereint.

Ich zog sie an mich
und hörte die Ameisen reden,
die nie den alten Weg vergaßen ...

Ich bringe die heiligen Steine.

Tahca Isnala

1. Schreibt in Partnerarbeit aus den indianischen Wortmeldungen alle Metaphern* und Stichworte heraus, mit denen das Natur- und Selbstverständnis der Indianer beschrieben wird. Erläutert, was die einzelnen Wortverbindungen für das Verhältnis von Mensch und Natur bedeuten.
2. Skizziert anschließend euer eigenes Verhältnis zur Natur und vergleicht es mit dem Naturverständnis der Indianer. Seht ihr euch ebenfalls als Teil der Natur?
3. Präsentiert (siehe S. 31) die Ergebnisse der Partnerarbeit im Plenum.

Ethik der Ehrfurcht vor dem Leben

Der deutsch-französische Arzt und evangelische Theologe Albert Schweitzer (1875–1965) wurde vor allem bekannt durch seine Arbeit in Afrika. In Lambaréné, im zentralafrikanischen Staat Gabun, eröffnete Schweitzer 1913 ein Urwaldkrankenhaus, das auch heute noch existiert. Er half damit vielen Menschen in der Region, für die medizinische Hilfe schwer erreichbar oder unbezahlbar war. Auch eine Leprastation* befand sich in dem Hospital. Schweitzer begründete seine Arbeit mit einer umfassenden Ethik: „Der wahre Mensch fühlt sich als Bruder der Geschöpfe", sagte er einmal.

Seine Ethik der „Ehrfurcht vor dem Leben", weist Berührungen sowohl mit christlichem als auch mit buddhistischem und hinduistischem Denken auf. Für seinen Einsatz für verfolgte Menschen und für Frieden, Wahrheit und Freiheit erhielt Albert Schweitzer 1952 den Friedensnobelpreis.

Albert Schweitzer in seinem afrikanischen Urwaldkrankenhaus, Lambaréné

Q | **Mensch, Tier und Pflanze – alle wollen schließlich leben!**

[Meine] Ethik besteht also darin, dass ich die Nötigung erlebe, allem Willen zum Leben die gleiche Ehrfurcht vor dem Leben entgegenzubringen wie dem eigenen. Damit ist das denknotwendige Grundprinzip des Sittlichen gegeben. Gut ist, Leben erhalten und Leben fördern; böse ist, Leben vernichten und Leben hemmen. [...]

Wahrhaft ethisch ist der Mensch nur, wenn er der Nötigung gehorcht, allem Leben, dem er beistehen kann, zu helfen, und sich scheut, irgendetwas Lebendigem Schaden zu tun. Er fragt nicht, inwiefern dieses oder jenes Leben als wertvoll Anteilnahme verdient, und auch nicht, ob und inwieweit es noch empfindungsfähig ist. Das Leben als solches ist ihm heilig. Er reißt kein Blatt vom Baume ab, bricht keine Blume und hat Acht, dass er kein Insekt zertritt. Wenn er im Sommer nachts bei der Lampe arbeitet, hält er lieber das Fenster geschlossen und atmet dumpfe Luft, als dass er Insekt um Insekt mit versengten Flügeln auf seinen Tisch fallen sieht. [...] Ethik ist ins Grenzenlose erweiterte Verantwortung gegen alles, was lebt.

(Albert Schweitzer: Kultur und Ethik. Beck, München 1972, S. 329 ff.)

A | 1. Wie begründet Albert Schweitzer seine Ehrfurcht vor dem Leben?
     2. Diskutiert darüber, ob unsere Gesellschaft etwas mehr „Ehrfurcht vor dem Leben" haben und umsetzen sollte: In welchen Bereichen?

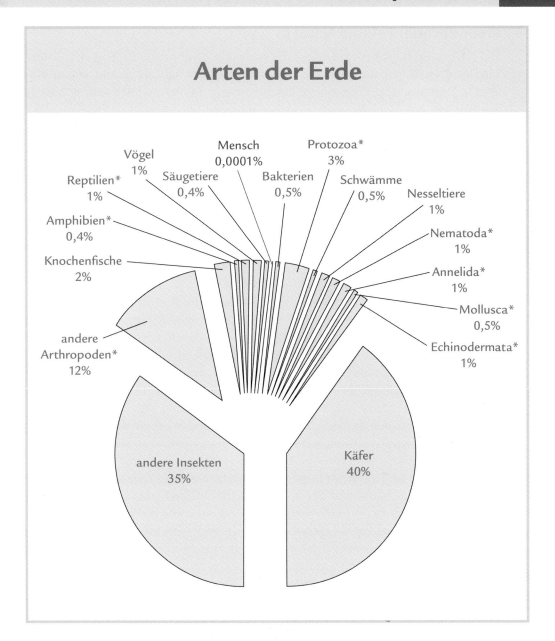

Arten der Erde

Mensch 0,0001%
Protozoa* 3%
Vögel 1%
Säugetiere 0,4%
Bakterien 0,5%
Schwämme 0,5%
Reptilien* 1%
Nesseltiere 1%
Amphibien* 0,4%
Nematoda* 1%
Knochenfische 2%
Annelida* 1%
Mollusca* 0,5%
andere Arthropoden* 12%
Echinodermata* 1%
andere Insekten 35%
Käfer 40%

1. Lest die Grafik. Was erfahrt ihr?
2. Diskutiert, ob die Grafik zur Systematik im Tierreich Auskunft über die Wertigkeit einzelner Tierarten gibt.
3. Verständigt euch darüber, welche Maßstäbe und Kriterien ihr für die Bewertung alles Lebendigen anlegen würdet?
   Erstellt ein Poster, das eure persönliche „Stufenleiter" bei der Bewertung alles Lebendigens zeigt oder das grafisch aufbereitet, warum ihr Schweitzers Sichtweise folgt.
4. Formuliert drei Verhaltensregeln, die sich aus eurer persönlichen Stufenleiter der Bewertung alles Lebendigen ergeben.

Freundin oder Feindin Natur?

Die Natur wird häufig romantisiert: der ergreifende Sonnenuntergang, der schöne Vogelgesang, das niedliche Pelztier, das Rauschen der Bäume, die duftenden Blumen ... Das alles sind Phänomene der Natur, die uns ansprechen und glücklich machen können. Dennoch hat die Natur auch eine andere Seite, die wir nur allzu gerne ausblenden.

Solange es Menschen gibt, haben sich diese auch gegen die Natur schützen und wehren müssen. Diese andere Seite nahm schon im 19. Jahrhundert der englische Philosoph John Stuart Mill (1806–1873) in den Blick.

Q Die Natur – eine heimtückische Mörderin?

Um es ohne Umschweife zu sagen: fast alles, wofür die Menschen, wenn sie es sich gegenseitig antun, gehängt oder ins Gefängnis geworfen werden, tut die Natur so gut wie alle Tage. [...] Wenn wir den Begriff „Mord" einmal nur für das gelten lassen, was eine gewisse, dem menschlichen Leben vermeintlich gewährte Frist abkürzt, so mordet die Natur die überwiegende Mehrzahl aller lebenden Wesen, mit denen die schlechtesten Menschen anderen das Leben nehmen. Sie pfählt Menschen, zermalmt sie, wie wenn sie aufs Rad geflochten wären, wirft sie wilden Tieren zur Beute vor, verbrennt sie, steinigt sie wie den ersten christlichen Märtyrer, lässt sie verhungern und erfrieren, tötet sie durch das rasche oder schleichende Gift ihrer Ausdünstungen und hat noch hundert andere scheußliche Todesarten in Reserve [...]. All das tut die Natur mit der hochmütigsten Missachtung aller Barmherzigkeit und Gerechtigkeit. [...] Ein einziger Orkan zerstört die Hoffnungen eines ganzen Jahres; ein Heuschreckenschwarm oder eine Überschwemmung verheeren eine ganze Provinz; [...] die Fluten des Meeres rauben wie Banditen die Schätze der Reichen und die geringe Habe der Armen, und unter demselben Plündern, Verwüsten und Morden wie ihre menschlichen Entsprechungen. [...] Da die natürliche Weltordnung voll von Dingen ist, die, wenn sie von Menschen begangen werden, als die größten Ungeheuerlichkeiten gelten, kann es keine religiöse oder moralische Pflicht für uns sein, unsere Handlungen in Analogie zum Lauf der Natur einzurichten.

(John Stuart Mill: Natur. In: Gregor Schiemann (Hg.): Was ist Natur? dtv, München 1996, S. 223–225)

 A
1. Mill benutzt zur Charakterisierung der Natur bestimmte Begriffe und Bilder. Schreibt diese aus dem Text heraus und begründet, ob ihr die Natur ebenso beschreiben bzw. welche anderen Worte ihr dafür nutzen würdet.
2. Schildert mithilfe eines Beispiels, auf welche Art von Bedrohungen durch die Natur, denen der Mensch auch heute noch ausgesetzt ist, Mill anspielt.

Leben wir im Krieg mit der Natur?

Die Anklage an die Natur relativiert sich, wenn man folgende Fakten berücksichtigt:

Sechs Fakten zum Diskutieren:

Bis zum Ende des Jahrhunderts könnte der Wind durchschnittlich um zehn Prozent stärker wehen als heute, sofern ungebremst Treibhausgase in die Luft gepustet werden, das haben Forscher mit Klimamodellen berechnet.

Die Atomkatastrophe von Fukushima wurde durch ein Erdbeben ausgelöst. Das Atomkraftwerk war wie viele andere auch in ein erdbebengefährdetes Gebiet gebaut worden.

Orkane richten besonders starke Schäden an, wenn sie mit der Kulturleistung der Menschen zusammenstoßen: Sie lassen Gebäude und Brücken einstürzen, verursachen Autounfälle und so weiter.

Die verheerenden Folgen von Überschwemmungen entstehen oft dadurch, dass der Fluss nicht mehr in seinen natürlichen Bahnen verlaufen kann, weil er begradigt wurde und Auen fehlen. Dadurch sind Kanäle entstanden, die nur bestimmte Wassermengen transportieren können. Hinzu kommt, dass viele Flächen, in denen das Wasser versickern könnte, asphaltiert wurden. Der begradigte Fluss vermag die Wassermengen bei Starkregen etc. nicht mehr zu transportieren. Zudem wurde den Meeren manch Landstrich abgetrotzt durch Deiche oder Dämme. Die weltweite Erhöhung des Meeresspiegels fordert hier nun ihre Opfer und wird weitere fordern. Zu bedenken ist: Nicht nur die Höhe eines Deiches oder Dammes spielt eine Rolle. Je mehr Wasser gestaut wird, desto höher wird der Wasserdruck. Der Druck auf Deiche und Dämme wird also zunehmen.

Menschen provozieren oft genug den Zusammenstoß mit der Natur. Bestes Beispiel ist dafür die italienische Stadt Neapel, die direkt neben dem Vulkan Vesuv erbaut wurde. In der Region wohnen bis zu vier Millionen Menschen. Und der Vesuv ist immer noch aktiv.

Die Natur funktioniert nach dem Prinzip der Arterhaltung. Diesem Prinzip müssen sich die einzelnen Tiere unterordnen. Es gibt in der Natur kein Individualrecht, sondern nur ein Kollektivrecht. Wenn es der Herde dient, wird zum Beispiel ein schwaches Tier zurückgelassen und seinem Schicksal überlassen.

1. Formuliert auf Mills „Anklage" von S. 48 eine Verteidigungsrede der Natur. Bezieht in diese auch die geschilderten Fakten mit ein. Tragt eure Reden in einem Wettstreit vor. Kürt einen Sieger.

Selbstgemachte Probleme mit der Natur

Das WWF*-Auen-Institut in Rastatt versteht Naturschutz und Hochwasserschutz als eine Einheit. Der Leiter des Instituts Prof. Dr. Emil Dister schildert seine Hoffnungen und Sorgen in einem Interview.

Q *Wenn Flüsse über die Ufer treten, Hochwasser die Menschen erschreckt, sind Sie in den Medien. Danach ist das Thema Hochwasserschutz vom Tisch. Fühlen Sie sich nicht manchmal wie Don Quijote?*

Dister: Irgendwie ähnlich. Das stimmt schon.

Also eine eher negative Bilanz?

Dister: Eine gemischte Bilanz. Wir machen hier nicht nur Hochwasserschutz. Aber dort tendiere ich schon zum Negativen hin. Im Hochwasserschutz ist es ein langer Kampf. Da hat sich sehr wenig bewegt.

Liegt es an der beratungsresistenten Politik?

Dister: Die kann einen schon mutlos machen. [...]

Wo ist Ihre Arbeit auf fruchtbaren Boden gestoßen?

Dister: In Frankreich zum Beispiel haben wir 1986 damit begonnen mitzuhelfen, dass die Loire und einige Nebenflüsse so bleiben, wie sie sind. In Österreich ist es uns gegen jede Erwartung gelungen, das geplante Wasserkraftwerk Hainburg zu verhindern. Mittlerweile ist die Gegend, in der es hätte gebaut werden sollen, ein Nationalpark.

Deutschland fand jetzt keine Erwähnung. Warum?

Dister: In Deutschland ist es schwierig. Hochwasserschutz und Renaturierung im großen Stil lässt sich bei uns kaum durchsetzen. Wir haben im Bereich der Dokumentation von Auen und Hochwasser viel geleistet. Aber wir wollen nicht nur wissenschaftlich arbeiten, sondern unsere Arbeit in reale Projekte transformieren. Die ganzen Erkenntnisse, die wir jetzt haben, nützen nichts, wenn politisch keine Konsequenzen gezogen werden. Die große Deichrückverlegung in Lödderitz an der Elbe haben wir selbst beantragt und sie wird umgesetzt.

Im vergangenen Jahr hat es den Osten und Bayern mit Hochwasser erwischt. Und nicht zum ersten Mal. Geschieht da etwas?

Dister: Das ist oft erschütternd. In Sachsen zum Bespiel, dort war es bei dem Hochwasser sehr kritisch, hat man rund 50 Deichrückverlegungen geplant. Das heißt, man gibt den Gewässern mehr Raum bei Überschwemmungen. Nur zwei davon sind umgesetzt worden. Das ist natürlich ernüchternd.

(Christoph Rigling: „Keine Lobby für Hochwasserschutz". www.bo.de/nachrichten/nachrichten-regional/keine-lobby-fuer-hochwasserschutz; Zugriff: 8.12.2014)

Elbauen bei Radebeul-Serkowitz

Flusslandschaft Elbe: Last und Segen

Das Biosphärenreservat Elbaue ist das größte des deutschen Binnenlandes. Es soll wie alle Biosphärenreservate Naturschutz mit wirtschaftlichen und sozialen Interessen des Menschen harmonisch verbinden.

Biosphärenreservat
Flusslandschaft Elbe

Q Exakt 401 Flusskilometer umfasst das Biosphärenreservat „Flusslandschaft Elbe" [...]. Modellhafte Nachhaltigkeit* – das ist kein geringer Anspruch. Wie kann ihm der wirtschaftende Mensch in der „Flusslandschaft Elbe" gerecht werden? Betrachten wir zuerst den Fluss selbst. [...] Biosphäre hin und her, es wurde geschottert und geholzt, begradigt und vertieft, um den wenigen Schiffen eine ganzjährige Wassertiefe von 1,60 m zu garantieren. [...] Der erhoffte Aufschwung des Güterverkehrs ließ sich so nicht herbeibauen, die Schiffe wurden von Jahr zu Jahr weniger. [...] Unvereinbar mit den Zielen einer Biosphäre ist auch, dass die Behörden vielerorts vorsorglich Weiden und sonstige Ufergehölze roden, damit die Fluten im Falle eines Hochwassers schneller abfließen können. [...] Stattdessen zielt ein vorbeugender Hochwasserschutz darauf, mehr Wasser in der Fläche zurückzuhalten. Vorbildlich zeigt dies die Biosphäre mit der Rückverlegung von Deichen im brandenburgischen Lenzen (mit dem BUND als Partner) und bei Steckby (mit dem WWF*). Hier wurden viele Hundert Hektar einstiger Schwemmfläche wieder mit der Elbe verbunden. Und wie nachhaltig agiert der größte Flächennutzer, die Landwirtschaft, auf seinen 70 % der Biosphäre? Nun, die Verwaltung hätte gern mehr Ökolandbau (nur er verdient das Siegel „nachhaltig") und setzt mit Agrarprogrammen punktuelle Anreize. Doch sie verfügt weder über die Instrumente noch das Geld, um die gerade im Osten riesigen Agrarbetriebe auf den fruchtbaren Aueböden zum Umsteuern zu bewegen.

(Severin Zillich: Flusslandschaft Elbe. Last und Segen. BUNDmagazin H. 4/2011, S. 26 f.)

1. Erläutert, warum die Flusslandschaft Elbe Fluch und Segen in einem ist. A
2. Recherchiert, wie viele Flusskilometer lang das Biosphärenreservat Elbe in Niedersachsen ist und welche Maßnahmen zum Hochwasserschutz an diesem Flussstück ergriffen wurden.

3. Stellt die unterschiedlichen Erwartungen und Interessen der Anlieger (Bauern, Hausbesitzer, BUND, Binnenschiffer ...) hinsichtlich des Biosphärenreservats „Elbe" zusammen und vergleicht diese. Fixiert Schnittstellen für gemeinsame Interessen und die Konfliktpunkte.
4. Verständigt euch darüber, wie ein Konsens* zwischen den Parteien aussehen könnte.

2.2 Verantwortung für Natur und Umwelt

Der Streit über die Rechte der Natur

Bis ins 20. Jahrhundert hinein war man davon ausgegangen, dass die Selbstheilungskräfte der Natur genügen, um mit Problemen fertig zu werden. Nun jedoch ist ein Punkt erreicht, an dem sich neue Fragen aufdrängen.

Q **Hat die Erde Rechte?**

Ob die Natur nur von Wert für den Menschen sei oder ob ihr auch ein eigener Wert zukomme, das ist die Grundfrage der Natur- und Umweltethik. Man kann diese Frage auch anders formulieren: Ist Naturschutz nur etwas, was wir den von der Natur abhängigen der Natur bedürftigen Menschen schulden, oder ist er auch etwas, was wir der Natur selbst schulden? [...] Hat nur der Mensch eine Würde? Oder gebührt auch der Natur: der Erde, den Meeren, den Wäldern, den Flüssen, den Pflanzen, den Tieren Ehrfurcht?

(Angelika Krebs: Naturethik. Bundeszentrale für politische Bildung, 19.11.2008)

Q **Ein Gedankenspiel: Die Grundrechte der Erde**

Wir haben der Erde alle Rechte zuzuerkennen, die wir Menschen uns zugestehen und als Menschenrechte deklariert haben.

1 Die Würde der Erde ist unantastbar.

2 Die Erde hat das Recht auf Leben und Schutz ihrer Gesundheit.

3 Jede Form von Ausbeutung, Leibeigenschaft und Erniedrigung ist verboten; sie darf nicht verschachert, geschändet, missbraucht werden.

(Nach www.dolacek.de/erde.html; Zugriff: 9.8.2014)

4 Die Erde darf nicht mit Giftstoffen gefoltert, mit Abgasen und Abfällen verseucht, mit Waffen, Viren und Giftgasen misshandelt oder mit Atommüll und Atomexplosionen vergewaltigt werden. Ihre Atmosphäre ist schützenswert wie die Privatsphäre des Menschen.

5 Alles, was wir Menschen als unser Eigentum proklamieren, stammt von der Erde und gehört eigentlich ihr, von Korn, Holz und Heilmitteln bis zum Erz für Motoren und Geld. Wir haben das Leihgut wohlbehalten (bzw. als Humus) und nicht als Giftmüll zurückzugeben.

6 Die Rechte der Erde sollen als wesentlicher Bestandteil in Völkerrecht und Grundgesetze eingehen. Angriffe und Eingriffe gegen die Gesundheit der Erde sind als „Erdverbrechen" bewusst zu machen. Die Todesstrafe gegen Bäume, Gewässer, Arten, Kinder und künftige Generationen ist abzuschaffen.

1. Belegt anhand von Beispielen, warum Natur und Erde sich nicht selbst überlassen bleiben [A]
   können.
2. Vergleicht die Rechte der Erde mit der UN-Menschenrechtsdeklaration von 1948.
3. Diskutiert über die vorgeschlagenen Rechte der Erde.

Die holistische Umweltethik

Der Holismus betrachtet das ganze Ökosystem* des Planeten Erde als ein Ganzes und nicht nur als etwas aus Teilen Zusammengesetztes. Schon Aristoteles (384–322 v.u.Z.) lehrte, dass das Ganze mehr ist als die Summe seiner Teile. Auch alle Weltreligionen bieten holistische Welterklärungen. Die so genannte Gaia*-Hypothese* setzt das System Erde mit einem Organismus gleich.

Die holistische Ethik (von griechisch holos = das Ganze) ist die umfassendste aller Umweltethiken, weil sie nicht nur allen Lebewesen, sondern auch der unbelebten Natur (zum Beispiel Steinen) Rechte zugesteht.

Alles, was existiert, hat demnach ein Recht darauf, fortzubestehen. Der Mensch steht im Gegensatz zur anthropozentrischen Sichtweise nicht mehr im Mittelpunkt der Natur, sondern wird als *ein* Teil von ihr gesehen.

Entscheidend ist, was der Natur als Ganzes nützt und nicht das, was dem Vorteil der Menschen dient. Auch wenn der Natur ein Eigensinn und eine Eigenbedeutung zugesprochen wird, bedeutet dies aber keineswegs, dass auch alles gleich behandelt werden muss. Die holistische Ethik verlangt keine absolute Gleichbehandlung von belebter und unbelebter Materie; ihr geht es vielmehr darum, dass das Anorganische nicht einfach unberücksichtigt bleibt.

4. Gebt mit eigenen Worten die Grundgedanken der holistischen Umweltethik wieder. [A]
5. Positioniert euch zur holistischen Ethik.
6. Informiert euch im Internet über den wissenschaftlichen Streit um die Gaia*-Hypothese*, insbesondere um die zentrale Frage, ob man die Erde als ein Lebewesen auffassen kann.

Haben Tiere Rechte?

Deutschland spielt hinsichtlich des Tierschutzes eine Vorreiterrolle, es hat im Jahr 2002 den Tierschutz ins Grundgesetz aufgenommen.

 Aus dem Tierschutzgesetz (TierSchG)

§1 – Zweck dieses Gesetzes ist es, aus der Verantwortung des Menschen für das Tier als Mitgeschöpf dessen Leben und Wohlbefinden zu schützen. Niemand darf einem Tier ohne vernünftigen Grund Schmerzen, Leiden oder Schäden zufügen.

Wortmeldungen aus der Diskussion

Pro

- Wenn es um Schmerz, Liebe, Freude und Angst geht, ist eine Ratte gleich einem Schwein, gleich einem Hund, gleich einem Jungen. Jeder schätzt sein eigenes Leben und kämpft dafür.
- Der Nutzen des Tieres für den Menschen ist unbestritten (Ernährung, Genuss, notwendige medizinische Forschung), dennoch rechtfertigt dieser das Leid und den Tod der Tiere nicht.
- Das Einsperren und Töten von 800 Millionen Tieren, die jedes Jahr in Deutschland geschlachtet werden, ist nicht zu rechtfertigen.
- Es geht darum, Tieren ihr Recht auf Leben zuzugestehen.
- Tiere sind leidensfähig und erfordern unser Mitleid.
- Tiere zu quälen für den eigenen Nutzen, führt zur Verrohung des Menschen, es tut dem Menschen selbst nicht gut.
- Der Wille zum Leben, der jedem Lebendigen innewohnt, ist heilig und muss respektiert werden.

Contra

- Allein dem Menschen kommt der Status zu, dass er moralisch sein kann und reflektierte Interessen vertritt. Deshalb hat allein er Rechte.
- Der Mensch steht moralisch und intellektuell über dem Tier und darf es deshalb nutzen.
- Tiere sind nicht rechtsfähig. Um ein Recht zu besitzen, muss man sich vor dem Gesetz verteidigen und auch andere (also den Menschen) anklagen können.
- Wie und unter welchen Umständen Tiere leiden, ist kaum erforscht.

 1. Bildet euch eine eigene ethische Meinung über Tierrechte, indem ihr euch mit den Wortmeldungen auseinandersetzt. Diskutiert darüber in eurem Kurs.

Doch noch auf den Hund gekommen?

Angenommen, wir sprechen Tieren das unabdingbare Recht auf Leben zu, haben dann alle Tiere die gleichen Rechte? Und nach welchen Kriterien soll man das entscheiden? Dieses bioethische Problem ist im Grunde ungelöst. Albert Schweitzer (1875–1965) macht zum Beispiel gar keinen Unterschied zwischen den Lebewesen. Vom Schöpfungsgedanken her ist das Leben grundsätzlich zu achten. Aber bereits in der Bibel (siehe S. 36) steht, dass der Mensch Tiere und Pflanzen nutzen soll.

Im Alltag und durch die Gesellschaft legitimiert machen wir große Unterschiede zwischen den Tieren hinsichtlich unserer Sympathieverteilung und auch in der Frage, *was* beziehungsweise *wen* wir essen wollen.

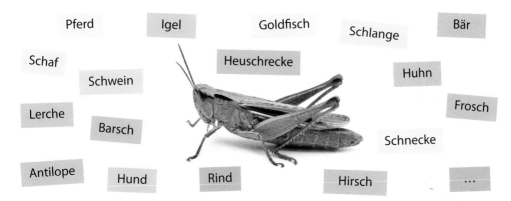

Geschmorter Hund nach Hochzeitsart

Töten Sie einen Hund mittlerer Größe und brennen Sie ihm über einem heißen Feuer das Fell weg. Entfernen Sie in noch warmem Zustand vorsichtig die Haut und legen Sie sie für später beiseite (kann noch für andere Rezepte verwendet werden). Schneiden Sie das Fleisch in zwei Zentimeter große Würfel und legen Sie diese zwei Stunden lang in eine Marinade aus Essig, Pfefferkörnern, Salz und Knoblauch. Braten Sie das Fleisch in einem Wok mit etwas Öl über einem offenen Feuer an, fügen Sie Zwiebeln und klein geschnittene Ananas hinzu und lassen Sie alles zusammen kurz schmoren. Gießen Sie Tomatensoße und kochendes Wasser dazu, schmecken Sie mit grünem Pfeffer, Lorbeer und Tabasco ab. Mit Deckel so lange köcheln lassen, bis das Fleisch zart ist. Mischen Sie pürierte Hundeleber unter und lassen alles noch weitere fünf bis sieben Minuten kochen.

(Jonathan Safran Foer: Tiere essen. Kiepenheuer & Witsch, Köln 2013)

1. Informiert euch unter Einbeziehung der Wortkarten darüber, welche Tierarten in welchen Kulturkreisen gegessen werden und welche nicht.
2. Sucht Erklärungen dafür, warum in bestimmten Kulturkreisen bestimmte Tiere gegessen bzw. nicht gegessen werden (dürfen).
3. Positioniert euch: Welche Tiere würdet ihr persönlich nicht essen? Wodurch ist eure Abneigung gegen den Verzehr dieser Tiere verursacht?

Vegetarisch beziehungsweise vegan leben?

D

Eine überwiegend pflanzliche Ernährung, bei der nur tierische Produkte gegessen werden, die von lebenden Tieren stammen (z.B. Milch, Eier, Honig), der Verzehr von Fleisch, für das Tiere getötet werden müssen, jedoch verpönt ist, ist eine *vegetarische*.

Vegan ist eine Ernährungsweise, bei der vollständig auf das Essen tierischer Lebensmittel in jedweder Form verzichtet wird.

Q   **Meinungen zum Fleischverzicht**

Ein 15-Jähriger über seine neue Lebensweise.

Am Anfang waren es ethische Gründe, die mich zu dieser Lebensweise bewegt haben, inzwischen jedoch sind die gesundheitlichen Gründe der Ernährungsweise viel bedeutsamer. Wolle, Seide, Leder und Co vermeide ich. Ich persönlich kann es ethisch nicht vertreten, tierische Produkte zu tragen. Ich sehe keinen Sinn darin. Baumwolle, Kunstleder und sonstige Materialien sind mir lieber und es gibt auch keine größeren Probleme, vegane Kleidung und Schuhe zu finden.

(Frei nach www.einfachgefragt.com/tim-uber-das-vegane-leben/veganekolumne.blogspot.com; Zugriff: 3.10.2014)

Pythagoras (ca. 570–500 v.u.Z.), Philosoph und Mathematiker

Alles, was der Mensch den Tieren antut, kommt auf den Menschen zurück.

Wage es, weise zu sein! Höre auf, Tiere zu töten! Wer die Stunde des rechten Lebens hinausschiebt, gleicht nur dem Bauern, der darauf wartet, dass der Fluss versiegt, ehe er ihn überquert.

Horaz (65–8 v.u.Z.), römischer Dichter

Mahatma Gandhi (1869–1948), führte Indien in die Unabhängigkeit

Ich fühle zutiefst, dass geistiges Wachstum in einem gewissen Stadium uns gebietet, damit aufzuhören, unsere Mitgeschöpfe zur Befriedigung unserer leiblichen Bedürfnisse zu schlachten. Ich glaube, dass geistiger Fortschritt an einem gewissen Punkt von uns verlangt, dass wir aufhören, unsere Mitlebewesen zur Befriedigung unserer körperlichen Verlangen zu töten.

A   1. Stellt jeweils eine Speisekarte für ein veganes und für ein vegetarisches Frühstücksbüffet zusammen.

2. Tragt in einem Brainstorming Gründe zusammen, die dafür sprechen könnten, auf den Verzehr von Fleisch zu verzichten und positioniert euch anschließend dazu.

Nur ein armes Schwein?

Wie bewusst oder unbewusst wir essen, zeigt sich gerade beim Konsum von Fleisch. Es ist jedoch wirtschaftlich gewollt, dass wir nicht unbedingt merken sollen, was wir da essen. Wer denkt beim Wurstkauf schon an Schweine-Elend und grausame Schlachtmethoden? Dazu sieht die Fleischertheke viel zu appetitlich aus ...

In den Magen, aus dem Sinn Q

Der Fleischkonsum der Menschheit nimmt Jahr für Jahr zu. Im Jahre 2009 wurden mehr als 60 Milliarden Landtiere geschlachtet, neun Tiere für jeden [...]. Die globale Nachfrage zu decken ist nur mit Massentierhaltung möglich. [...] Man könnte das, was weltweit Milliarden Kühen, Hühnern und Schweinen widerfährt, einen Krieg von Menschen gegen Tiere nennen. [...] Diese Wesen sterben auf eine Weise, die jeden Schnitzelgenießer empören würde, wären im Keller des Nachbarn ein paar Katzen oder Hamster auf ähnliche Weise umgekommen. Aber das Fleisch dieser Wesen schmeckt. [...] Wo liegen die Grenzen zwischen Mensch und Tier? Wie empfinden Tiere Schmerz? Wie viel Schmerz können wir verursachen und uns trotzdem wohlfühlen?

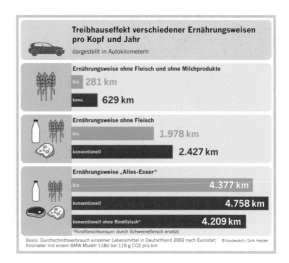

(Süddeutsche Zeitung, 7.7.2012, S. 18)

Woher kommt dein Schnitzel? Q

Nutztiere werden zum Großteil nicht mehr auf Wiesen gehalten, sondern massenhaft auf engstem Raum eingepfercht. Sie werden mit billigem Soja aus Brasilien und Argentinien gefüttert, wofür große Regenwaldflächen vernichtet werden. Doch nicht nur Sojabohnen, auch Getreide wird verfüttert. Etwa die Hälfte der weltweiten Getreideproduktion landet in den Futtertrögen von Rindern, Schweinen und Hühnern. So wird aus etwa zehn pflanzlichen Kalorien eine Fleischkalorie. Im Jahr 2005 wurden ca. 40 Millionen Tonnen Futtermittel in die EU importiert. Wenn es einen Wandel im Fleischkonsum gäbe, [...] dann könnten statt Futtermittel direkt Nahrungsmittel für Menschen angebaut und so zusätzlich eine Milliarde Menschen ernährt werden.

(Konsummensch. Auf den Spuren nachhaltiger Produkte. Agenda-21-Büro Hannover 2011, S. 22)

1. Diskutiert vor dem Hintergrund ethischer Überlegungen und wirtschaftlicher beziehungsweise ökologischer Argumente den Fleischkonsum. A
2. Tauscht euch darüber aus, ob euch die dargestellten Argumente überzeugen oder zum Umdenken bringen könnten.

Menschenrechte für Menschenaffen?!

Im Laufe der letzten 30 Jahre haben Tierrechte einen immer größeren Stellenwert bekommen. Verletzungen von Tierrechten wie Tierquälerei, nicht artgerechte Haltung usw. gelten längst nicht mehr als Kavaliersdelikt, über das freundlich hinweggesehen werden kann. Jedoch Menschenrechte für Menschenaffen – geht diese Forderung nicht zu weit?

Ⓠ Je genauer Genetiker und Verhaltensforscher die großen Menschenaffen – Gorillas, Orang-Utans, Schimpansen und Bonobos – untersuchen, umso mehr schwin-

Freiheit

den die Unterschiede zwischen ihnen und dem Menschen. Das Erbgut von Mensch und Schimpanse, unserem nächsten Verwandten, ist – je nach Analysemethode – zu 93,5 bis 99,4 Prozent identisch.

Aus diesem Grund wird eine *Fortschreibung der Menschenrechte* für Affen verlangt.

Es soll strafbar werden, schädigende Tierversuche mit großen Menschenaffen zu machen, sie unter unwürdigen Bedingungen zu halten, sie zu jagen oder ihren Lebensraum zu zerstören. Außerdem sollen ihre Rechte durch Sachwalter ebenso eingeklagt werden können – wie das bei Menschen, die nicht für sich selber sprechen können (Kinder, Komapatienten* ...) der Fall ist.

Der Psychologe und Tierrechtler Colin Goldner leitet die Arbeit der deutschen Gruppe des „Great Ape Project". Mehrere Jahre hat er in Südostasien gelebt und die „Waldmenschen" aus der Nähe erlebt. Goldner hat inzwischen mit einer Handvoll Helfer alle deutschen Zoos begutachtet, die Menschenaffen halten.

„Leipzig mit seinem Pongoland bemüht sich um die bestmögliche Umgebung für die Tiere", sagt Goldner. „Die Verhaltensexperimente dort sind völlig freiwillig und so angelegt, dass es den Affen wirklich Spaß macht, sich zu beteiligen."

Das ändert aber nichts an den Zielen seines Projekts: Unsere nächsten Verwandten sollen als solche respektiert werden. So, wie vom späten 18. Jahrhundert an die Sklaverei allmählich abgeschafft und 1948 die Menschenrechte weltweit als verbindlich für alle Menschen erklärt wurden, sollen für Menschenaffen besondere Rechte gelten. Diese Ethik auf unsere nächsten biologischen Verwandten auszuweiten, ist nach Meinung von Affenrechtlern ein logischer Schritt.

Aber dürfen wir Menschenaffen dann überhaupt noch in Zoos halten? Haben auch Menschenaffen ein Recht auf Privatsphäre? ...

*(Frei nach Jürgen Nakott: Grundrechte für Menschenaffen.
www.nationalgeographic.de/reportagen/grundrechte-fuer-menschenaffen; Zugriff: 27.11.2014)*

1. Schreibt aus dem Text heraus, welche besonderen Rechte für Menschenaffen gefordert werden und begründet jedes Recht mit einem Satz.
2. Führt eine Pro-Contra-Diskussion (siehe S. 73) zur Frage „Menschenrechte für Menschenaffen!?" durch.

Eine beliebte Fernsehserie im Vorabendprogramm handelte von einem Affen mit Familienanschluss. Charly, so sein Name, sorgte für allerhand Aufregungen und manch Kind wünschte sich insgeheim auch solch einen lustigen Spielgefährten. Doch ein Haus und eine Menschenfamilie – ist es das, wovon ein Affe „träumt"?

Vorzeigeaffen

In deutschen Zoos bzw. ähnlichen Einrichtungen leben derzeit rund 450 Menschenaffen. Bei einer Überprüfung ihrer Lebensbedingungen wurden die Größe der Gehege, deren Ausstattung und die Betreuung der Affen unter die Lupe genommen. Das Ergebnis fiel ernüchternd aus: Am besten haben es noch die großen Affen in den Zoos von Frankfurt, Leipzig und München.

Gefangen

Jedoch auch in Niedersachsen gibt es Zoos, die Affen halten. Sie erfüllen die Vorgaben des Säugetiergutachtens nicht, keines der eingesperrten Tiere ist wirklich gesund.

Noch kritischer ist die Situation des letzten Zirkusaffen.

Robby vom Zirkus Belly ist 38 Jahre alt und lebt in einem Zirkuswagen, in Einzelhaltung, die bei Menschenaffen seit 1996 nur noch in begründeten Einzelfällen erlaubt ist. Da Robby von Menschenhand aufgezogen wurde, existiert ein sehr enger Kontakt zur Familie Köhler, die den Zirkus betreibt. Aber ein Ersatz für fehlende Artgenossen ist das nicht.

(Frei nach www.giordano-bruno-stiftung.de/sites/default/files/download/5b_zoos_gutachten.pdf;
Zugriff: 27.11.2014)

3. Recherchiert, in welchen Zoos in Niedersachsen Affen gehalten werden und wie ihre Lebensbedingungen beschaffen sind.

4. Beurteilt ethische Gesichtspunkte und praktische Konsequenzen des Projects „Great Ape". Entwerft dazu Rollenkarten, z.B. für einen Affenrechtler im „Great Ape Project", den Direktor eines kleinen Zoos, Bürger einer Kleinstadt, das Tourismusbüro der Region, Regierungsvertreter, Tierschützer, Schulkinder, die eine Exkursion in den Zoo/Zirkus planen …).

Pro- und Contra-Argumente findet ihr unter: www.greatapeproject.de und www.tierbefreiung.de

Können Tiere leiden?

Bereits der Philosoph Jeremy Bentham (1748–1832) hat sich Gedanken darüber gemacht, ob Tierrechte allein von den menschlichen Bedürfnissen abhängig gemacht werden dürfen oder ob es einen Grund geben könnte, Tieren eigenständige Rechte zuzugestehen. Er vertrat eine pathozentristische Position, die sich auch bei Peter Singer (*1946) findet.

Q Gleichheit für Tiere!

Der Tag wird kommen, an dem auch den übrigen lebenden Geschöpfen die Rechte gewährt werden, die man ihnen nur durch Tyrannei vorenthalten konnte. Die Franzosen haben bereits erkannt, dass die Schwärze der Haut kein Grund ist, einen Menschen schutzlos den Launen eines Peinigers auszuliefern. Eines Tages wird man erkennen, dass die Zahl der Beine, die Behaarung der Haut und das Ende des os sacrum [des Kreuzbeins, der Hg.] sämtlich unzureichende Gründe sind, ein empfindendes Lebewesen dem gleichen Schicksal zu überlassen. Aber welches andere Merkmal könnte die unüberwindliche Grenzlinie sein? Ist es die Fähigkeit zu denken oder vielleicht die Fähigkeit zu sprechen? Doch ein erwachsenes Pferd oder ein erwachsener Hund sind weitaus verständiger und mitteilsamer als ein Kind, das einen Tag, eine Woche oder sogar einen Monat alt ist. Doch selbst, wenn es nicht so wäre, was würde das ändern. Die Frage ist nicht: Können sie denken? Oder: Können sie sprechen? Sondern: Können sie leiden?

(Peter Singer: Die Befreiung der Tiere. Rowohlt, Reinbek 1996, S. 35f.)

D Pathozentrismus

ist eine Richtung der Umweltethik, die wie ihr Name (*pathos* = Empfindung) verrät, davon ausgeht, dass alle Lebewesen in der Natur, die Schmerz und Leid empfinden können, eigenständige, vom Menschen unabhängige Rechte besitzen.

A

1. Gebt mit eigenen Worten Peter Singers Auffassung wieder.
2. Vergleiche die pathozentrische mit der antropozentrischen (siehe S. 36) und der holistischen (siehe S. 53) Position hinsichtlich der Konsequenzen.

Was bedeutet Gleichheit für Tiere konkret?

Albert Schweitzer war (siehe S. 46) nicht nur Mensch und Tier innig verbunden, er empfand vor jedem Lebewesen Achtung und Ehrfurcht. Das heißt jedoch nicht, dass er im Umgang mit ihnen nicht Prioritäten setzte. Davon berichtet eine Anekdote.

Tiere im Krankenhaus

In Lambaréné gab es nicht nur Unterkünfte für die Kranken und deren Angehörige, sondern auch Ställe für kranke Tiere.

Albert Schweitzer nahm Hunde auf, die von den Eingeborenen ausgesetzt wurden, und versorgte sie medizinisch. Sie lebten auf dem Gelände und bewegten sich dort zur Freude der kranken Kinder. Selbst fünf Schimpansen und acht gewöhnliche Affen lebten zeitweise in Lambaréné. Ziegen und Schafe wurden in stattlicher Zahl gehalten. Sie, so betonte Schweitzer, würden nicht getötet, sondern stürben eines Tages eines natürlichen Todes. An ungewöhnlichen Tierfreundschaften erfreute er sich. So gab es einen Pelikan, der in einem Baum vor seinem Zimmer wohnte und sehr zutraulich war. Dieser Pelikan hatte sich mit einer Ziege und deren Jungen angefreundet.

Der Pelikan, Albert Schweitzers Liebling, erkrankte eines Tages. Einer der Assistenzärzte sah, dass das eine Bein schlaff herunter hing. Nur mit einem krachenden Aufprall konnte der Pelikan letztlich den Boden wieder erreichen. Der Assistenzarzt ließ Albert Schweitzer ausrichten, sein Pelikan habe sich das Bein gebrochen. Eine Stunde später kam Schweitzer zu seinem Assistenzarzt. „Es geht um den Pelikan: Haben Sie einen Moment Zeit für mich?", fragte Schweitzer.

„Na klar, ich komme", erwiderte der Assistent und legte das Stethoskop beiseite.

„Nein, nicht jetzt, wo so viele Menschen Ihrer Hilfe bedürfen, später, wenn Sie hier fertig sind. Zuerst Ihre Patienten", erklärte Schweitzer.

(Frei nach James Bentley: Albert Schweitzer. Arena, Würzburg 1989, S. 47 ff.)

Für ein geteiltes Echo sorgte 2011 die Meldung, dass in der Leipziger Tierklinik weltweit erstmals einem acht Jahre alten Tiger in einer Operation ein künstliches Hüftgelenk eingesetzt wurde.

1. Diskutiert die Beispiele, indem ihr Pro- und Contra-Argumente (siehe S. 73) für die geschilderten menschlichen Verhaltensweisen anführt.　　A
2. Begründe mithilfe eines Beispiels, wo du Grenzen hinsichtlich der Gleichheit von Mensch und Tier ziehen würdest bzw. warum du solche Grenzen ablehnst.

Für und Wider Tierversuche

Im Jahre 2012 sind allein für wissenschaftliche Versuche in Deutschland 3,08 Millionen Tiere in Tierversuchen eingesetzt worden. Dabei ist die Tendenz stetig steigend, im Jahre 2000 waren es noch 1,83 Millionen Tiere. Mäuse, Ratten und Fische, aber auch Vögel, Meerschweinchen und Hamster, ja sogar Hunde, Katzen oder Rhesusaffen werden häufig für Tierversuche eingesetzt. Das sind zum großen Teil Tiere, die wir auf der anderen Seite als Haustiere halten und lieben.

Das deutsche Tierschutzgesetz definiert im § 7 Tierversuche als Eingriffe oder Behandlungen zu Versuchszwecken, die mit Schmerzen, Leiden oder Schäden für diese Tiere einhergehen können. Auch die Veränderung des Erbguts von Tieren fällt unter den Begriff Tierversuch.

Verschiedene Arten von Tierversuchen

Am 11. März 2013 hat das Europäische Parlament ein Gesetz erlassen, das es Kosmetikherstellern verbietet, Tiere in qualvollen Versuchen zu misshandeln. Da die meisten Kosmetikhersteller nicht auf den großen europäischen Markt verzichten möchten, haben sie in tierfreie Testverfahren investiert, die nicht nur das Leben vieler Tiere retten, sondern auch einen höheren Schutz für Verbraucher bieten.

Eine andere Art von Tierversuchen stellen solche dar, bei denen es um die Gewinnung wissenschaftlicher Erkenntnisse zum Beispiel über Verhaltensweisen im Sozialverband geht, wie sie z. B. an Menschenaffen durchgeführt werden.

Für die Entwicklung und Erprobung von neuen Medikamenten sind Tierversuche bislang unverzichtbar.

 1. Recherchiert weitere Bereiche, in denen Tierversuche durchgeführt werden. Welche Ziele werden damit verfolgt?
2. Entwerft ein Logo, einen Rap, Werbetext o. Ä. gegen Tierversuche.
3. Diskutiert, welche Alternativen ihr zu Tierversuchen seht.

Ein Preis für umsichtige Forscher

Bereits zum dritten Mal wurde im März 2014 der Ursula M. Händel-Tierschutz-preis der Deutschen Forschungsgemeinschaft (DFG) in Berlin verliehen. Der Preis wurde von Ursula Händel gestiftet, die sich schon lange für Tierrechte einsetzt und an der Neufassung des Tierschutzgesetzes aktiv mitgewirkt hat.

Der Preis ist mit 100.000 Euro dotiert und wird an Wissenschaftlerinnen und Wissenschaftler verliehen, die den Tierschutz in der Forschung verbessern.

Der Preis ging 2014 an Professor Thomas Korff vom Institut für Physiologie und Pathophysiologie der Universität Heidelberg, der verschiedene Verfahren entwickelt hat, um die Belastung für die in Tierversuchen eingesetzten Tiere zu vermindern, die Zahl der erforderlichen Versuchstiere zu reduzieren und Alternativmethoden zu Tierversuchen einzusetzen.

Dies erfolgt in Petrischalen* an Zellkulturen – aber auch an Mäusen. Korff weicht in seinen Versuchen an Tieren auf das Ohr aus, um seine Versuchstiere zu schonen. Ohne einen Schnitt kann eine Vene im Ohr abgebunden werden, um den Blutdruck in den zuleitenden Gefäßen zu erhöhen. Die Blutgefäße sind dann mit bloßem Auge gut erkennbar – Eingriffe werden unnötig.

Prof. Korff will das Preisgeld nutzen, um seine Methoden so zu standardisieren, dass sie auch in anderen Laboren eingeführt werden können.

Nach Prof. Korff lässt sich die Forschung an der Behandlung von Gefäßerkrankungen auch in Zukunft nicht ganz ohne Tierversuche betreiben. In der Kultur lassen sich Stoffwechsel und biomechanische Einflüsse des pulsierenden Blutstroms nicht simulieren. Wie bei der Zellkultur hat aber natürlich auch der Tierversuch seine Grenzen. Kein Tiermodell ist wirklich zu hundert Prozent geeignet, die Verhältnisse am Menschen vollständig abzubilden. Prof. Korff setzt daher auf eine Mischung aus menschlichen Zellkulturen und schonenden Tierversuchen.

Mehr über seine Forschungen und ein Interview mit Prof. Korff könnt ihr nachlesen unter: www.tierrechte.de

1. Führt eine Pro- Contra-Diskussion (siehe S. 73) oder Rollenspiele zu Tierversuchen durch. Informiert euch im Vorfeld gründlich zu Hintergründen und Folgen von Tierversuchen. Entwerft für die Rollenspiele Rollenkarten für Wissenschaftler, Ärzte, Pharmazeuten, Kosmetikhersteller, Tierrechtler, Bürger mit bzw. ohne Haustier, Kranke, die auf Genesung hoffen …

Umwelt und Lebensstil
Konsum in der Wohlstandsgesellschaft
Lebensmittelabfälle in privaten Haushalten

Q

🍎 **44 % Gemüse und Obst**

🥐 **20 % Back- und Teigwaren**

🍪 **12 % Speisereste**

🍼 **8 % Milchprodukte**

🥤 **7 % Getränke**

🍗 **6 % Fleisch und Fisch**

🍬 **3 % Sonstiges wie Süßigkeiten**

(Nach: Studie der Universität Stuttgart, 2012, gefördert durch das BMEL)

Q   **Initiative gegen die Verschwendung von Lebensmitteln**

Elf Millionen Tonnen Lebensmittel entsorgen Industrie, Handel, Großverbraucher und Privathaushalte in Deutschland jedes Jahr als Abfall. Zu diesem Ergebnis kommen Wissenschaftler der Uni Stuttgart, die im Auftrag des Bundesernährungsministeriums eine Studie zu Lebensmittelabfällen in Deutschland erstellt haben. Im Schnitt wirft jeder Bundesbürger pro Jahr mehr als 80 Kilogramm Lebensmittel weg.

Unter dem Motto *Zu gut für die Tonne* setzt sich das BMEL gegen das Wegwerfen von Lebensmitteln ein. Damit soll das Bewusstsein für die Wertschätzung von Lebensmitteln in der gesamten Kette von deren Erzeugung in der Landwirtschaft über die Industrie und den Handel bis hin zum Verbraucher oder Großverbraucher geschärft werden. Denn was man achtet, wird nicht achtlos weggeworfen.

(Bundesministerium für Ernährung und Landwirtschaft (BMEL).
www.bmel.de/DE/Umgang Lebensmittel/ZuGutFuerDieTonne/node.html; Zugriff: 12.10.2014)

P   1. *Detektivauftrag:* Protokolliert, welche Lebensmittel von euch selbst bzw. von eurer Familie im Laufe einer Woche aus welchen Gründen weggeworfen wurden.
2. Bewertet euren Umgang mit Lebensmitteln. Wo seht ihr Möglichkeiten, weniger wegwerfen zu müssen.
3. Lest die Grafik, leitet Aussagen über Lebensmittelabfälle ab und sucht nach Erklärungen, weshalb so viele Lebensmittel weggeworfen werden.
4. Eine zunehmend große Zahl vor allem junger Menschen lebt aus der Tonne, indem sie weggeworfene Lebensmittel zum Beispiel in den Supermärkten aus den Tonnen „rettet" und diese verwertet. Was spricht dafür, was dagegen? Haltet die Argumente in einer zweispaltigen Tabelle fest.

↗   Weitere Informationen findet ihr unter: **www.bmel.de**

Die weltweiten Folgen der Lebensmittelverschwendung

Viel zu viele Nahrungsmittel werden weggeworfen. Die Verschwendung in Geschäf- ☐Q
ten, Restaurants und privaten Haushalten ist dabei nur ein Teil des Problems.

Schon auf dem Weg vom Erzeuger zum Verbraucher gehen riesige Mengen an
Nahrung verloren: auf dem Bauernhof, bei Transport und Lagerung sowie der
Vermarktung. In vielen Teilen Europas
und Zentralasiens untergräbt dies die
Ernährungssicherheit. In den Entwick-
lungsländern werden die sogenannten
Nach-Ernteverluste auf bis zu 40 Prozent der Produktion geschätzt. In
Europa werden jährlich pro Person
rund 280 bis 300 Kilogramm Nahrungsmittel weggeworfen oder gehen
entlang der Wertschöpfungskette
verloren.

Hunger und Verschwendung zugleich

Weltweit verlieren wir dadurch Jahr für Jahr rund 1,3 Milliarden Tonnen Lebensmittel. Das entspricht etwa einem Drittel der gesamten Weltnahrungsmitteler-
zeugung. Gleichzeitig hungern rund 842 Millionen Menschen. Sind Hunger und
gleichzeitige Lebensmittelverschwendung wirklich noch hinnehmbar?

Bis zum Jahr 2050 wird die Weltbevölkerung von heute etwa sieben Milliarden
auf rund neun Milliarden Menschen wachsen. Um die zusätzliche Nachfrage
nach Nahrung zu stillen, müssen rund 60 Prozent mehr Nahrungsmittel erzeugt
werden. Gelänge es uns, die Nahrungsmittelverluste und die Verschwendung nur
zu halbieren, ließe sich diese Zahl auf etwa 25 Prozent verringern.

Darüber hinaus schadet die Nahrungsmittelverschwendung der Umwelt in er-
heblichem Maße. Wer Lebensmittel wegwirft oder bei der Erzeugung vernichtet,
vergeudet wertvolle Energie-, Land- und Wasserressourcen, die zur Herstellung
von Nahrung benötigt werden. Auch das Klima leidet. Schätzungsweise 3,3 Giga-
tonnen an Treibhausgasen entweichen jährlich in die Atmosphäre, weil Lebensmittel produziert werden, die niemals gegessen werden.

Die Kosten der Lebensmittelverschwendung werden insgesamt auf rund 750
Milliarden Dollar im Jahr geschätzt, legt man die Erzeugerpreise zugrunde. Unter
Berücksichtigung der Verbraucherpreise und Umweltkosten dürfte die realisti-
schere Zahl aber viel größer sein.

(José Graziano da Silva: Keine Nahrung in den Müll!
www.zeit.de/wirtschaft/2014-04/lebensmittelverschwendung-fao-gastbeitrag; Zugriff: 20.10.2014)

1. Welche positiven Folgen hätte es, wenn der Lebensmittelverschwendung weltweit
   Einhalt geboten würde? Tragt diese zusammen und unterscheidet dabei die sozialen,
   wirtschaftlichen und ökologischen Folgen.

Massenproduktion und das Verschwinden der Wildwiese
Eine Endloskette

Unser hoher und verschwenderischer Lebensstandard erfordert eine intensive Landwirtschaft und die umfassende Nutzung von Flächen als Acker- und Weideland. Auf diesen Flächen wachsen keine Wildkräuter mehr, befinden sich keine schützenden Hecken. Die Gülle, die aus den Massentierställen anfällt, düngt den Acker, verpestet aber auch die angrenzenden Gräben und belastet das Grundwasser. Allein durch die Landwirtschaft sind also Insekten, Schmetterlinge, Libellen, Frösche und Kröten sowie Singvögel, die in Hecken brüten, in ihrem Bestand gefährdet. Hiervon wiederum sind Störche und Reiherarten betroffen, die diese als Nahrung brauchen.

Von besonderer Wichtigkeit für bestimmte Tierarten sind Feuchtwiesen, die seltenen Pflanzen und Vögeln Lebensraum bieten. Die Entwässerung dieser Wiesen bzw. ihre landwirtschaftliche Nutzung zerstört den Lebensraum dieser Arten. So sind viele einheimische Tierarten in ihrem Bestand stark zurückgegangen. Selbst Tierarten, die noch vor einigen Jahrzehnten gut zu beobachten waren, gelten mittlerweile als „Gefährdete Tierarten" und stehen auf der „Roten Liste".

A
1. Informiert euch im Internet, was eine „Rote Liste" ist und stellt in einem Kurzvortrag (siehe S. 31) ein Objekt vor, das auf der „Roten Liste" des Landes Niedersachsen steht und das euch besonders am Herzen liegt.
2. Erkundet, wo sich in der Nähe eures Wohnortes ein besonders schützenswertes Gebiet, ein Natur- oder Flächendenkmal befindet. Stellt euren Mitschülern das Objekt so vor, dass sie neugierig werden, es kennenzulernen.

Unser Umgang mit der Natur

Der Mensch bleibt trotz Technik auf die Natur angewiesen. Er geht auf unterschiedliche Weise mit ihr um.

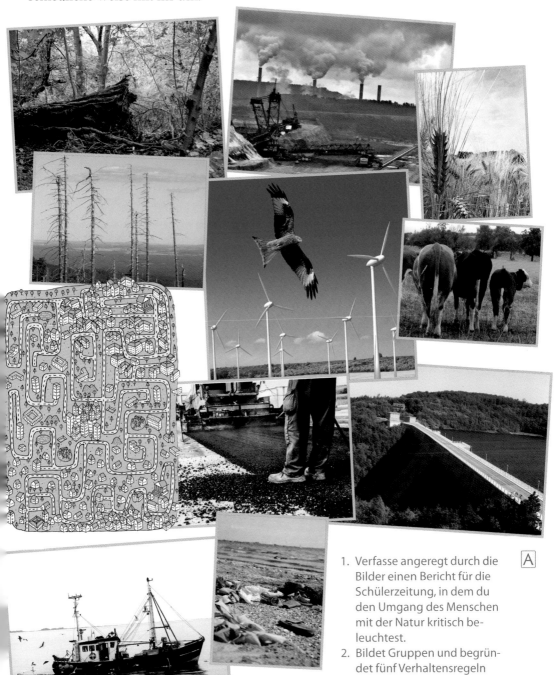

1. Verfasse angeregt durch die Bilder einen Bericht für die Schülerzeitung, in dem du den Umgang des Menschen mit der Natur kritisch beleuchtest.
2. Bildet Gruppen und begründet fünf Verhaltensregeln für einen angemessenen Umgang mit der Natur.

Natur- und Umweltschutz ist manchmal gar nicht so einfach

Die intensive Landwirtschaft in Deutschland gilt heute als Artenkiller. So gibt es beispielsweise kaum noch Feldhamster, weil dort, wo er sonst über Felder und Wiesen lief, heute Traktoren fahren und Mais angebaut wird. Auch die Feldlerche, ein Bodenbrüter, ist durch die Ackerkultur in ihrem Bestand bedroht.

Jedoch nicht allein die intensive Landwirtschaft bedroht den Bestand einheimischer Pflanzen- und Tierarten. Manchmal geht die Bedrohung von der Natur selbst aus.

Invasive Neophyten

so bezeichnet man Pflanzen und Tiere, die hierzulande ursprünglich nicht beheimatet waren, die sich jedoch durch verschiedene Faktoren hier angesiedelt und ausgebreitet haben. Manche dieser zugewanderten Pflanzen und Tiere stellen inzwischen eine echte Plage dar. Zu ihnen gehören sowohl die in Blumensträußen sehr dekorativ wirkenden Kanadischen Goldruten, der Riesenbärenklau, der bis

drei Meter hoch wird und bei Hautkontakt gesundheitliche Probleme auslöst, die Tigermücke oder auch die drolligen Waschbären.

Wie bereits die Bezeichnung verrät, stellen Neophyten ein Problem dar, wenn sie sich rasch vermehren und einheimischen Pflanzen und Tieren Wasser und Nahrung entziehen und sie dadurch in ihrem Bestand gefährden. Das trifft beispielsweise auch auf Waschbären zu. Da Waschbären hierzulande keine natürlichen Feinde haben, hat sich der Bestand sehr rasch vermehrt. Waschbären sind Allesfresser. Sowohl Früchte und Nüsse als auch Insekten, Amphibien*, Würmer und Mäuse stehen auf ihrem Speiseplan. Dadurch jedoch stehen die Waschbären in Nahrungskonkurrenz mit einer Reihe einheimischer Tierarten (beispielsweise Fuchs und Igel) und bedrohen deren Bestand.

 1. Stellt in Form eines Referates jeweils eine einheimische Tierart hinsichtlich ihres Lebensraumes, ihrer Lebensbedingungen, der Gefährdungen für ihren Bestand und der Möglichkeiten, diese Art zu schützen, vor.
2. Legt mit eigenen Worten dar, warum sog. invasive Neophyten eine Bedrohung einheimischer Arten verkörpern können.
3. Diskutiert, wie verfahren werden sollte, wenn der Schutz einheimischer Arten und die Verbreitung „zugewanderter" Arten miteinander in Konflikt geraten sind.

Windrad oder Milan

Jacobs Eltern betreiben einen Öko-Hof und erzeugen Bio-Produkte: Gemüse, Käse und Eier. Auf ihrem Acker haben sie Windenergieanlagen errichtet, auf die Jacob bislang sehr stolz war.

Er weiß, dass die Erdöl- und Kohlevorräte auf der Erde nicht ewig ausreichen werden, um die Wohnungen zu beheizen und dass langfristig nach Alternativen gesucht werden muss. Eine solche ist die Atomenergie, die seine Familie jedoch schon lange vor dem Reaktorunglück von Fukushima im Jahr 2011 abgelehnt hat. Das Risiko bei einem Unfall ist einfach zu groß. Außerdem, wo soll der Atommüll gelagert werden, ohne das Trinkwasser oder den Boden mit radioaktiven Strahlen zu belasten?

Windenergie, die durch Windkraftanlagen erzeugt wird, das ist für Jacob sauberer Strom aus einer erneuerbaren Quelle, ein Strom, der die Umwelt schont und dem in Zukunft eine noch größere Bedeutung zukommen wird.

Er weiß auch, dass nicht alle Dorfbewohner Freunde ihrer Windkraftanlage sind, die hinter dem Dorf – wie ein neues Wahrzeichen – entstanden ist. Wenn man sich dem Dorf auf der Landstraße nähert, dann sieht man schon aus der Ferne die sich drehenden Rotoren der Windräder. Das gefällt vielen nicht. Sie meinen, die Windräder bringen Unruhe in die Landschaft. Jacob hat das nie gestört.

Jetzt beschleichen auch ihn manchmal Zweifel. Seit der Buchhalter der Agrargenossenschaft in Rente ging, widmet er sich in jeder freien Minute dem Vogelschutz. Neulich erschien er auf dem Hof und warf Jacobs Mutter einen Plastesack vor die Füße.

„Schau dir das an!", schrie er aufgebracht. „Erzähle mir ja nichts von Öko. Tierquäler seid ihr. Die lebende Natur ist euch doch im Grunde egal. Mit eueren Windrädern wollt ihr doch nur leichtes Geld verdienen. Das ist, nein, das war einmal ein Rotmilan. Er steht unter Naturschutz, aber das wissen eure Räder ja nicht. Zerhackt haben sie ihn regelrecht."

Wütend hat er den Vogelkadaver aus dem Sack der Mutter vor die Füße geschüttet. Jacob hat sich das Herz zusammengekrampft. Seither ist er verunsichert.

1. Helft Jacob! Führt eine Pro-Contra-Diskussion (siehe S. 73) zum Thema „Sollen weitere Windkraftanlagen gebaut werden, obwohl diese eine Gefahr für geschützte Vogelarten darstellen?" durch. $\boxed{A}$

Konsum und Regenwald

Die heute noch bestehenden zusammenhängenden Regenwaldgebiete liegen rund um den Äquator. Er ist der größte Breitenkreis, der die Erde in eine nördliche und eine südliche Hälfte teilt. Die Regenwaldgebiete werden meist von großen Flüssen durchströmt wie dem Amazonas in Brasilien.

Das zentrale Merkmal des Regenwaldes ist seine außerordentliche Vielfalt an Pflanzen und Tierarten. Wissenschaftler schätzen die Zahl der Arten, die in ihm zuhause sind, auf 20 bis 30 Millionen, von denen bisher 1,8 Millionen unbekannt sind. Nicht alle dieser Arten sind so prominent wie Tiger und Tapir. Die meisten gehören zu den Käfern, Bienen, Fliegen oder Wanzen und sind deutlich unscheinbarer.

Wenn das Aussterben einzelner Arten z. B. Tiger und Gorilla voranschreitet, merken wir in Deutschland wenig davon und meinen, keinen Einfluss darauf zu haben. In Wirklichkeit spielt unser Konsum für das immer schnellere Anwachsen der Roten Liste eine entscheidende Rolle.

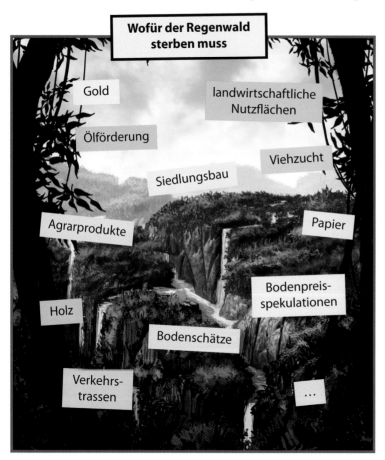

Wofür der Regenwald sterben muss

Gold · landwirtschaftliche Nutzflächen · Ölförderung · Viehzucht · Siedlungsbau · Agrarprodukte · Papier · Bodenpreisspekulationen · Holz · Bodenschätze · Verkehrstrassen · ...

A

1. Regenwälder werden u. a. gerodet, um Teakholz und Palmen anzubauen. Recherchiere, wozu Teakholz und Palmöl benötigt werden. Wer sind die Hauptabnehmer für diese Produkte?
2. Diskutiert, warum Umweltschützer den Anbau und die Vermarktung von Teakholz und Palmen für Palmöl kritisieren.
3. Recherchiert weitere Folgen, die die Abholzung des Regenwaldes hat. Gestaltet im Ergebnis ein Poster zum Thema: Warum der Regenwald alle angeht!

Apfel oder Ananas?

Beim Einkaufen von Lebensmitteln freuen sich viele Menschen über das breite Angebot an Obst, Gemüse, Käse oder Wurstspezialitäten aus aller Welt. Zunehmend jedoch wird dessen Sinnhaftigkeit hinterfragt. Müssen es tatsächlich mitten im Winter Erdbeeren, Spargel oder Ananas sein? Tut es nicht auch ein Apfel aus heimischen Gefilden? Es gibt Initiativen, die angesichts unserer Verantwortung für die Erhaltung unserer natürlichen Umwelt auf regionale Produkte setzen.

Süßer Geschmack, bittere Wirklichkeit

Q

Über 50 % der Ananas-Importe Deutschlands stammen aus Costa Rica. Das mittelamerikanische Land ist mit seinem tropischen Klima das perfekte Anbaugebiet für Ananas. Mit einer jährlichen Produktion von ca. 1,6 Millionen Tonnen ist Costa Rica weltweit der Hauptexporteur von Ananas. Das hat Folgen für die Umwelt und die Menschen der Region: Der Regenwald, Lebensraum für viele Pflanzen- und Tierarten, muss für riesige Ananasplantagen weichen, die das Ökosystem* zerstören. Um möglichst viel Anbaufläche zu haben, gehen die Plantagen oft bis direkt an die Flussufer. Die Pestizide zur Schädlingsbekämpfung gelangen schnell in das Flusssystem und verseuchen das Wasser. Durch die übermäßige Anwendung von Pestiziden schweben regelrechte Pestizidwolken über den Dörfern, die Asthma, Allergien und Brechreize bei den Bewohnern auslösen.

(Frei nach www.wwf-jugend.de/leben/bio-essen/der-bittere-geschmack-der-ananas;3201; Zugriff: 20.10.2014)

1. Tragt in einem Brainstorming Gründe zusammen, die gegen die Ananas sprechen. Informiert euch im Vorfeld zu weiteren Folgen großer Ananasplantagen.

   A

2. Erstellt zwei Listen mit jeweils fünf Produkten a) die regional hergestellt und konsumiert werden können und b) die auf keinen Fall regional hergestellt werden können. Begründet die Zuordnung.
3. Informiert euch und beurteilt Chancen und Grenzen des „Regional ist genial"- Konzepts.

4. Testet euren Supermarkt!

   P

   Teilt die Klasse in Gruppen und prüft jeweils für eine Warengruppe (z. B. Käse, Milch, Wurst, Obst …), welche und wie viele regionale Artikel angeboten werden und wie viel diese (im Vergleich mit anderen) kosten.
   › Präsentiert eure Ergebnisse (Poster, Ausstellung, Verkostung) im Schulhaus.
   › Kreiert für ein regionales Produkt eurer Warengruppe einen wirksamen „Werbeauftritt".
   › Verfasst eine Standpunktrede dazu, warum regionale Produkte anderen vorzuziehen sind.
   › Tragt eure Reden in einem Wettstreit vor und kürt einen Sieger.

Die Erde braucht Freunde – Naturschutzorganisationen

Naturschutz geht jeden an. Um aber wirklich etwas für den Natur- und Umweltschutz bewirken zu können, ist es notwendig, die Einzelaktionen zu bündeln. In den letzten Jahrzehnten des 20. Jahrhunderts entstand eine Vielzahl von Organisationen, die sich für den Erhalt der Umwelt und den Abbau von Schäden einsetzen.

Zum Beispiel der BUND

Der BUND (Bund für Umwelt und Naturschutz Deutschland) besteht seit dem Jahr 1975. Er hat heute über 500.000 Mitglieder und Förderer. Sein besonderes Augenmerk gilt einer ökologisch ausgerichteten Landwirtschaft, einer gesunden Ernährung, dem Klimaschutz und dem Ausbau von regenerativen Energien. Der BUND engagiert sich besonders für bedrohte einheimische Arten der Wiesen und Felder, des Waldes und des Wassers. Für Jugendliche gibt es den BUNDjugend, der Teil eines europäischen Netzwerkes von jungen Menschen und Jugendverbänden ist, die gemeinsam an sozialen und ökologischen Themen arbeiten und damit einen Beitrag zur Erhaltung der Natur für kommende Generationen leisten wollen.

Bund für Umwelt und Naturschutz Deutschland

FRIENDS OF THE EARTH GERMANY

WWF

Heinz Sielmann Stiftung

SDW

---

 1. Bildet Gruppen und informiert euch jeweils über eine Umweltorganisation (Ziele, Vorhaben ...) ausführlicher: Präsentiert eure Ergebnisse mittels von Kurzreferaten (siehe S. 31).
2. Für welche Umweltthemen könntet ihr euch vorstellen, selbst aktiv zu werden?
    › Entwickelt zunächst einen umfassenden Themenkatalog.
    › Wählt dann ein Thema aus und begründet, warum euch dieses besonders am Herzen liegt.
    › Entwickelt Ideen, durch welche Aktivitäten ihr Aufmerksamkeit für euer Problem wecken und tätig werden könntet.

Pro-Contra-Diskussion

Ⓜ

Eine Pro-Contra-Diskussion lässt sich bei Sachverhalten, zu denen es unterschiedliche Auffassungen gibt, durchführen. In einem Streitgespräch werden die Vor- und Nachteile der gegensätzlichen Positionen abgewogen. **Dürfen wir Tiere essen?**

1. Es wird zunächst eine Abstimmung durchgeführt, die ein erstes Meinungsbild zu dem zu beurteilenden Sachverhalt ergibt.
   Jeder Schüler stimmt mit Ja oder Nein. Stimmenthaltungen sind nicht erlaubt.
   Nun werden zwei Gruppen gebildet und in den Gruppen Argumente zusammengetragen, die die eigene Position stärken. Hierfür sind Rollen zu besetzen:
   › Ein Gesprächsleiter, der das Gespräch leitet und auf die Einhaltung der vereinbarten Regeln achtet.
   › Ein Pro-Anwalt, der zum Beispiel als Verantwortlicher für die Sicherung der Welternährung eine Pflanzen-Fleisch-Mischkost befürwortet.
   › Ein Contra-Anwalt, der als Tierrechtler die Rechte von Nutztieren vertritt.
   › Sachverständige, Bauern, die Nutztiere züchten und damit Geld verdienen wollen, Ökobauern, Tierärzte und Tierseuchenspezialisten, Kirchenvertreter, Tierschützer, Futtermittelhersteller ...
   › Zeugen, die als Betroffene oder Beteiligte zu der Sache etwas aussagen können: Beispielsweise Personen, die in der Nähe von Tiermastanlagen wohnen, Tourismusexperten, Bewohner von Krisen- (Erdbeben- oder Dürre-)Regionen, ...

2. Die Konfliktparteien setzen sich anhand der Problemsituation vertiefend mit „ihren" Positionen auseinander und erarbeiten sich begründete Standpunkte. Dazu können zusätzlich (im Internet, in Zeitungen und Zeitschriften und bei örtlichen Verbänden) Informationen gesammelt werden, mit denen ihr entsprechende Argumente entwickelt.

3. Es folgt die Durchführung der Diskussion, in der die Argumente ausgetauscht werden.
   Es beginnt Gruppe A und trägt ein Argument vor.
   Der Erste aus Gruppe B gibt zuerst das gehörte Argument wieder und bezieht sich in seinem Contra-Argument auf das Pro-Argument von Gruppe A, diskutiert das Argument genauer und entwickelt erst anschließend sein Contra-Argument.
   Nun folgt wieder Gruppe A. Auch sie muss zunächst das Contra-Argument referieren und ihre Gegenposition entwickeln ...

4. Zum Abschluss der Diskussion erfolgt nochmals eine Abstimmung über die Ausgangsfrage, um zu sehen, ob sich das Meinungsbild durch die vorgebrachten Argumente verschoben hat. Das Ergebnis wird mit dem ersten Abstimmungsergebnis verglichen und diskutiert.

3 Freundschaft, Liebe, Partnerschaft

A
1. Betrachtet das Bild und diskutiert, was es mit Freundschaft, Liebe, Partnerschaft zu tun hat.
2. Diskutiert darüber, welche Gemeinsamkeiten und welche Unterschiede es bei Freundschaft und Liebe gibt. Fertigt zu jedem Begriff ein Cluster an.
3. Partnerschaften können, je nachdem, in welchem Bereich sie geschlossen werden (z. B. im Beruf, im Privaten, in der Freizeit), sehr unterschiedlich gestaltet sein. Tauscht euch darüber aus.

3.1 Freunde braucht jeder

Für den Philosophen Aristoteles (384–322 v.u.Z.) gehört die Freundschaft „zum Notwendigsten im Leben". In seiner Nikomachischen Ethik schreibt er, dass Freundschaft auf der gegenseitige Sorge und dem Bedürfnis, sich und anderen Gutes zu tun, beruht. Sie setzt die Fähigkeit zur Tugend* und zur Selbstlosigkeit voraus. Sie basiert nicht auf strenger Gegenseitigkeit.

Der Philosoph Epikur (341–271 v.u.Z.) indes stellt den Nutzen heraus, den die Freundschaft begründet. Freundschaft schützt vor Bedrohungen und Ängsten und macht das Leben angenehm und gesellig. Sie ist ein Nehmen und Geben, das auf Gegenseitigkeit beruht.

Das Verständnis von Aristoteles wird als „moralisches", das von Epikur als „hedonistisches Freundschaftsverständnis" (von altgriechisch hēdonḗ, Freude, Vergnügen, Lust, Genuss, sinnliche Begierde) bezeichnet.

1. Arbeitet heraus, worin sich die Vorstellungen von Freundschaft bei Aristoteles und Epikur unterscheiden.   [A]
2. Welche Argumente können die jeweilige Vorstellung stützen? Stellt sie auf zwei Flipcharts einander gegenüber.
3. Diskutiert darüber, welcher Auffassung ihr am ehesten folgt und formuliert ggf. eine eigene Definition vom Sinn und Zweck der Freundschaft.
4. Führt mit den Sprüchen ein Vier-Ecken-Gespräch* durch, indem ihr euch in Gruppen aufteilt und die Sprüche auf die vier Ecken eures Klassenraumes verteilt. Geht von Station zu Station und philosophiert über die Aussagen.

Großzügigkeit ist das Wesen der Freundschaft.

(Oscar Wilde)

Freundschaft verdoppelt unsere Freude und halbiert unseren Schmerz.

(Marcus Tullius Cicero)

[Q]

(Johann Wolfgang v. Goethe)

Es kommt nicht darauf an, dass Freunde zusammenkommen, sondern darauf, dass sie übereinstimmen.

Man erwirbt keine Freunde, man erkennt sie.

(Wilhelm Busch)

Freundschaft hat viele Gesichter

A 1. Seht euch die Fotos an und diskutiert, was die Freundschaft in den einzelnen Fällen
ausmachen könnte.
2. Diskutiert folgende Fragen:
   a) Kann man viele gute Freunde haben?
   b) Sind Freundschaften zwischen Jungen und Mädchen anders als zwischen Jungen
   und Jungen oder Mädchen und Mädchen?
   c) Sollen sich Freunde immer alles erzählen?
   d) Würdet ihr für eine Freundin oder einen Freund etwas Verbotenes tun?
   e) Kann man mit Tieren befreundet sein?
3. Führt ein Gedankenexperiment durch: Stellt euch vor, alle Menschen wären miteinander
befreundet. Begründet, ob das wünschens- und erstrebenswert wäre.

Freundschaftstest mit Aristoteles

Aristoteles (384–322 v.u.Z.) unterscheidet zwei Formen von Freundschaft: die vollkommene und die unvollkommene. Er ist der Meinung, dass ein unvollkommener Freund nicht alle Eigenschaften eines vollkommenen Freundes haben muss, dass bei einem unvollkommenen Freund z.B. schon mal eine Notlüge erlaubt ist. Ein vollkommener Freund aber ist ein Mensch (bei Aristoteles ein Junge oder Mann), der sich konsequent an alle Regeln der Freundschaft hält. Um diese umsetzen zu können, muss er über bestimmte Eigenschaften verfügen, die er im Laufe seines Lebens erlernen muss.

Eigenschaften eines vollkommenen Freundes

Er spürt, wenn er gebraucht wird und nimmt sich auch dann Zeit für sein Gegenüber, wenn er nicht ausdrücklich darum gebeten wird.

Er bemüht sich stets, die Gedanken und Gefühle des Freundes zu verstehen.

Er ist stets hilfsbereit.

Er ist konsequent aufrichtig, auch wenn dies zu seinem eigenen Nachteil ist.

Er liebt seinen Freund wie sich selbst und ist bereit, mit ihm Freud und Leid zu teilen.

1. Erläutert, ob ihr ein vollkommener Freund/eine vollkommene Freundin sein könnt.
2. Diskutiert, ob es erstrebenswert ist, eine solche Vollkommenheit anzustreben.
3. Wie steht ihr zu der Auffassung, dass man die Fähigkeit zur Freundschaft erlernen muss? Tauscht euch darüber aus.
4. Wie könnte ein Unterrichtsfach aussehen, in dem Freundschaft gelehrt wird? Skizziert Inhalte für ein solches Fach.

Freundschaft

Was eine gute Freundschaft ausmacht

Die Vorstellungen von Freundschaft können sehr unterschiedlich sein und sind abhängig von vielen Gesichtspunkten z. B. dem Alter, dem Geschlecht, der persönlichen Lebenssituation, den individuellen Erfahrungen ...

Umfrage zum Thema „Freundschaft"

Was macht für Sie/ für dich eine gute Freundschaft aus?

Welche Eigenschaften sind Ihnen/dir an einem Freund besonders wichtig?

Wird es mit dem Älterwerden schwieriger Freunde zu finden?

Gibt es etwas, was für Sie/dich das Ende der Freundschaft bedeuten würde?

Müssen Freunde viele Gemeinsamkeiten haben?

Welche Rolle spielen Zeit und räumliche Nähe in der bzw. für die Freundschaft?

Was ist für Sie/ dich ein Freundschaftsbeweis?

Gibt es Unterschiede in der Qualität von Freundschaften?

1. Führt eine Befragung (siehe S. 129) mit Personen durch, die sich hinsichtlich ihres Alters, Geschlechts, ihrer persönlichen Lage … unterscheiden, um ein möglichst breites Spektrum an Vorstellungen zu diesem Thema zu erfassen. Die obigen Fragen können dabei als Orientierung dienen.
2. Ergänzt weitere mögliche Fragen.
3. Interviewt Schülerinnen und Schüler eurer Schule, Passanten in der Fußgängerzone, Freunde, Familienangehörige zum Thema „Freundschaft", indem ihr ihnen die Fragen stellt und ihre Antworten mit einem Aufnahmegerät festhaltet.
4. Wertet eure Ergebnisse aus, indem ihr die Antworten aller Befragten zu jeder von euch gestellten Frage zusammenstellt.
5. Stellt eure Ergebnisse in einem Vortrag (siehe S. 31) in der Klasse vor und ladet Interessierte dazu ein.

Bewährungsproben für die Freundschaft (Fallbeispiele)

Mareike und Katharina sind beste Freundinnen. Schon seit frühester Kindheit trainieren sie Kunstturnen bei einem Sportverein. In diesem Jahr sind sie beide für die Meisterschaft nominiert und haben gute Chancen, den Wettkampf zu gewinnen. Allerdings kann nur eine Siegerin werden.

Jana und Nele sind zum Schwimmen verabredet, aber so richtig freuen kann sich Nele darauf nicht. Jana kommt selten pünktlich. Kürzlich hat sie Nele fast eine Stunde warten lassen. Nele muss sich dann immer sehr zusammennehmen, um ihren Ärger nicht so sehr zu zeigen. Manchmal fragt sie sich, ob sie Jana nicht lieber die Freundschaft kündigen sollte.

Lucas und Christian kennen sich schon seit der Grundschule. Als sie noch klein waren, haben sie sich häufig vorgestellt, dass sie später mal gemeinsam in einer Wohngemeinschaft leben. Aber seitdem Lucas eine feste Freundin hat, schlägt er Verabredungen mit Christian meist aus. Dieser fühlt sich zurückgesetzt und zieht sich zurück. Schließlich will er Lucas seine Freundschaft nicht aufdrängen.

Anne und Hannes sind ein Paar beim Turniertanzen. Sie verbringen viel Zeit miteinander und haben schon mehrere Preise gewonnen. Seit einiger Zeit hat sich Hannes' Verhalten verändert. Oft reagiert er eifersüchtig und gereizt, wenn sich Anne mit anderen Jungs unterhält. Anne mag Hannes. Er ist für sie ein guter Freund.

1. Lest die Beispiele und arbeitet heraus,
   a) worin besteht jeweils die Probe für die Freundschaft?
   b) welche Handlungsoptionen haben die beteiligten Personen?
   c) wie wahrscheinlich ist in den einzelnen Fällen das Scheitern der Freundschaft?
2. Habt ihr ähnliche Erfahrungen mit Freundschaft gemacht? Tauscht euch über eure Erfahrungen aus.
3. Formuliert eigene Fallbeispiele und diskutiert über sie in kleinen Gruppen.

Die Sprache der Freundschaft

Der Theologe und Ethiker Jean-Pierre Wils (* 1957) hat sich mit der Entwicklung von Freundschaftsvorstellungen seit der Antike auseinandergesetzt. In einem Aufsatz stellt er die Bedeutung der Sprache für die Freundschaft heraus.

Q   Die Freundschaft braucht eine eigene Sprache. Sie verlangt, dass der Freund *weiß, er sei der Freund*. Gestik, Mimik, sogar die gegenseitige Bekundung, Freunde zu sein, gehört zur Freundschaft. Letzteres ist heute kaum noch selbstverständlich. Wer sagt seinem Freund, er *sei* Freund? Wer genießt es noch, die Sprache der Freundschaft zu sprechen, dem anderen (oder der anderen) in sinnlichen Zeichen und Gesten zu bekunden, *als* Freund zum wichtigsten zu gehören, was man besitzen kann? Dabei meine ich nicht die Freundschafts-Rhetorik, sondern die Sprache, worin eine gemeinsame Lebensform, worin der Wille, Teile des Lebens zu teilen, einen Ausdruck findet.

(Jean-Pierre Wils: Freundschaft. Ethik & Unterricht H. 1/1998, S. 3)

A   1. Arbeitet heraus, was Wils unter der „Sprache der Freundschaft" versteht. Würdet ihr dem Autor zustimmen?
2. Erläutert Möglichkeiten, wie Freunde sich ihrer Freundschaft versichern können.
3. Entwerft mithilfe der Sprache der Freundschaft einen Brief oder ein Comic an einen (fiktiven) Freund/eine Freundin.

Symbole der Freundschaft

A   4. Tauscht euch über folgende Fragen aus:
   a) Welche Symbole für Freundschaft sind in den Fotos dargestellt und was drücken sie aus?
   b) Welche weiteren Symbole für Freundschaft kennt ihr?
   c) Haben Jungen andere Symbole für Freundschaft als Mädchen?
5. Entwerft mit Farben ein Symbol bzw. Logo für Freundschaft.

Wenn eine Freundschaft zu zerbrechen droht

Ein heftiger Streit oder ein paar unbedachte Worte können dazu führen, dass eine Freundschaft zu zerbrechen droht. Da sich Freunde besonders nahestehen, stellt so ein Streit eine schwere seelische Belastung dar. Wut, Trauer, Scham und der Gedanke, nie wieder einen so guten Freund/eine so gute Freundin zu finden, können nicht nur junge Menschen in tiefe Verzweiflung stürzen. Ein Patentrezept für das richtige Verhalten in solchen Situationen gibt es nicht, wohl aber einige Strategien, die helfen können, eine Freundschaft aufrecht zu erhalten oder einen Bruch zu verkraften.

Streitregeln in einer Freundschaft

Strategie 1: Sich gegenseitig in Ruhe lassen und Abstand gewinnen
Nach einem Streit unter Freunden können beide Seiten sehr emotional reagieren. Die Verletzung sitzt tief und jede Bemerkung bekommt vor diesem Hintergrund eine besondere Bedeutung. Sich und dem anderen Zeit zu lassen, kann dabei helfen, dass die Wunden wieder heilen und man besonnen miteinander umgehen kann.

Strategie 2: Vorsicht mit Getratsche
Der Streit mit einem Freund/einer Freundin muss nicht mit der ganzen Clique diskutiert werden. Wenn man einzelne Freunde auf seine Seite zu ziehen versucht, kann es zur Spaltung der Gruppe kommen oder zur Ausgrenzung einzelner Personen. Allerdings sollte man den Freunden klar sagen: „Ich habe ein Problem mit X, aber das hat nichts mit euch zu tun. Mit euch möchte ich auf jeden Fall weiter befreundet sein."

Strategie 3: Das Gespräch suchen
Nicht immer ist eine Freundschaft nach einem schweren Streit oder Zerwürfnis für alle Zeiten zerstört. Manchmal gelingt es, sich in die Situation der anderen Person zu versetzen oder sich die Stärken der Person deutlich vor Augen zu führen und nicht nur das Negative und Belastende zu sehen. Schließlich hat es gute Gründe für diese Freundschaft gegeben. Manchmal gehört es zur Freundschaft dazu, über den eigenen Schatten zu springen und dem anderen die Hand zu reichen.

1. Tauscht euch über die dargestellten Strategien und eure Erfahrungen mit Streit und Zerwürfnissen in der Freundschaft aus.

2. Positioniert euch zu dem Ausspruch des Schriftstellers Oliver Wendell Holmes (1809–1894):

Freundschaft erlaubt einem nicht automatisch, dem anderen unangenehme Dinge zu sagen. Je näher man einem Menschen ist, desto wichtiger werden Taktgefühl und Höflichkeit.

3. Zieht Schlussfolgerungen zur Art und Weise des Umgangs von Freunden in schwierigen Situationen. Formuliert dazu eine weitere Strategie.

Berühmte Freundespaare

Berühmte Freunde hat es zu allen Zeiten in der Realität, in Büchern, Filmen und sogar als Trickfiguren gegeben.

Johann Wolfgang von Goethe (l.)
und Friedrich von Schiller

Clara Zetkin (l.) und
Rosa Luxemburg

Winnetou und
Old Shatterhand

Selena Gomez
und Taylor Swift

 1. Recherchiert im Internet oder in Büchern Informationen zu den Freundschaftspaaren und fertigt zu jedem Paar einen Steckbrief an. Dabei könnt ihr euch an folgenden Aspekten orientieren: Namen der Freunde/Ort und Zeit/Vorstellung der beiden Personen/Das Besondere ihrer Freundschaft/Eine Frage, die ich ihnen gern stellen würde.
2. Recherchiert weitere berühmte Freundespaare und stellt sie euch gegenseitig vor.
3. Bei den meisten bekannten Freundschaften handelt es sich um Freundschaften unter Jungen bzw. Männern. Tragt in einem Brainstorming Gründe zusammen, warum es kaum berühmte Freundschaften unter Mädchen und Frauen gibt.

Wenn aus Freundschaft Liebe wird

Manchmal passiert es, dass Freundschaft
sich wandelt und dass aus einer Freundschaft
Liebe wird.

Q Tausendundeine Nacht

Du wolltest dir bloß den Abend vertreiben
und nicht grad allein gehen und riefst bei mir an.
Wir waren nur Freunde und wollten's auch bleiben;
ich dacht' nicht im Traum, dass was passieren kann.
Ich weiß nicht wie ewig, wir zwei uns schon kennen,
deine Eltern sind mit meinen damals Kegeln gefahren.
Wir blieben zu Haus, du schliefst ein vorm Fernsehen;
wir waren wie Geschwister in all den Jahren.

> **Tausendmal berührt,
> tausendmal ist nix passiert.
> Tausend und eine Nacht und
> es hat Zoom gemacht.**

Erinnerst du dich, wir haben Indianer gespielt
und uns an Fasching in die Büsche versteckt.
Was war eigentlich los, wir haben nie was gefühlt,
so eng nebeneinander und doch gar nix gecheckt.
War alles ganz logisch, wir kennen uns zu lange,
als dass aus uns nochmal irgendwas wird.
Ich wusste wie dein Haar riecht und die silberne Spange
hatte ich doch schon tausendmal beim Tanzen berührt.

> **Tausendmal berührt,
> tausendmal ist nix
> passiert ...**

Oh, wie viele Nächte wusste ich nicht
was gefehlt hat; wär' nie drauf gekommen,
denn das warst ja du.
Und wenn ich dir oft von meinen Problemen erzählt hab',
hätte ich nie geahnt, du warst der Schlüssel dazu.
Doch so aufgewühlt habe ich dich nie gesehen.
Du liegst neben mir und ich schäme mich fast dabei;
was war bloß passiert, wir wollten tanzen gehen,
alles war so vertraut und jetzt ist alles neu,
jetzt ist alles neu.

> **Tausendmal berührt,
> tausendmal ist nix
> passiert ...**

(Klaus Lage: www.magistrix.de/lyrics/Klaus%20Lage/1000-Und-Eine-Nacht-17370.html; Zugriff: 19.12.2014)

1. Hört euch den Song von Klaus Lage auf www.youtube.com an und tauscht euch
darüber aus, wie er auf euch wirkt.
2. Diskutiert, was sich verändert, wenn aus Freundschaft Liebe wird.

3.2 Liebe und Sexualität

A

1. Führt in Gruppenarbeit an eurer Schule eine kleine Umfrage durch: „Was fällt dir spontan zu Liebe und Sexualität ein?" Welche Gedanken und Vorstellungen verbinden eure Mitschüler mit dem Thema?
2. Präsentiert (siehe S. 31) die Ergebnisse.

Liebe ist …???
… was andere sagen!

Du und *ich*:
Wir sind *eins*.
Ich kann dir nicht wehtun,
ohne mich zu *verletzen*.
(Mahatma Gandhi)

Liebe ist …

… Träume miteinander
zu teilen.

Was du liebst, lass frei.
Kommt es zurück,
gehört es dir – für immer.
(Konfuzius)

Wer nicht mehr liebt
und nicht mehr irrt,
der lasse sich begraben.
(Johann Wolfgang von Goethe)

Liebe ist meine Droge.
Ich rauche nicht.
Ich trinke nicht.
Ich bin nur süchtig nach Liebe.
(Jennifer Lopez)

Liebe ist …

Liebe ist überall zerbrechlich
wie ein Streichholz im Wind.
(Ilja Ehrenburg)

… füreinander da zu sein.

1. Legt ein Portfolio zum Thema Liebe und Sexualität an und ergänzt es während der
   Arbeit an der Thematik fortlaufend.
2. Gestaltet eine Mindmap zum Thema „Liebe ist…!". Nutzt dazu alle Aussagen, die ihr
   bisher finden konntet.
3. Wählt ein Zitat, dem ihr zustimmt und eines, das ihr widersprüchlich findet. Erklärt,
   anhand eines selbst gewählten Beispiels, wie ihr die Zitate versteht, und begründet
   eure Wahl. Diskutiert im Plenum die verschiedenen Auffassungen.
4. Ergänzt die Mindmap mit eigenen Gedanken zum Thema „Liebe ist …!" und gestaltet
   zu einer eurer Aussagen ein passendes Comicbild oder einen Songtext.

Der Rausch der Liebe

Die Liebe

Die Liebe hemmet nichts;
Sie kennt nicht Tür noch Riegel
Und dringt durch alles sich;
Sie ist ohn' Anbeginn,
Schlug ewig ihre Flügel,
Und schlägt sie ewiglich.

*(Matthias Claudius: Die Liebe.
www.aphorismen.de/gedicht/13756; Zugriff: 29.1.2015)*

Liebe kann einen Menschen geradezu überwältigen. Wenn man verliebt ist, wird die Vernunft außer Kraft gesetzt und man lebt jeden Moment intensiv. Der oder die andere steht im Mittelpunkt des Erlebens.

Ständig suche ich nach einer Gelegenheit, Yann „zufällig" zu begegnen. Es gibt Tage, an denen verpasse ich zwei Busse, nur um in seinen einsteigen zu können. Wenn ich ihn sehe, fühlt es sich ganz komisch an im Bauch. Schaut Yann auf und unsere Blicke begegnen sich, bricht mir der Schweiß aus und mir wird eiskalt. Nie im Leben würde ich einen Ton rausbekommen. Hoffentlich spricht er mich nicht an! Hoffentlich spricht er mich an!

Gleich wenn ich von der Schule komme, setze ich mich an den Rechner. Marie und ich, wir beide schreiben uns stundenlang. Sie ist so schön. Und sie ist witzig. Ich liebe sie. Ist sie nicht on, dann fehlt mir etwas. Fast automatisch klicke ich dann auf ihr Profil und schaue mir ihre Bilder an …

1. Erläutert anhand der Texte, worin sich Verliebtsein zeigt.
2. Bildet – nach Geschlechtern getrennt – Gruppen: Erstellt eine Liste mit scheinbar „unvernünftigen" Dingen, die Jungs/Mädchen tun, wenn sie verliebt sind.
3. Vergleicht eure Arbeitsergebnisse: Gibt es „Symptome" des Verliebtseins, die für alle gelten?

Verliebte gebärden sich manchmal unvernünftig. Sie tun Dinge, die man rational nicht nachvollziehen kann, die albern oder gewagt sind. Die Gefühle schäumen über, eine Konzentration auf andere Dinge ist unmöglich. Der eigene Körper scheint verrückt zu spielen. Dafür gibt es eine Vielzahl von sprachlichen Bildern.

Naturwissenschaftler liefern andere Erklärungen. Nach ihrer Auffassung laufen beim Verlieben physikalische und chemische Prozesse ab.

Chemische Stoffe im Hirn verantwortlich für Liebesrausch

Wissenschaftler der Universität Pavia stellten fest, dass chemische Stoffe im Hirn einen Rausch verursachen, der maximal ein Jahr andauert. Verantwortlich dafür sind erhöhte Werte des Proteins Neurotrophin NGF. Neurotrophine sind körpereigene Signalstoffe, die zielgerichtete Verbindungen zwischen Nervenzellen bewirken.

Die Forscher verglichen 58 Personen, die erst seit Kurzem mit ihrem Partner zusammen waren, mit einer Kontrollgruppe, die schon länger in Beziehungen waren. Die Neurotrophin-Werte der Frischverliebten waren deutlich höher als jener, die schon länger in Zweisamkeit lebten. Neurotrophine sorgen für schweißnasse Hände und für Schmetterlinge im Bauch. Sie tragen nicht nur zur Gedächtnisbildung bei, sondern reißen auch zu irrationalen Überlegungen hin und bauen Hemmschwellen ab. 39 der Frischverliebten wurden ein Jahr später erneut untersucht. Dabei konnten die Forscher keine signifikante Erhöhung der Neurotrophin-Werte mehr feststellen.

(Frei nach www.pressetext.com/news/20051130007; Zugriff: 5.6.2013)

1. Bildet Gruppen und erläutert die Metaphern* für das Verliebtsein.
   › Bezieht Nachschlagewerke ein bzw. befragt dazu Eltern und Verwandte.
   › Tragt weitere körperliche Symptome zusammen, die signalisieren, dass jemand verliebt ist.
   › Konfrontiert die Metaphern mit dem Textauszug. Positioniert euch dazu, ob chemische Prozesse allein eine hinreichende Erklärung für das Verliebtsein liefern.

Arten und Formen der Liebe

Arten der Liebe

Philia (griech.) = Freundschaft
jemanden mögen, sympathisch
finden, „auf einer Wellenlänge sein"

Eros (griech.) = Begehren
leidenschaftliche Liebe, starkes
Verlangen

Agape (griech.) = göttliche Liebe
bedingungslose und selbstlose Liebe,
„Liebe deinen Nächsten wie dich
selbst" (Nächstenliebe)

**Sexus (griech.) = Geschlecht-
lichkeit**
rein körperliche Beziehung

 1. Klärt in Partnerarbeit die Begriffe. Findet weitere Zusammensetzungen mit dem Wort
„Liebe".
2. Legt eure persönliche Rangfolge der Arten der Liebe fest und begründet diese! Bedenkt
dabei auch die Möglichkeit, dass mehrere Arten kombinierbar sind. Diskutiert im
Klassenverband über die verschiedenen Ansichten.
3. Findet passende Symbole* für die unterschiedlichen Arten der Liebe und gestaltet eine
Seite, die eure Meinung über die ideale Liebe zum Ausdruck bringt.

Die besitzergreifende Liebe

Schon der Philosoph Friedrich Nietzsche (1844–1900) hat sich mit einer Art der Liebe befasst, die bis heute – vor allem in Gestalt des Stalkings* – immer einmal wieder von sich reden macht.

Liebe als wilde Habsucht

Habsucht und Liebe: wie verschieden empfinden wir bei jedem dieser Worte! – und doch könnte es derselbe Trieb sein, zweimal benannt, das eine Mal verunglimpft vom Standpunkt der bereits Habenden aus, in denen der Trieb etwas zur Ruhe gekommen ist, und die nun für ihre „Habe" fürchten; das andere Mal vom Standpunkt der Unbefriedigten, Durstigen aus, und daher verherrlicht als „gut". Unsere Nächstenliebe – ist sie nicht ein Drang nach neuem *Eigentum?* [...] Am deutlichsten aber verrät sich die Liebe der Geschlechter als Drang nach Eigentum: der Liebende will den unbedingten Alleinbesitz der von ihm ersehnten Person, er will eine ebenso unbedingte Macht über ihre Seele wie ihren Leib, er will allein geliebt sein und als das Höchste und Begehrenswerteste in der anderen Seele wohnen und herrschen. Erwägt man, dass dies nichts anderes heißt, als alle Welt von einem kostbaren Gute, Glücke und Genusse *auszuschließen,* erwägt man, dass der Liebende auf die Verarmung und Entbehrung aller anderen Mitbewerber ausgeht und zum Drachen seines Goldenen Hortes werden möchte, als der rücksichtsloseste aller „Eroberer" und Ausbeuter: erwägt man endlich, dass dem Liebenden selbst die ganze Welt gleichgültig, blass, wertlos erscheint und er jedes Opfer zu bringen, jede Ordnung zu stören bereit ist, so wundert man sich in der Tat, dass diese wilde Habsucht und Ungerechtigkeit der Geschlechtsliebe dermaßen verherrlicht und vergöttlicht worden ist, wie zu allen Zeiten geschehen, ja dass man aus dieser Liebe den Begriff Liebe als den Gegensatz des Egoismus hergenommen hat, während sie vielleicht gerade der unbefangenste Ausdruck des Egoismus ist.

(Friedrich Nietzsche: Die fröhliche Wissenschaft. In: ders.: Werke in drei Bänden. Bd. 2. Hanser, München 1966. S. 47 f.)

1. Lest den Text mit der Fünf-Schritt-Lesetechnik*.
2. Gebt Nietzsches Sicht auf die Liebe mit eigenen Worten wieder oder formuliert mithilfe der gegebenen Stichworte eine kurze Zusammenfassung seiner Aussagen.

Habsucht und Liebe	der Unbefriedigte – Drang nach Besitz	Liebende – rücksichtslose Eroberer	ersehnte Person – Macht über Leib und Seele

derselbe Trieb	der Habende – fürchtet Verlust	Egoismus

3. Setzt euch in einer Standpunktrede mit Nietzsches Position auseinander. Belegt eure Meinung auch mit Beispielen.

Philosophen über die Liebe

Ein geradezu poetischer Mythos* von der Entstehung
der Liebe ist uns aus der Antike überliefert. Der
Philosoph Platon (427–347 v.u.Z.) erzählt:

Q **Der Mythos von den Kugelmenschen**

Im Anfang der Zeiten waren die Menschen anders als heute: ihr Wesen war
männlich und weiblich zugleich, und ihr
Körper war rund, geformt wie eine Kugel.
Jeder Mensch hatte zwei Gesichter, zwei
Rücken, vier Hände und Beine, männliche
und weibliche Geschlechtsorgane, und auch
alles andere war doppelt vorhanden. Diese
Kugelmenschen waren so gewaltig an Kraft und
Stärke, dass sie sich für gottgleich hielten und es
unternahmen, den Himmel zu ersteigen, um die Götter
anzugreifen. Die Götter waren zunächst ratlos, denn sie wollten zwar das frevleri-
sche Trachten der Menschen unterbinden, sie jedoch nicht vom Erdboden vertil-
gen. Schließlich hatte Zeus* eine Idee. Er sprach: „Ich glaube, ich habe einen Weg
gefunden, der die Menschen von ihrem Übermut abbringt. Ich schneide sie in
zwei Teile, dann sind sie nicht mehr so stark und mächtig wie zuvor." Zeus zer-
schnitt also die Menschen in zwei Hälften, und immer, wenn er einen zerschnit-
ten hatte, wies er Apollon* an, das Gesicht und den halben Hals zur Schnittfläche
hin herumzudrehen, die Haut von den Seiten her nach vorne zu ziehen und sie in
der Mitte an einer Stelle, die man jetzt Nabel nennt, wie einen geschnürten Geld-
beutel zusammenzubinden.

Seit dieser Zeit existiert die Liebe zwischen den Menschen. Seit dieser Zeit ist
jeder von uns ständig auf der Suche nach seiner fehlenden Hälfte, getrieben von
dem tiefen Bedürfnis, wieder ganz zu werden, aus zweien Eins zu machen, um so
die menschliche Natur zu heilen. Trifft ein Mensch nun irgendwann im Leben
auf sein Gegenstück, dann fühlen die beiden sich wunderbar vertraut und wollen
keinen Augenblick voneinander lassen, und obwohl sie der Liebesgenuss zueinan-
der treibt, will die Seele mehr: ihr größter Wunsch es ist, eins zu werden und eins
zu bleiben mit ihrer anderen Hälfte – im Leben, im Tod und über den Tod hinaus.

(Nach Platon: Das Gastmahl oder von der Liebe. Reclam, Leipzig 1981, S. 25 ff.)

A 1. Beschreibt die Kugelmenschen und deren Eigenschaften
vor und nach ihrer Teilung.
2. Formuliert eine These* zu Platons Deutung über das
Phänomen „Liebe".
3. „Zu jedem Topf gibt es den passenden Deckel!" (Volksweis-
heit zum Thema: Jeder findet seine Liebe.) Könnt ihr diese
Meinung teilen? Begründet.

Der Philosoph Wilhelm Schmid (* 1953) betrachtet die Liebe, ebenso wie Kant (1724–1804), als eine Empfindung.

Liebe – eine Emotion

Zunächst ist Liebe das, was ohne weitere Überlegungen als solche erfahren wird: *Sie ist, was sie ist und genügt vollkommen sich selbst.* „Es ist unmöglich/sagt die Erfahrung/Es ist was es ist/sagt die Liebe" (Erich Fried, „Was ist es?", Es ist was es ist, Gedichtband, 1983) [...] wir sprechen von einer vibrierenden Intensität, von Kräften, die zuströmen und schwinden, von einem Feuer, das entzündet wird und verglimmt, von einer Flamme, die lichterloh brennt, bevor sie plötzlich erlischt [...].

Gängige Deutungen der Liebe sind die starken Gefühle füreinander, das dauerhafte Einssein, das wechselseitige Verständnis, die Treue, das gemeinsame Wachsen, die beiderseitige Bereitschaft, Schwierigkeiten durchzustehen, ohne die Beziehung in Frage zu stellen, auch die Gewissheit, sich in allen Lebenslagen aufeinander verlassen zu können. Aber auch *andere Deutungen* sind möglich und können veränderte Erfahrungen mit anderen Intensitäten anstoßen: Dass zur Liebe Gewohnheit gehören kann, sogar der zumindest zeitweilige Verzicht auf Sentimentalität, vielleicht auch auf Sexualität, ein geringes Augenmerk auf Treue, eine größere Selbstständigkeit des Einzelnen, weniger Scheu vor Konflikten, mehr Bereitschaft zu Kompromissen. Erst dann, wenn die Liebe, ihre Energie und ihr Sinn endgültig entbehrt werden müssen, beginnt das Spiel wieder von vorn, nämlich mit der Sehnsucht nach Liebe. Jede Deutung der Liebe aber macht deutlich, dass sie sich noch hundertfach anders deuten ließe. Selbst wissenschaftliche Erklärungen der Liebe erscheinen nur als Momente in diesem unablässigen Strom der Deutungen.

(Wilhelm Schmid: Die Liebe neu erfinden. Suhrkamp, Berlin 2010, S. 47–49)

> Liebe ist eine Sache
> der Empfindung,
> nicht des Wollens,
> und ich kann nicht lieben,
> weil ich will,
> noch weniger,
> weil ich soll.
>
> (Immanuel Kant)

1. Nennt Merkmale, die nach Schmids und Kants Auffassung die Liebe als Emotion charakterisieren.
2. Unterscheidet die Verhaltensweisen, die das Feuer der Liebe löschen würden von denen, die die Liebe fördern könnten.
3. Erstellt mithilfe des Textes und des Ausspruches von Kant eine allgemeingültige Definition von Liebe. Recherchiert das Gedicht von Erich Fried „Was ist es?", aus dem Wilhelm Schmid zitiert, und nutzt es als zusätzliche Hilfe.

Liebe in der Werbung

 Hallo liebe Liebenden!

Ihr habt es geschafft. Ihr habt ein bedeutungsvolles Wort unserer Sprache zur banalen Allerweltsphrase degradiert. Während Pro7 mit „We love to entertain you" aufgrund der Verwendung der englischen Sprache wenigstens noch erkennbar macht, dass die Liebe oberflächlicher Natur ist – quasi eine Höflichkeitsfloskel – ist in immer mehr Slogans der ungleich stärkere deutsche Begriff „Liebe" eingeflossen. Shell warb bereits 1959 mit „Autos lieben Shell". Als McDonalds 2003 „Ich liebe es" einführte, schaute und hörte jeder noch hin. Dies schauten sich offensichtlich viele Texter ab. Eine Liebesbekundung nach der nächsten schoss (wie Unkraut) aus dem Werbeboden. Ob Hunde (Pedigree), Pflanzen, Fußball, Neues, Fliegen, Kino, Lebensmittel oder nun auch Technik – alles wird so was von geliebt. Wenn man mal davon ausgeht, dass Werbung die Bedürfnisse der Käufer widerspiegelt, war der Wunsch nach Geborgenheit noch nie so groß wie in diesen Tagen. Man hat den Eindruck jeder möchte dabei sein – auf der größten Knuddel- und Schmuseparty aller Zeiten. Frei nach dem christlichen Motto: „Liebet das nächste, was auf den Markt kommt."

(www.designtagebuch.de/alle-lieben-liebe; Zugriff: 2.4.2013)

A 1. Bestimmt mögliche Deutungen für das Wort „Liebe" in den Werbebeispielen. Untersucht und beschreibt, was der Verfasser des Leserbriefs kritisiert. Erläutert, ob ihr seine Meinung teilen oder nicht teilen könnt.

2. Erstellt eine Collage mit weiteren Werbebeispielen (aus Katalogen/Zeitschriften/Internet), in denen der Begriff Liebe genutzt wird. Versucht aber das Wort zu umschreiben.

Wert (volle) Liebe

Wie kommt es, dass wir das Wort „lieben" durch die Werbung derartig entwerten lassen, ohne uns daran zu stoßen? Kann es sein, dass wir meinen, dass wir das, was wir lieben, wie einen Gegenstand besitzen, haben müssen? Eine solche Sicht kritisiert der Psychoanalytiker* Erich Fromm (1900–1980).

Die Kunst des Liebens

Die meisten Menschen sehen das Problem der Liebe in erster Linie als das Problem, *selbst geliebt zu werden*, statt *zu lieben* und lieben zu können. Daher geht es für sie nur darum, wie man es erreicht, geliebt zu werden, wie man liebenswert wird. Um zu diesem Ziel zu gelangen, schlagen sie verschiedene Wege ein. Der eine, besonders von Männern verfolgte Weg ist der, so erfolgreich, so mächtig und reich zu sein, wie es die eigene gesellschaftliche Stellung möglich macht. Ein anderer, besonders von Frauen bevorzugter Weg ist der, durch Kosmetik, schöne Kleider und dergleichen möglichst attraktiv zu sein [...].

Unsere gesamte Kultur gründet sich auf die Lust am Kaufen, auf die Idee des für beide Seiten günstigen Tauschgeschäfts. Schaufenster anzusehen und sich alles, was man sich leisten kann, gegen bares Geld oder auf Raten kaufen zu können – in diesem Nervenkitzel liegt das Glück des modernen Menschen. Er (oder sie) sieht sich die Mitmenschen auf ähnliche Weise an. Der Mann ist hinter einem attraktiven jungen Mädchen und die Frau ist hinter einem attraktiven Mann her. Dabei wird unter „attraktiv" ein Bündel netter Eigenschaften verstanden, die gerade beliebt und auf dem Personalmarkt gefragt sind.

(Erich Fromm: Die Kunst des Liebens. Econ, München 2001, S. 11 ff.)

1. Gebt mit eigenen Worten wieder, welches Problem die meisten Menschen nach Meinung Erich Fromms mit der Liebe verbinden und bezieht dazu Stellung.
2. Erläutert den Vergleich der Liebe mit der Idee des „für beide Seiten günstigen Tauschgeschäfts".
3. Findet Argumente für und gegen Fromms kritische Sicht auf die Liebe. Startet im Klassenverband eine Pro-Contra-Diskussion (siehe S. 73).

Liebe in der Kunst

Kein Thema ist in der Kunst und Literatur so oft dargestellt und besungen worden wie die Liebe. Und jeden Tag entstehen neue Gedichte, Bilder und Lieder.

Ein sehr bekanntes Gedicht ist uns aus dem Althochdeutschen* überliefert:

Dû bist mîn, ich bin dîn
Des solt dû gewis sîn
Dû bist beslozzen
In mînem herzen
Verlorn is daz slüzzelin
Dû muost immer drinne sin

*Verfasser unbekannt
(In: Heinz Czechowski (Hg.): Sieben
Rosen hat der Strauch. Mitteldeutscher
Verlag, Halle 1964, S. 7)*

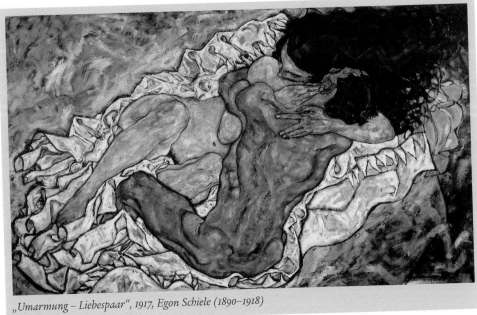

„Umarmung – Liebespaar", 1917, Egon Schiele (1890–1918)

„Das Gothaer Liebespaar", um 1480/85, unbekannter Maler

„Tanzendes Paar",
Camille Claudel (1864–1943)

1. Übersetzt in Tandems das althochdeutsche Gedicht in die heutige Sprache. A
2. Verständigt euch über seine Aussage.

Liebe in der Kunst   P
3. Jeder bringt sein Lieblingsbild, -gedicht, -buch, einen Film oder ein Musikstück zum Thema Liebe mit und stellt es seinen Mitschülern vor.
   › Erläutert, warum ihr dieses Kunstwerk gewählt habt.
4. Verfasst ein eigenes Gedicht, eine Kurzgeschichte, einen Rap, einen Comic, ein Musikstück oder malt ein Bild … zum Thema Liebe. Stellt die Exponate aus und entdeckt sie bei einem Galerierundgang.
5. Erschließt euch die Bilder und tauscht euch dazu mit einem Partner aus.
6. Entwerft ein passendes Logo oder Symbol* für die Liebe.

Sexualität, was bedeutet das überhaupt?
Sexualität gehört zu einem guten Leben

Es gab und gibt auf der Welt viele Kulturen, die Sexualität als zur Fortpflanzung notwendiges Übel betrachten. Alles, was darüber hinausreicht, wird abgewertet, als „unsittlich" verpönt und mit Verboten belegt. Aber ist eine solche Sicht berechtigt? Und woraus resultiert sie?

Freude empfinden

Sex ist nicht unmoralischer als Essen oder Spazierengehen, es sei denn, jemand verhält sich beim Sex unmoralisch, indem er jemandem Schaden zufügt. Sexuelle Beziehungen lösen bei den Beteiligten Emotionen aus und knüpfen starke Bande. Deshalb ist gerade beim Sex Rücksichtnahme auf den Partner nötig. Aber, was zwei im gegenseitigen Einvernehmen tun, was keinem Schaden zufügt, sondern Genuss verschafft, ist nichts Schlechtes.

Eine der wichtigsten Funktionen des Sex ist die Fortpflanzung. Diese Funktion sollte stets mitbedacht werden, weil sie uns eine ethische Verpflichtung auferlegt. Jedoch menschliche Sexualität ist nicht auf die Fortpflanzungs- und Arterhaltungsfunktion beschränkt wie das bei den Tieren der Fall ist. Beim Menschen kommen Verfeinerungen und Symbole* hinzu, die im Tierreich nicht existieren, und die uns eine Freiheit gewähren, welche die Menschen in diesem Bereich erst zu Menschen macht.

Gerade diejenigen, die Sex als etwas *Schmutziges* und *Tierisches* verunglimpfen, übersehen, dass Tiere Sex ausschließlich zur Fortpflanzung gebrauchen, während der Mensch die Erotik* erfunden hat. Dieser Effekt wirkt beim Sex wie Lyrik, wie ein schönes Lied. Er erzeugt Vergnügen, Spaß und Freude am Sex. Die Freude, die wir beim Sex erleben, gehört zu den intensivsten und lebendigsten Freuden, die wir kennen.

Vorbehalte gegen Sex resultieren möglicherweise aus der Sorge, dass wir uns darin verlieren könnten, denn das Höchste, Beglückendste, was wir als Menschen überhaupt erreichen können, ist *Freude*, Freude, die wir beim Sex geben und erhalten.

Je mehr man Sex also von der einfachen Fortpflanzung trennt, umso weniger tierisch und umso menschlicher wird er.

(Frei nach Fernando Savater: Tu, was du willst. Campus, Frankfurt/New York 2007, S. 111 ff.)

1. Sucht die Umschreibungen für das, was Sexualität sein soll, aus dem Text heraus.
2. Gebt mit eigenen Worten wieder, was den Sex im Tierreich und beim Menschen voneinander unterscheidet.
3. Begründet, warum bzw. warum nicht, Sex zu einem lebenswerten Leben dazugehört. Geht dabei auch auf die sogenannte „Bedürfnispyramide*" von Maslow ein.

Sexualität ist mehr als „Verkehr zu haben"

Jeder Mensch bleibt von seiner Geburt an bis zu seinem Tod ein sexuelles Wesen, denn Sexualität ist weit mehr als Geschlechtsverkehr.

Sexualität führt dazu, dass wir uns als männliches oder weibliches Wesen empfinden. Sie äußert sich in Lebensfreude und veranlasst uns, auf andere zuzugehen und uns auf sie einzulassen.

bisexuell
heterosexuell

SEXUALITÄT

transsexuell
homosexuell

1. Was versteht ihr unter Sexualität? Fertigt dazu eine Mindmap an.

   A

2. Sucht im Internet oder in der Bibliothek eine Definition von „Sexualität" und vergleicht diese mit eurem Verständnis.
3. Erläutert, was sich hinter den vier Orientierungen in der Sexualität verbirgt.
4. Ergänzt die angelegte Mindmap, indem ihr Aussagen zur Sexualität von Freundinnen und Freunden, von Eltern, aus der Biologie, aus Religionen, aus verschiedenen Medien etc. einbeziehst.

Sexualität und Toleranz

Q Schwulsein, ein Makel?

Als ich jünger war, habe ich mein Schwulsein nicht bemerkt. Wir haben als Jungen gespielt und getobt, alles war rein freundschaftlich. Meine ersten erotischen Träume aber handelten meist von Jungen, während meine Kumpels von Frauen träumten und die Mitschülerinnen anbaggerten. Das machte mir Angst. Allmählich begriff ich: Ich bin schwul! Irgendwann erzählte ich es meinem besten Freund. Er konnte damit nicht umgehen und wandte sich von mir ab. Die Freundschaft zerbrach. Damit nicht genug, er posaunte sein Wissen überall herum. Meine Mitschüler machten anzügliche Bemerkungen und schnitten mich. Ich war total am Ende und unternahm einen Selbstmordversuch. Meine Schwester fand mich und meinen Abschiedsbrief. Ich kam ins Krankenhaus. Als ich danach in die Schule zurückkam, herrschte betretenes Schweigen. Einige Mitschüler bezeigten zaghaft Sympathie, andere wandten sich auch weiterhin ab. Meine Familie stand zu mir. Inzwischen habe ich einen festen Freund. Ich bin total happy. Ja, ich bin schwul, na und?!

(Frei nach einer Idee von Peter Brokemper: Sex, Zahnspangen und der andere Stress. Verlag an der Ruhr, Mülheim 2008, S. 25)

Meine Mutter und ihre Frau

Tanja und Frieder sind ineinander verliebt. Sie sitzen in der Schule nebeneinander, sie gehen zusammen ins Kino ... Frieder hat Tanja mit zu sich nach Hause genommen. In seinem Zimmer hören sie ihre Lieblingsmusik, als plötzlich jemand klopft und dann eintritt.

„Das ist die Frau meiner Mutter, Charlotte", erklärt Frieder ganz unbefangen.

Tanja fühlt sich ein wenig überfahren. „Hei, ich bin Tanja", bringt sie schließlich heraus.

A

1. Stellt euch vor, euer bester Freund/eure beste Freundin gesteht euch, dass er/sie schwul bzw. lesbisch ist. Er/sie ist in jemand aus der Nachbarschaft verliebt und möchte euren Rat und eure Freundschaft behalten. Notiert, wie ihr euch wahrscheinlich verhalten würdet.
2. Versetzt euch an Tanjas Stelle. Wie würdet ihr reagieren?
3. Erarbeitet in Partnerarbeit eine Liste mit Fragen, die ihr Frieders Mutter und ihrer Frau gern stellen würdet.
4. Versucht, die Fragen in einer Unterrichtsdiskussion zu klären oder ladet euch dafür einen Fachmann bzw. eine Fachfrau ein.

Sexuelle Toleranz und sexuelle Selbstbestimmung

Sex, so versicherte Fernando Savater auf S. 96, ist nichts Unmoralisches, Sexualität gehört zu einem guten und lebenswerten Leben. Sie ist Ausdruck von Lebensfreude und gehört als Lebensäußerung zu jedem gesunden Menschen dazu. Was die Beteiligten beim Sex im gegenseitigen Einvernehmen freiwillig tun und was ihnen Spaß macht, ist erlaubt.

Grenzziehungen

Nico und Luisa sind schon länger ein Paar. Heiße Küsse haben sie oft getauscht und sich auch ausgiebig befummelt. Nico möchte mehr, aber Luisa zögert. Heute aber erklärt Nico: „Entweder wir poppen heute oder ich mach Schluss mit dir. Ich lass mich doch nicht ewig hinhalten."

Marvin ist ein sehr schüchterner Junge, der sich nie in den Mittelpunkt drängt. Seit Wochen hat Raffael, samt seinem „Fanklub", Marvin als Zielscheibe seiner Provokationen und seines Spottes erwählt. Nach der letzten Stunde hielten sie Marvin im Umkleideraum fest und haben ihn gezwungen, sich nackt auszuziehen und ihn in verschiedenen Posen mit ihren Handys fotografiert. Den Protest und die stummen Tränen Marvins ignorierten sie.

Jakob steht total auf Tina, aber die will von ihm nicht viel wissen. Wenn sich die Clique trifft, dann nutzt Jakob jede Gelegenheit, Tina zu berühren: ihr über den Arm oder den Rücken zu streichen, ihre Hand zu ergreifen … Heute hat er sie mit dem Rücken an die Wand gedrückt und versucht, sie auf den Mund zu küssen. Als Tina ihren Kopf abwendet, dreht er ihn mit hartem Griff wieder zu sich.

1. Bildet Gruppen. Jede Gruppe beschäftigt sich intensiver mit einem der Fälle. Ü
   › Verständigt euch zuerst darüber, ob und inwiefern die Verhaltensweisen der Beteiligten gerechtfertigt/nicht gerechtfertigt sind. Begründet eure Meinungen.
   › Zeichnet eine Messlatte, deren Eckpunkte die Worte „unmoralisch (-)" und „moralisch gut (+)" bilden. Ordnet dazwischen die nachstehenden Begriffe an.

Vergewaltigung	Lust empfinden	Beleidigungen anhören müssen	einen Kuss dulden
berührt bzw. angefasst werden	einander verführen	Handybilder	
überredet werden	zu sexuellen Handlungen genötigt werden		angemacht werden
ausprobieren, was Spaß macht	Stalking*		Liebes-SMS oder -Mails erhalten

   › Versucht den Punkt zu fixieren, an dem die Toleranz gegenüber sexuellen Aktivitäten enden sollte.
   › Bewertet die einzelnen Verhaltensweisen in den Fallbeispielen nach den Kriterien „moralisch vertretbar", „noch zu tolerieren" oder „als unmoralisch abzulehnen" und begründet eure Zuordnung.

Verantwortungsvoller Umgang mit Sexualität

Das erste Mal

Sexualität erfahren wir in unterschiedlichen Formen: Eine Umarmung, ein Kuss, eine zärtliche Berührung ... Besonderer Stellenwert jedoch kommt auch heute noch dem ersten Geschlechtsverkehr zu. Bis ins 20. Jahrhundert hinein, in bestimmten Kulturkreisen auch heute noch, war bzw. ist Frauen der Geschlechtsverkehr erst nach der Eheschließung erlaubt.

Dies hat sich hierzulande seit den 1960er Jahren geändert. Dennoch will „das erste Mal" wohlüberlegt sein.

Erstes Liebeserlebnis?

Q   Margarete ging gerne in die Disco; es war immer etwas los dort: Musik, Leute, Unterhaltung – und seit sie Kai kennengelernt hatte, war ihr Wunsch, in den „Night-

club" zu gehen, noch brennender. Bisher hatte sie ihm nur hin und wieder zugelächelt, ein paar Worte gewechselt. Aber dann interessierte er sich plötzlich intensiv für Margarete, tanzte mit ihr, drückte sie fest an sich. Margarete war im siebten Himmel. Klar hatte sie sich mit ihren 15 Jahren schon oft verliebt, aber so süß wie Kai war ihr noch keiner erschienen. Sie war auch ein bisschen stolz darauf, dass er sie mochte, denn schließlich war er schon über 20. Sie tanzten gerade ganz eng miteinander, Margarete spürte seinen Atem an ihrem Hals und sie schauderte. So hatte sie sich das immer vorgestellt, so nah und geborgen zu sein. „Komm, hier ist es so stickig", flüsterte Kai ihr ins Ohr, „lass uns eine Weile rausgehen." Margarete sah ihn an und nickte bereitwillig. Draußen zog Kai sie in seine Arme und küsste sie, Margarete wurde es ganz schwindelig vor Aufregung und Verliebtsein. „Komm", sagte Kai und führte sie zu seinem Wagen, „da sind wir ungestört." Margarete war wie berauscht und erwiderte unsicher seine Zärtlichkeiten, die immer drängender wurden. Der Scheinwerfer eines vorüberfahrenden Autos tauchte das Innere des Wagens in helles Licht und das Mädchen sah erschreckt, dass es fast nackt war. Kai griff immer fordernder nach ihr – und Margarete erwachte: Er war gar nicht verliebt in sie, er suchte nur seinen Spaß. Sie stieß ihn weg und schämte sich ihrer Nacktheit. „Hey", sagte Kai erstaunt und verärgert, „wirst du jetzt zickig? Das ist ja eine ganz neue Masche." Aber Margarete nahm ihre Kleider, öffnete den Wagen und lief weg. Hinter einem Busch zog sie sich an, völlig ernüchtert. „Das war also Liebe!" dachte sie.

(Ursula Sottong u. a.: Alec und Sara: über Freundschaft, Liebe und Zärtlichkeit. Oldenbourg, München, 1998, S. 202)

A
1. „Margarete war im siebten Himmel." Beschreibt das Gefühl mit eigenen Worten.
2. Untersucht, gegliedert nach Handlungsabschnitten, die Motive und Interessen von Margarete und Kai.
3. Könnt ihr die Reaktionen von Margarete und von Kai am Ende nachvollziehen? Begründet eure Meinung.

4. Überlegt, an welcher Stelle des Handlungsverlaufs ihr persönlich eine Toleranzgrenze ziehen würdet und begründet die Entscheidung.
5. Was könnte Margarete gemeint haben mit dem Satz „Das war also Liebe"!

Manchmal wird von älteren Menschen der Vorwurf erhoben, die Jugend gehe zu freizügig und gedankenlos mit ihrer Sexualität um. Doch stimmt dieser Vorwurf? Die Internetseiten „Dummefrage" sprechen eine andere Sprache.

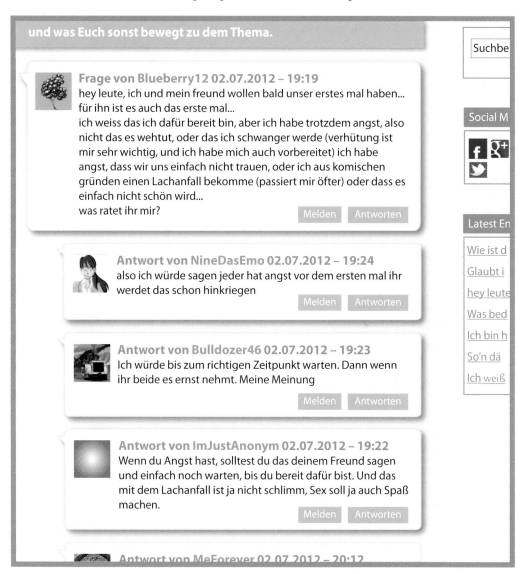

und was Euch sonst bewegt zu dem Thema.

Suchbe

Frage von Blueberry12 02.07.2012 – 19:19
hey leute, ich und mein freund wollen bald unser erstes mal haben... für ihn ist es auch das erste mal...
ich weiss das ich dafür bereit bin, aber ich habe trotzdem angst, also nicht das es wehtut, oder das ich schwanger werde (verhütung ist mir sehr wichtig, und ich habe mich auch vorbereitet) ich habe angst, dass wir uns einfach nicht trauen, oder ich aus komischen gründen einen Lachanfall bekomme (passiert mir öfter) oder dass es einfach nicht schön wird...
was ratet ihr mir?

Melden   Antworten

Antwort von NineDasEmo 02.07.2012 – 19:24
also ich würde sagen jeder hat angst vor dem ersten mal ihr werdet das schon hinkriegen

Melden   Antworten

Antwort von Bulldozer46 02.07.2012 – 19:23
Ich würde bis zum richtigen Zeitpunkt warten. Dann wenn ihr beide es ernst nehmt. Meine Meinung

Melden   Antworten

Antwort von ImJustAnonym 02.07.2012 – 19:22
Wenn du Angst hast, solltest du das deinem Freund sagen und einfach noch warten, bis du bereit dafür bist. Und das mit dem Lachanfall ist ja nicht schlimm, Sex soll ja auch Spaß machen.

Melden   Antworten

Antwort von MeForever 02.07.2012 – 20:12

Social M

Latest En

Wie ist d

Glaubt i

hey leute

Was bed

Ich bin h

So'n dä

Ich weiß

6. Stellt euch vor, ihr seid im Chatforum. Beantwortet die Frage von Blueberry12.
7. Sammelt im stillen Schreibgespräch in Gruppen eure Gedanken zum ersten Mal, Gedanken, die euch bewegen.

Verhütung

Zu einem verantwortungsvollen Umgang mit Sexualität gehört auch die Verhütung einer nicht gewollten Schwangerschaft.

Die Bandbreite der Verhütungsmethoden ist groß – doch welche Verhütungsmittel bieten ausreichend Sicherheit? Jedes Paar muss zunächst für sich selbst herausfinden, welche Verhütungsmethode am besten für es geeignet ist. Nicht vergessen sollte man dabei jedoch, dass manche Verhütungsmethoden nicht sehr sicher sind, während andere bei korrekter Anwendung zuverlässig vor einer Schwangerschaft schützen.

Die verschiedenen Verhütungsmethoden lassen sich in fünf Kategorien einordnen:

Q › hormonelle Verhütungsmethoden

› Barrieremethoden

› natürliche Familienplanung (NFP)

› operative Verhütungsmethoden

› chemische Verhütungsmittel

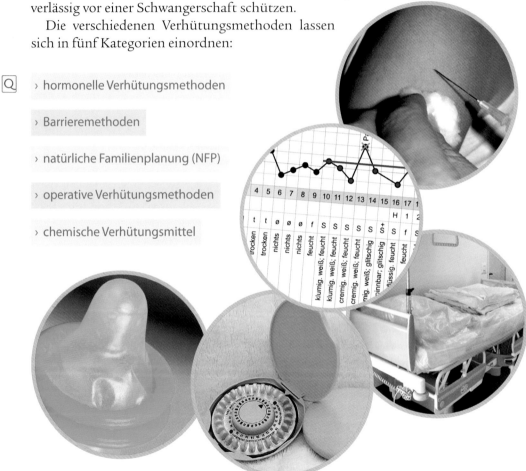

(www.onmeda.de/ratgeber/verhuetung/pearl_index/methoden_sicherheit.html; Zugriff: 2.3.2013)

A 1. Ordnet den Arten der Verhütung die entsprechenden Bilder zu. Welche kennt ihr bereits?
   2. Informiert euch über die Wirkungsweise der verschiedenen Verhütungsmethoden.
   3. Erläutert, welche Verhütungsmethoden als sicher und welche als unsicher gelten.

↗ Testet euer Wissen zum Thema Verhütung mit dem Verhütungsquiz:
www.onmeda.de/ratgeber/verhuetung/tests/verhuetungs-quiz.html

Wer ist für die Verhütung verantwortlich?
Verhütung: ihre Sache – seine Sache?

Bea: Er verlässt sich einfach auf mich, dass ich schön regelmäßig die Pille nehme, und damit ist die Sache für ihn erledigt.

Ron: Sie macht es sich einfach und sagt: Du willst ja deinen Spaß, dann sorg' auch gefälligst dafür, dass nichts passiert.

Lina: Es ist einfach irre, sich so dem Glücksrausch hinzugeben. Hinterher denk' ich dann allerdings immer: Hoffentlich ist es gut gegangen, und er hat aufgepasst.

Robert: Klar muss man über Verhütung nachdenken, bevor man mit jemandem schläft. Aber darüber reden? – Das ist unromantisch.

Marie: Wenn einer sagt: „Für Verhütung habe ich schon gesorgt", dann soll man auch nicht weiter nachfragen.

Niklas: Es gibt Verhütungsmittel, die sind 100 %ig sicher.

Sandra: Wenn ich meinen Freund liebe und er mit mir schlafen will, muss ich das tun, mit oder ohne Verhütung. Schließlich gibt es ja noch die Möglichkeit, abzutreiben.

Rico: Ohne Kondom läuft bei mir nichts. Das bin ich mir schuldig!

1. Lest die verschiedenen Meinungen durch. Welchen stimmt ihr zu, welchen nicht? Begründet.
2. Formuliert ein eigenes Statement zum Thema „Verhütung".
3. Führt eine Pro-Contra-Diskussion (siehe S. 73) durch zum Thema „Verhütung: Frauensache?! Männersache?!"

Schwanger – was tun?

In der Sexualität gilt es nicht nur Verantwortung für das eigene Leben, die eigene körperliche und geistige Gesundheit wahrzunehmen. Sexualität ist auch mit Verantwortung für den Partner und für ein mögliches neu entstehendes Leben verbunden.

Ein Kind als Ausweg

Q Anja war 14, als sie ihre Tochter Fiona bekam. Der Enge der elterlichen Wohnung, der ständigen Streitereien ums liebe Geld und der Nörgeleien wegen ihrer Schulleistungen überdrüssig, flüchtete sie in eine Beziehung. Marc, ihr Freund, war 16.

Er lernte in der Stadt Koch und wohnte in einer Ein-Raum-Wohnung. Anja zog bei ihm ein. Es dauerte nicht lange, da wurde sie schwanger; an Verhütung hatten beide nicht gedacht. Mehr noch, Anja wollte ein Kind. Es würde sie von der Schulpflicht erlösen und Marc an sie binden. Außerdem hätte sie dann jemanden, den sie liebhaben konnte.

Marc jedoch war alles andere als begeistert. Er verlangte, dass sie das Kind abtreiben sollte. Er wollte das Leben erst noch genießen und setzte sie, als sie das ablehnte, kurzerhand vor die Tür.

Ob sie wollte oder nicht, Anja musste zurück zu den Eltern. Doch auch die waren für die Abtreibung. Sie, so die Eltern, hätten genug Esser – Anja hat noch drei jüngere Geschwister – zu versorgen. Außerdem sei die Wohnung schon jetzt zu klein und überhaupt solle Anja erst einmal die Schule beenden, einen Beruf erlernen und eigenes Geld verdienen, damit sie für ein Kind sorgen könne.

Wieder floh Anja aus den elterlichen Vorhaltungen. Sie zog aus und lebte fortan auf der Straße bis sie im Winter – bereits hochschwanger – aufgegriffen und in einer Einrichtung für minderjährige Mütter untergebracht wurde.

Inzwischen lebt sie mit Fiona schon fast ein Jahr hier. Unter Anleitung lernt sie, für ihr Kind zu sorgen, mit ihm zu spielen, es zu windeln, ihm etwas zu essen zu kochen und es zu füttern. Tagsüber, wenn Fiona in der Tagesbetreuung ist, muss Anja zur Schule gehen – auch das gehört zu den strengen Regeln, die einzuhalten sind, denn wie soll sie sonst später einmal allein für ihr Kind sorgen können. Freizeit, Zeit zum Ausgehen oder Abhängen bleibt ihr selten. So hatte sich Anja das nicht vorgestellt.

(Frei nach einer Idee von Susanne Erbach: Verantwortung im Doppelpack. Sozialcourage Spezial 2008, S. 16/17)

A
1. Schreibt aus dem Text alle Gründe heraus, die für bzw. gegen ein Kind mit 14 sprechen. Ergänzt die Listen um weitere Argumente.
2. Vergleicht eure Listen und bewertet die Gründe.
3. Formuliert kurz und knapp in Form eines Fünfsatzes* eure Position zu der Frage: Sollte man mit 14 ein Kind bekommen?

Schwangerschaftsabbruch – ja oder nein?

In Deutschland gibt es – wie in anderen modernen Staaten auch – die Möglichkeit, eine ungewollte Schwangerschaft abzubrechen.

Aus dem Gesetz über den Schwangerschaftsabbruch, StGB §218, 218a–c und 219

Ein Schwangerschaftsabbruch gilt als rechtswidrig. Er bleibt aber straffrei, wenn drei Bedingungen erfüllt sind:

1. Der Abbruch muss innerhalb der ersten zwölf Schwangerschaftswochen nach der Befruchtung (Empfängnis) stattfinden.
2. Dem Abbruch geht eine Pflichtberatung in einer anerkannten Beratungsstelle für Schwangerschaftsfragen voraus.
3. Der Schwangerschaftsabbruch darf nur von einem Arzt, frühestens drei Tage nach der Pflichtberatung vorgenommen werden.

Abgetrieben

> Ich war nicht ich selbst. Ich habe gemacht, was andere wollten, aber es war nicht, was ich wollte. Ich war zwar die Person, die auf dem Stuhl lag, aber ich dachte: Alleine mit einem Kind … Dass es MEIN Kind ist, dass ich es über alles lieben würde, weil es ein Teil von mir ist, daran habe ich nicht gedacht. Diese Liebe war schon von Anfang an da und ich habe sie zerstört. Das bereue ich so sehr. (Vanessa, 22 Jahre) Q

> Ich liebe meinen Freund und er liebt mich. Unsere Zukunft haben wir uns oft ausgemalt, aber ein Kind kam darin noch nicht vor. Es ist noch zu früh dafür. Wir brauchen noch ein paar Jahre für uns, unsere Ausbildung und für ein Leben ohne Eltern. Später möchte ich Kinder haben. Da ich den Schwangerschaftstest gleich in den ersten Wochen gemacht habe, ist ein Abbruch für mich zwar nicht angenehm, aber vertretbar. Ich lasse mir kein schlechtes Gewissen einreden. (Maja, 15 Jahre)

1. Bildet Gruppen und teilt die Arbeitsaufträge unter den Gruppen auf. Jede Gruppe präsentiert am Ende die Ergebnisse ihrer Arbeit in ansprechender Form (Vortrag, Poster o. Ä.). P
   › Die Geschichte des Schwangerschaftsabbruchs in Deutschland
   › Welche unterschiedlichen Positionen werden in der gegenwärtigen Debatte um den Schwangerschaftsabbruch vertreten? Welche Konsequenzen ergeben sich jeweils daraus?
   › Was sagt die Statistik über die Anzahl der Schwangerschaftsabbrüche in Deutschland, die Entwicklung in den verschiedenen Altersgruppen, speziell den Anteil Minderjähriger, aus? Welche Gründe könnte es geben, eine Schwangerschaft abzubrechen?
2. Führt am Ende der Projektarbeit eine Abschlussdiskussion (gern auch als Pro-Contra-Diskussion) durch, in der ihr euch zur gesetzlichen Regelung des Schwangerschaftsabbruchs in den § 218, 218 a-c und 219 StGB verständigt und diese bewertet.
3. Entwickelt ausgehend von euren derzeitigen Kenntnissen und Überzeugungen einen persönlichen Standpunkt zu dem Problem.

Aids – ein Stachel der Liebe?

Aids ist eine Immunschwächekrankheit, die durch das HI-Virus* ausgelöst wird. Das Virus schädigt die körpereigenen Abwehrkräfte in solch einem Maße, dass eindringende Krankheitserreger nicht mehr abgewehrt und lebensbedrohliche Erkrankungen ausgelöst werden können. Aids wird weltweit vor allem durch ungeschützten Geschlechtsverkehr übertragen.

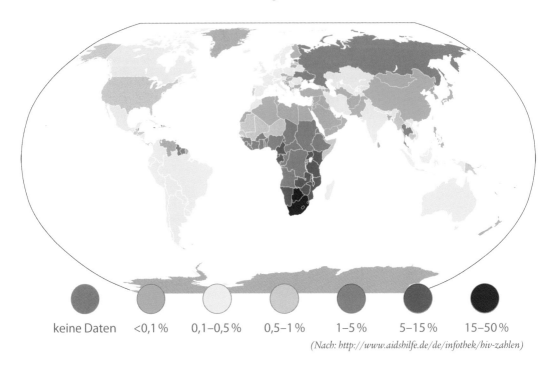

| keine Daten | <0,1% | 0,1–0,5% | 0,5–1% | 1–5% | 5–15% | 15–50% |

(Nach: http://www.aidshilfe.de/de/infothek/hiv-zahlen)

Wissen – Unwissenheit

Vielehe

Vorsorge – Sorglosigkeit

Medikamente

geschützter – ungeschützter Sex

religiöse Vorschriften

Traditionen

Problem offen ansprechen – verschweigen

medizinische Versorgung

 1. Wie die Abbildung zeigt, gibt es auf der Erde deutliche Unterschiede bezüglich der Verbreitung von Aids. Nehmt einen Atlas zur Hilfe, um zu erklären, in welchen Ländern der Anteil der HIV-Infizierten und Aids-Kranken besonders hoch ist. Erforscht die Ursachen dafür.
2. Entwickelt sinnvolle Umgangsregeln für a) Menschen mit dem HI-Virus und b) gesunde Menschen. Dies kann auch in Form eines Mesostichons oder eines Akrostichons geschehen.

Aids – das Ende aller sexuellen Aktivität?

Auch in Deutschland leben Menschen, die unter der Immunschwächekrankheit leiden. Auch diese Menschen leben in Beziehungen. Auch diese Menschen haben sexuelle Bedürfnisse und Wünsche.

Fälle

Jenny ist 20 und HIV-positiv. Vor drei Monaten lernte sie Alex kennen, mit dem sie gern zusammenleben möchte. Immer, wenn sie Sex hatten, bestand Jenny darauf, dass Alex ein Kondom benutzt. Dennoch überlegt sie, ob sie Alex sagen muss, dass sie HIV-positiv ist.

Lukas ist ein Barebacker*. Er gehört zu einem Klub, dessen Mitglieder sich ganz bewusst gegen Kondome beim Sex entschieden haben, die Sex mit vollem Risiko wollen. Dabei ist Lukas HIV-positiv.

Gib Aids keine Chance

Keine faulen Ausreden!

mach's mit

Passt auf jede Gurke!

mach's mit

Auch für junges Gemüse!

mach's mit

Steht jedem!

mach's mit

1. Bewertet die Handlungen in den beiden Fällen und erörtere die Folgen für alle Beteiligten.
   Tragt eure Position zu einem der Fälle in einer Standpunktrede vor.
2. Klärt in Partnerarbeit, was „Safer Sex" bedeutet und gestaltet dazu selbst ein Plakat.

Wenn Liebe endet

Gerade junge Menschen, die sich zum ersten Mal verlieben, glauben, dass dieser prickelnde Zustand, der sie über sich hinauswachsen lässt, niemals enden werde. Jedoch die Liebe ist ein Gefühl. Sie lässt sich weder verordnen noch erzwingen und manchmal endet sie recht abrupt.

Robert & Nele

Robert und Nele waren das Traumpaar der Schule. In den Pausen standen sie eng umschlungen auf dem Schulhof. Wenn es zur Stunde klingelte, dann trennten sie sich auf dem Podest im Schulhaus mit Abschiedsküssen, als müsse einer von ihnen für Jahre verreisen. Die ganze Welt schien für die beiden nur aus Robert und Nele zu bestehen.

Doch diese Welt zerbrach urplötzlich.

Auf dem Schulfest, Robert spielte in der Schulband und er spielte nur für Nele, bemerkte er, dass Nele ausgelassen mit Max aus der Neunten tanzte. Plötzlich war sie verschwunden und auch Max konnte er nirgends mehr entdecken. Sofort kochte eine unbekannte Angst, vermischt mit Wut, in ihm hoch. Seine Band und die Musik waren ihm gleichgültig. Er ging Nele suchen. Er fand sie draußen, an der frischen Luft, wo sie mit Max knutschte. Noch ehe Max oder Nele überhaupt etwas bemerkten, riss er Nele weg und schlug ihr wütend ins Gesicht. Nele taumelte gegen die Wand.

Erst jetzt begriff Robert, was er tat. Er wollte Nele die Hand reichen, doch sie schob sie weg und ging ohne ein Wort davon.

Seither würdigt Nele Robert keines Blickes mehr. Sie öffnet ihm nicht die Tür, wenn er klingelt. Sie beantwortet keine Mail, keine SMS und wenn ihre Freundin fragt, erklärt sie nur: „Der ist für mich gestorben."

Robert indes tönt überall herum, Nele sei eine Schlampe: Sie habe ihn arglistig getäuscht und seine Liebe mit Füßen getreten. In Wirklichkeit sei sie ein billiges Flittchen, das es mit jedem triebe. Wenn Nele in der Schule an ihm vorübergeht, ruft er ihr böse Worte nach und wenn Nele ihn anschaut, dann funkeln ihre Augen wütend.

 1. Tragt in einem Brainstorming Gründe zusammen, an denen eine Liebe zerbrechen kann.
2. Legt eine Tabelle an und haltet darin fest, was aus Roberts und was aus Neles Sicht zum Ende ihrer Liebe geführt hat.
3. Benennt die Ursachen, die nach eurer Meinung zum Bruch der Liebe führten und bewertet die einzelnen Verhaltensweisen.
4. Formuliert für Nele und für Robert jeweils einen guten Rat, wie sie nach dem Ende ihrer Liebe miteinander umgehen sollten.

Manchmal endet die Liebe auch ganz unspektakulär, nach vielen Jahren. Menschen, die sich sehr nahestanden, sind sich im Verlauf des Lebens fremd geworden. Die Liebe ist ihnen beinahe unmerklich abhandengekommen. Der Schriftsteller Erich Kästner (1899–1974) beschreibt ein solches Ende einer Liebesbeziehung.

Sachliche Romanze
Als sie einander acht Jahre kannten
(und man darf sagen sie kannten sich gut),
kam ihre Liebe plötzlich abhanden.
Wie andern Leuten ein Stock oder Hut.

Sie waren traurig, betrugen sich heiter,
versuchten Küsse, als ob nichts sei,
und sahen sich an und wussten nicht weiter.
Da weinte sie schließlich. Und er stand dabei.

Vom Fenster aus konnte man Schiffen winken.
Er sagt, es wäre schon Viertel nach vier
und Zeit, irgendwo Kaffee zu trinken.
Nebenan übte ein Mensch Klavier.

Sie gingen ins kleinste Café am Ort
und rührten in ihren Tassen.
Am Abend saßen sie immer noch dort.
Sie saßen allein, und sie sprachen kein Wort
und konnten es einfach nicht fassen.

Erich Kästner
(Ders.: Sachliche Romanze. Werke in 9 Bd. Hanser, München 1998)

1. Spürt im Gedicht und auf dem Bild Indizien auf, die anzeigen, dass dem Paar die Liebe abhandengekommen ist. Vergleicht mit den Merkmalen des Verliebtseins auf S. 86 f.
2. Versucht zu erklären, warum sich die beiden trennen, obwohl sie dies traurig macht.

3.3 Verschiedene Formen der Partnerschaft

 Unter dem Begriff „Partnerschaft" wird eine soziale und sexuelle Beziehung zwischen zwei Personen verstanden. Als Oberbegriff bezeichnet der Ausdruck „Partnerschaft" seit den 1970er Jahren alle auf Dauer angelegten sexuellen Beziehungen ohne Ansehen der Rechtsform, der sexuellen Orientierung sowie der Haushalts- und Wohnverhältnisse der Beteiligten. Partnerschaften existieren z.B. als Ehepaare oder eheähnliche Gemeinschaften gleich- oder gemischtgeschlechtlicher Partner, Lebensgemeinschaften mit oder ohne gemeinsamen Wohnsitz.

Bausteine einer glücklichen Partnerschaft

Warum bleiben manche Menschen ein Leben lang zusammen, während andere sich von einer Beziehung in die nächste flüchten und immer wieder unglücklich werden? Welche Punkte sind für das Zusammenleben wichtig und beflügeln die Liebe? Es gibt einige Faktoren, die einer gelingenden Beziehung zuträglich sind.

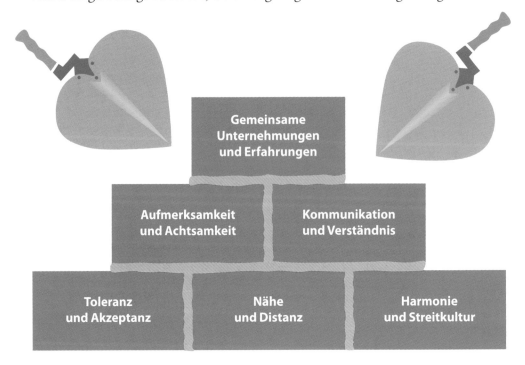

 1. Diskutiert, was die einzelnen Bausteine bedeuten und wie sie im Alltag von Paaren gelebt werden können.
2. Befragt (siehe S. 129) Paare dazu, was ihnen in ihrer Partnerschaft besonders wichtig ist.
3. Tragt die Ergebnisse eurer Umfrage vor und diskutiert sie.

Bekanntschaft, Partnerschaft und Familie

In Bekanntschaften, Partnerschaften und in der Familie stehen Beziehungen zwischen Menschen im Mittelpunkt. Die Qualität und Intensität dieser Beziehungen kann sehr unterschiedlich sein.

> Der Begriff „Bekanntschaft" bezeichnet eine Beziehung zwischen zwei Menschen, die flüchtig und oberflächlich oder anhaltend und vertraut sein kann. Im letzteren Fall spricht man auch vom „guten alten Bekannten". Bekannte sind (noch) keine Freunde, aber auch keine Fremden und gehören nicht zur Familie.
>
> Partnerschaften sind enge soziale, emotionale und sexuelle Beziehungen, die auf Vertrauen, Geborgenheit und Absicherung ausgerichtet sind.
>
> Eine Familie ist gegeben, wenn Menschen (mindestens) zweier Generationen, die zueinander im Verhältnis von Eltern und Kind stehen, in einem Haushalt zusammenleben. Dabei ist es unerheblich, ob nur ein Elternteil, ob beide biologischen Elternteile oder ob Adoptiv- bzw. Stiefeltern mit einem Kind oder mit mehreren Kindern zusammenleben. Jeder Mensch besitzt eine Herkunftsfamilie, in der er geboren wurde und kann als Erwachsener eine eigene Familie gründen.

1. Arbeitet heraus, was Bekanntschaft, Partnerschaft und Familie gemeinsam ist und was diese Beziehungen voneinander unterscheidet?
2. Tauscht euch darüber aus, was euch in der Gestaltung von Bekanntschaften, Partnerschaften und in der Familie wichtig ist.

Aphorismen über menschliche Beziehungen

Bekanntschaft ist der Feind der Feindschaft.

(Verfasser unbekannt)

Der zwischenmenschliche Raum sollte mehr sein als eine Abstellkammer.

(Ernst Ferstl)

Bekanntschaften, wenn sie sich auch gleichgültig ankündigen, haben oft die wichtigsten Folgen.

(Johann Wolfgang von Goethe)

Wollen Sie Liebe?! Nein, Verständnis! Wollen Sie Freundschaft?! Nein, Gerechtigkeit! Weshalb?! Weshalb nur das?! Weil ich mich rühme, dass aus Verständnis und Gerechtigkeit von selbst Liebe und Freundschaft allmählich erblühen werden. *(Peter Altenberg)*

3. Bildet kleine Gruppen. Jede Gruppe verständigt sich zur Aussage „ihres" Aphorismus. Bezieht dabei eigene Erfahrungen ein.
4. Erfindet einen eigenen Aphorismus, der eine Einsicht zu Beziehungen unter Menschen zum Ausdruck bringt.

Zusammenleben hat viele Gesichter

A 1. Betrachtet die Fotos und sprecht darüber, welche Form des Zusammenlebens dargestellt ist.
2. Diskutiert darüber, wie die einzelnen Formen des Zusammenlebens in unserer Gesellschaft akzeptiert werden und welche Vorurteile es ggf. gibt.
3. Recherchiert den rechtlichen Status gleichgeschlechtlicher Paare.

Ein ehrenwertes Haus

In diesem Mietshaus wohnen wir seit einem Jahr und sind hier wohlbekannt.   Q
Doch stell dir vor, was ich soeben unter uns'rer Haustür fand.
Es ist ein Brief von unsern Nachbarn, darin steht, wir müssen raus!
Sie meinen du und ich wir passen nicht in dieses ehrenwerte Haus.

Weil wir als Paar zusammenleben und noch immer ohne Trauschein sind,
hat man sich gestern hier getroffen und dann hat man abgestimmt.
Und die Gemeinschaft aller Mieter schreibt uns nun: „Zieh'n Sie hier aus!"
Denn eine wilde Ehe, das passt nicht in dieses ehrenwerte Haus.

Es haben alle unterschrieben; schau dir mal die
lange Liste an:
Die Frau von nebenan, die ihre Lügen nie für
sich behalten kann.
Und die vom Erdgeschoss, täglich spioniert sie
jeden aus.
Auch dieser Kerl, der seine Tochter schlägt,
spricht für dies' ehrenwerte Haus.

Und dann die Dicke, die den Hund verwöhnt, jedoch ihr eignes Kind vergisst.
Der Alte, der uns stets erklärt, was hier im Haus verboten ist
Und der vom ersten Stock, er schaut die ganze Zeit zum Fenster raus
und er zeigt jeden an, der mal falsch parkt, vor diesem ehrenwerten Haus

Der graue Don Juan, der starrt dich jedes Mal im Aufzug schamlos an
Die Witwe, die verhindert hat, dass hier ein Schwarzer einzieh'n kann.
Auch die von oben, wenn der Gasmann kommt, zieht sie den Schlafrock aus.
Sie alle schämen sich für uns, denn dies ist ja ein ehrenwertes Haus.

Wenn du mich fragst, diese Heuchelei halt' ich nicht länger aus.
Wir packen uns're sieben Sachen und zieh'n fort aus diesem ehrenwerten Haus!

(Udo Jürgens: Ein ehrenwertes Haus. www.songtexte.com/artist/udo-jurgens-43d68b07.html;
Zugriff: 12.1.2015)

1. Hört euch den Song auf www.youtube.com an und tauscht euch darüber aus, wie er   A
   auf euch wirkt.
2. Arbeitet heraus, wie die Hausbewohner in dem Text beschrieben werden und wie der
   Autor zu ihnen steht.
3. Udo Jürgens (1934–2014) hat diesen Song 1975 geschrieben. Diskutiert, ob er heute
   an Aktualität verloren hat.
4. Erörtert, wie ihr vor dem Hintergrund eurer Erfahrungen solch ein „ehrenwertes Haus"
   beschreiben würdet.

Geschlechterrollen und Partnerschaft

Männer und Frauen unterscheiden sich nicht allein von ihrer körperlichen Ausstattung. Auch die gesellschaftlichen Erwartungen an sie, die in Männer- und Frauenbildern auf den Punkt gebracht werden, sind unterschiedlich. Deshalb wird, wenn von „Geschlecht" die Rede ist, zwischen „Sex", d.h., der Zugehörigkeit zu einem biologischen Geschlecht, und den daran gekoppelten Zuschreibungen und Rollen* differenziert. Letztere bezeichnet man auch als das *soziale Geschlecht* oder „Gender".

Weibsbilder

Gängige Frauenbilder

> Frauen sind das schwache Geschlecht.

> Frauen können nicht einparken.

> Frauen werden für gleiche Leistungen schlechter bezahlt als Männer.

> Männer haben in der Liebe das Vergnügen, Frauen die Umstände.

> Frauen sind Quasselstrippen.

 1. Welche Frauentypen werden bildlich dargestellt? Beschreibe sie.
2. Gibt es weitere Frauentypen? Finde passendes Bildmaterial in Kunst und Werbung. Veranschauliche dies in geeigneter Form (Plakat/Feature/Collage).
3. Nur für Mädchen: Betrachte die Bilder auf der Seite 116. Welcher Männertyp beeindruckt dich? Begründe.

Was eine richtige Frau ausmacht – Stimmen

Ich wollte immer Kinder und ganz für sie da sein. Als Leonie, die Große, geboren wurde, habe ich meinen Beruf als Heilerziehungspflegerin aufgegeben, um immer für meinen Mann und die Kinder da zu sein. Inzwischen hat Leonie zwei Brüder, Lukas und Liam. Sie sind vier und zwei Jahre alt. Die Betreuung der Kinder und meinem Mann ein schönes Heim zu gestalten, füllt mich ganz aus. Mein Mann leitet einen Supermarkt im Nachbarort und ist oft lange auf Arbeit. Er ist froh, dass alles gemacht ist, wenn er nachhause kommt. *(Stephanie V., 37 Jahre, verheiratet, drei Kinder)*

Ich kann mir nicht vorstellen, mal zuhause zu sitzen, das Weibchen zu geben und meine Tage mit Hausarbeit und dem Warten auf die Heimkehr des Mannes zu verbringen. Ich studiere Kunst und träume davon, Statuen aus dem Stein zu meißeln. Ich will mein eigenes Leben haben, etwas leisten und nicht nur das Anhängsel eines Mannes sein. *(Tabea F., 23 Jahre, ledig, kinderlos)*

Für mich stand von Anfang an fest, dass ich eine Familie und berufstätig sein wollte. Davon wollte ich nicht abrücken. Entscheidend dafür, dass ich mit Joachim zusammengezogen bin, war, dass er das akzeptiert hat. Als unser Sohn geboren wurde, habe ich nach dem Mutterschutz gleich wieder zu arbeiten begonnen. Paul wusste ich bei der Tagesmutter gut aufgehoben. Auch als Paul drei Jahre später eine Schwester bekam, stand nie zur Debatte, dass ich meinen Beruf aufgebe. Im Gegenteil, Joachim hat in seiner Firma erstritten, dass er ein halbes Jahr in Elternzeit gehen konnte. Die Monate mit der noch kleinen Lisa wertet er als persönliche Bereicherung und möchte sie nicht missen, auch wenn seine Kollegen ihn anfangs mitleidig belächelt haben.

Inzwischen ist Paul zehn und Lisa sechs Jahre alt. Beide haben feste Pflichten im Haushalt: den Abendbrottisch decken, ihr Zimmer in Ordnung halten ... Für sie ist es normal, dass in einer Familie alle mithelfen müssen, damit es keinem zu viel wird. Ich kenne das von meinen Eltern nicht anders und kann nicht behaupten, dass mir die frühen Pflichten zuhause geschadet haben, auch wenn meine beste Freundin, Elli mir ständig ein schlechtes Gewissen einzureden versucht, weil ich keine Mütterpause eingelegt habe und meine Kinder nicht immerfort betuttele und bemuttele. Ihr: „Also ich könnte das nicht ...", geht mir echt auf die Nerven. *(Sabrina R., 38 Jahre, verheiratet, zwei Kinder)*

1. Arbeitet heraus, welche Vor- und welche Nachteile die skizzierten Geschlechterrollenbilder von Frauen für eine Partnerschaft und beide Partner besitzen.
2. Nur für Jungen: Begründet, welches Frauenrollenbild (wenn eures nicht dabei ist, dann skizziert es kurz) ihr in eurer eigenen Partnerschaft favorisieren würdet.

Mannsbilder

 Männer

Männer nehmen in den Arm,
Männer geben Geborgenheit,
Männer weinen heimlich,
Männer brauchen viel Zärtlichkeit,
Männer sind so verletzlich,
Männer sind auf dieser Welt einfach unersetzlich

Männer kaufen Frauen,
Männer stehen ständig unter Strom,
Männer baggern wie blöde,
Männer lügen am Telefon,
Männer sind allzeit bereit
Männer bestechen durch ihr Geld und
ihre Lässigkeit

Männer habens schwer, nehmens leicht,
außen hart und innen ganz weich,
werden als Kind schon auf Mann
geeicht.
Wann ist ein Mann ein Mann?
Wann ist ein Mann ein Mann?

(Herbert Grönemeyer: Männer.
http://www.magistrix.de/lyrics/Herbert%20Gr%C3%B6nemeyer/M-nner-3960.html; Zugriff 24.10.2012)

 1. Welche Männertypen werden bildlich dargestellt? Beschreibe sie.
2. Gibt es weitere Männertypen? Finde passendes Bildmaterial in Kunst und Werbung.
   Veranschauliche dies in geeigneter Form (Plakat/Feature/Collage).
3. Hört gemeinsam Herbert Grönemeyers „Männer". Beurteilt die geschilderten Eigenschaften des „starken Geschlechts".
4. Nur für Jungen: Betrachte die Bilder auf der Seite 114. Welcher Frauentyp beeindruckt
   dich? Begründe.

Wann ist ein Mann ein Mann?

Ich stamme aus einer marokkanischen Familie, in der die Männer das Sagen haben. Sie vertreten die Familie nach außen und
achten darauf, dass die Familienehre nicht beschmutzt wird.
Als Mann muss man weder aufräumen noch kochen. Trotzdem
wünsche ich mir immer öfter eine stinknormale deutschen Familie. Mein Vater erwartet ständig, dass ich im Schlepptau meines
älteren Bruders rumziehe und anderen Cliquen zeige, wer hier das Sagen
hat. Er sähe es gern, wenn ich mir haufenweise Ritalin einwerfe, um bei den
Schlägereien nicht schlappzumachen. Ehrlich, ich hab da keinen Bock drauf.
Ich will einfach nur mit meinen Freunden Musik machen und irgendwann
mit meiner Musik diese Stadt und diese Familie ein für alle Mal verlassen.
(Ritmar, 16 Jahre)

Mein Leben lang war ich Fernfahrer, immer unterwegs, immer
auf dem Bock, nie Zeit für ein Hobby, ein Fremder für meine
Kinder, nicht da, wenn sie mich brauchten. Heute bin ich Rent-
ner. In meiner Freizeit arbeite ich im Garten, ziehe ich Obst und
Gemüse. Ich habe im Garten einen kleinen Spielplatz angelegt
für meine beiden Enkel. Jeden Tag holen meine Frau und ich sie aus
der Kita ab und betreuen sie bis Maja, unsere Schwiegertochter, von der Arbeit
kommt. Ich hole jetzt nach, was ich bei meinen Kindern versäumt habe, lese
ihnen vor, baue mit ihnen Türme und genieße es, ihre kleinen Geheimnisse zu
teilen. *(Walter B., 64 Jahre)*

Ich bin Manager einer großen Firma und arbeite jeden Tag zehn bis zwölf
Stunden. Oft bin ich auch geschäftlich im In- und Ausland unterwegs. Wenn
es erforderlich bzw. möglich ist, begleitet mich meine Frau auf diesen Reisen.
Für den Haushalt und die Kinder haben wir Personal. Ich verdiene gutes Geld,
das mir und meiner Familie erlaubt, gut und sorglos zu leben. Meine Frau ist
nicht berufstätig. Sie hält mir den Rücken frei, ist der Ansprechpartner für die
Kinder und das Dienstpersonal. Sie treibt regelmäßig Sport und engagiert sich
ehrenamtlich ein wenig für die Umwelt. Bei Empfängen und Festen begleitet
sie mich als meine „bessere Hälfte". Es freut mich, wenn sie – stets gut angezogen und gestylt – bewundernde Blicke auf sich zieht. *(Sebastian G., 43 Jahre)*

1. Arbeitet heraus, welche Vor- und welche Nachteile die skizzierten Geschlechterrollenbilder der Männer für eine Partnerschaft und beide Partner besitzen.   A
2. Nur für Mädchen: Begründet, welches Männerrollenbild (wenn eures nicht dabei ist,
   dann skizziert es kurz) ihr in eurer eigenen Partnerschaft favorisieren würdet.

Familie – eine starke Gemeinschaft?!

Schülerinnen und Schüler einer achten Klasse wurden dazu befragt, was ihnen Familie bedeutet.

Carl: Meine Familie sind mein Vater und meine kleine Schwester. Meine Mutter ist vor drei Jahren gestorben. Seitdem kümmert sich mein Vater um uns. Unsere Großeltern wohnen nicht in Deutschland. Wir telefonieren oft, aber sehen uns selten.

Nele: Meine Familie sind meine Eltern und Großeltern. Geschwister habe ich nicht. Ich finde es schön, wenn die ganze Familie sich trifft, z. B. zu Geburtstagen oder zu Weihnachten. Dann haben sich immer alle viel zu erzählen und keiner sitzt allein zuhause.

Julia: Für mich ist die Familie das Wichtigste. Sie steht zu mir, wenn es mir nicht gut geht und sie bleibt bei einem das ganze Leben.

Sandra: Meine Eltern lassen sich gerade scheiden. Sie haben sich immer viel gestritten. Vielleicht ist es ganz gut, dass sie sich trennen, aber für mich ist das nicht so schön. Dann werde ich meinen Vater nicht mehr so oft sehen. Wenn ich die Schule beendet habe, ziehe ich sowieso aus. In der Familie ist es mal schön und mal stressig. Ich werde nie heiraten, aber mit einem Mann nur so zusammenzuleben und Kinder zu haben, kann ich mir auch nicht vorstellen. Aber das kann sich auch noch ändern.

Jacob: Klar ist Familie wichtig, aber nicht alles im Leben. Meine Freunde sind mir auch sehr wichtig.

Ole: Ich habe eine sehr große Familie: Meine Eltern, vier Großeltern, sechs Geschwister und jede Menge Tanten und Onkel, Cousins und Cousinen. Am Wochenende ist immer viel los bei uns, vor allem wenn jeder von uns noch Freunde mitbringt. Aber ich mag es, in einer so großen Familie zu sein. Wenn man Probleme hat, ist immer einer für einen da und es wird nie langweilig. Jeder hat seine Aufgaben, sonst würde das nicht funktionieren.

A 1. Arbeitet heraus, was die befragten Schülerinnen und Schüler an ihrer Familie schätzen und was sie kritisch sehen.
2. Notiert, was euch Familie bedeutet.
3. Schreibt in einem fiktiven Tagebucheintrag auf, wie ihr euch euer zukünftiges Leben vorstellt.
4. Stellt euren Text einer Person eures Vertrauens vor und tauscht euch darüber aus.

Familienformen

Nicht nur neue Formen der Partnerschaft (siehe S. 112) werden zunehmend gelebt, es haben sich auch neue Familientypen herausgebildet.

Patchworkfamilie

Holger Geider und seine Frau Lissy haben ihr Glück erst im zweiten Anlauf gefunden. Bereits als Kinder wünschten sie sich eine große, heile Familie. Mit Tina (14), die aus Holgers erster Ehe stammt, Marie-Louise (12) aus Lissys erster Ehe sowie den gemeinsamen Kindern Leon (6) und Robert (4) haben sie sich ihren Traum erfüllt.

Alleinerziehende

Ein Kind wollte Isabelle unbedingt haben, auch wenn sie sich schon vor Niklas' (11) Geburt von dessen Vater getrennt hatte. Auch wenn es für sie schwierig ist, den Alltag allein bewältigen zu müssen, auf eine neue Partnerschaft verspürt sie derzeit keine Lust.

Normalfamilie

Jens und Katrin Müller sind miteinander verheiratet und haben zwei Kinder, Annika (16) und Jonas (12). Da beide Eltern ganztags berufstätig sind, haben die Kinder im Haushalt feste Pflichten zu erledigen. Sie finden das in Ordnung, schließlich sollen die Eltern auch Zeit für sie und gemeinsame Erlebnisse haben.

Adoptivfamilie

Noras leibliche Mutter hat ihr Kind gleich nach der Geburt zur Adoption freigegeben. Als sie drei Wochen alt war, kam sie zu Jule und Georg, die sie als ihren „Augenstern" aufzogen, liebten und verwöhnten. Als Nora sechs Jahre alt war, sagten ihr die Adoptiveltern, dass eine andere Frau Nora geboren hat und sie Nora an Kindes statt angenommen haben. Nora kann sich keine besseren Eltern als Jule und Georg vorstellen.

Pflegefamilie

Kevins Mutter ist minderjährig und drogenabhängig. Weil sie den erst zweijährigen Kevin immer wieder allein in der Wohnung zurückließ, wurde Kevin in eine Pflegefamilie gegeben. Zusammen mit Johann, dem Sohn der Pflegeeltern, wächst er bei Marit und Dieter auf bis seine Mutter in der Lage ist, verantwortlich für ihn zu sorgen.

1. Stellt euch vor, ihr würdet als Kind in den verschiedenen Familienformen aufwachsen. Welche Vorzüge und welche Nachteile erwartet ihr von den einzelnen Formen? Haltet zu jeder Form drei Vorzüge und drei Nachteile schriftlich fest.

Familie im Wandel der Zeit

Q Die Germanen lebten in Sippen* zusammen, aus denen sich allmählich mit der Veränderung der Besitzverhältnisse und der wirtschaftlichen Grundlagen Familien herauslösten.

Das Wort „Familie" stammt vom Lateinischen „familia" ab und bedeutet „Hausgemeinschaft". Die Familie umfasste bis in die Neuzeit* hinein den gesamten Besitz eines Mannes, sowohl seine Ehefrau und Kinder, sein Vieh und seinen Hausstand sowie alle im Haus Lebenden. Zur Familie gehörten also nicht nur Blutsverwandte, sondern auch das Gesinde, denn die Familie verkörperte in erster Linie eine wirtschaftliche Einheit, welche die Existenz ihrer Mitglieder sichern sollte. Deshalb war die Gründung einer Familie und die vorausgehende Heirat auch keine persönliche Angelegenheit der Partner. Ihre Gefühle spielten für Heirat und Familiengründung keine Rolle und Liebe war bestenfalls eine Zugabe. Bei der Gründung einer Familie ging es darum, Besitz und Wohlstand zu mehren bzw. zu sichern, Ansehen zu gewinnen, gesunde und arbeitsfähige Nachkommen zu zeugen ... Der Mann war der Hausvater, der alle Entscheidungen fällte und die Familie nach außen vertrat.

Erst mit der Industrialisierung*, dem Auseinanderfallen von Wohn- und Arbeitsstätten, zerfiel diese Form der Familie. Es entstand die sogenannte Gattenfamilie, die aus den beiden miteinander verheirateten Ehepartnern und ihren Kindern bestand. Für die Eheschließung blieben auch jetzt gesellschaftliche und wirtschaftliche Interessen ausschlaggebend, die durch entsprechende Rechtsverträge akribisch geregelt wurden. Der Mann blieb Haushaltsvorstand, der Einkommen und Besitz (auch den der Frau) verwaltete und für den Unterhalt der Familie sorgte. Er vertrat die Familie nach außen, während der Frau die Verantwortung für die Hausarbeit und die Kindererziehung oblag.

Erst mit dem Empordrängen des Bürgertums änderte sich der Charakter von Ehe und Familie. Aus der Rechts- und Wirtschaftseinheit wurde zunehmend auch eine Gefühls- und geistige Gemeinschaft, ein Raum der Privatheit, in dem jedoch bis heute auch wirtschaftliche Interessen eine Rolle spielen.

(Frei nach Jürgen Kuczynski: Geschichte des Alltags des deutschen Volkes. Bd. 1. Akademie, Berlin 1981, S. 226 ff.)

A 1. Schreibt aus dem Text heraus, wie sich die Familie im Laufe der Zeit gewandelt hat.
2. Ergänzt weitere Merkmale, die sich im Laufe der Zeit änderten und erläutert, welche Folgen die Veränderungen für das Zusammenleben in der Familie hatten.
3. Stellt das Familienleben in den unterschiedlichen Zeiten als Rollenspiel dar.

Sind Ehe und Familie noch modern?

Die Ehe und die darauf gegründete Familie haben sich in der menschlichen Geschichte als besonders stabil erwiesen. Obwohl beide in den letzten Jahren des 20. Jahrhunderts oft totgesagt wurden, verkörpert die Familie für viele Menschen eine besonders enge Verbindung zwischen den Partnern. Sie ist ein wichtiger Ort der Kindererziehung und gibt in schwierigen Situationen Halt und Sicherheit. Deshalb stehen Ehe und Familie unter besonderem Schutz.

Ehe und Familie im Grundgesetz

Artikel 6

(1) Ehe und Familie stehen unter dem besonderen Schutz der staatlichen Ordnung.
(2) Pflege und Erziehung der Kinder sind das natürliche Recht der Eltern und die zuvörderst ihnen obliegende Pflicht. Über ihre Betätigung wacht die staatliche Gemeinschaft.

(GG für die Bundesrepublik Deutschland. Bonn 2005)

1. Recherchiert, welche konkreten Maßnahmen des Staates zur Unterstützung der Familie gemäß Artikel 6 des Grundgesetzes ergriffen wurden. Erfasst diese und begründet, ob und warum ihr diese für ausreichend bzw. nicht ausreichend haltet.
2. Unterbreitet eigene Vorschläge zur Förderung von Ehe und Familie und begründet diese.

Familiensätze und -gegensätze zum An- und Aufregen

Familie ist die kleinste, aber wichtigste Einheit der Gesellschaft.	Familie ist das kleinste Schlachtfeld der Weltgeschichte.
Die Familie bildet bei ihren Mitgliedern seelische und charakterliche Qualitäten aus, die durch keine andere Institution* der Gesellschaft erlernt werden können.	Weil Familien versagen, muss die Gesellschaft jährlich Millionen ausgeben, um Schäden an Menschen, die aus zerrütteten Familien kommen, zu begrenzen.
Familie ist ein universales Lebensgefüge, das Geburt und Tod, den gegenseitigen Lebensunterhalt, Fürsorge und Erziehung, Freude und Leid umfasst.	Familie ist ein Kessel, in dem es ständig brodelt und kocht.
Familie ist das erste Vorbild für gesellschaftliche Beziehungen und Rollenverteilungen.	Familie hängt einem wie ein Klotz am Bein.
In der Familie wird der Zusammenhang von Rechten und Pflichten unmittelbar erlebt.	Familienmitglieder brauchen Schutz. Deshalb gibt es Kinderschutzbund, Frauenhäuser …

3. Führt eine Pro-Contra-Diskussion (siehe S. 73) zum Für und Wider Familie.

Alleinerziehende Mütter und Väter

Ein Kind oder mehrere Kinder allein großzuziehen, ist nicht leicht. Zirka 160.000 Kinder sind jährlich von Scheidungen betroffen und leben fortan mit nur noch einem Elternteil zusammen bzw. werden in sog. Einelternfamilien geboren. Die Mutter der fünfjährigen Nele erzählt über diese Herausforderung.

I.: Wie kommt es, dass Sie Ihre Tochter allein erziehen?

M.: Ich habe mich schon während der Schwangerschaft von meinem Partner getrennt, weil ich gemerkt habe, dass wir nicht gut zusammenpassen.

I.: Hatten Sie keine Angst, dass Ihnen die große Verantwortung über den Kopf wächst?

M.: Ich habe mich auf das Kind gefreut. Natürlich hatte ich auch Respekt vor der Aufgabe, aber ich habe mir gedacht, dass ich damit wachsen werde.

I.: Was waren nach der Geburt Ihrer Tochter für Sie die größten Herausforderungen?

M.: Hart fand ich die Zeit, als meine Tochter in die Kita kam und ich aus der Elternzeit in meinen Beruf als Sekretärin zurückgekehrt bin. Nele war häufig krank und ich habe niemanden am Ort, der auf sie aufpassen kann. Andererseits hatte ich ein schlechtes Gewissen gegenüber meinen Kolleginnen, die dann meine Arbeit mitmachen mussten.

I.: Wie haben Ihr Arbeitgeber und Ihre Kolleginnen darauf reagiert?

M.: Zuerst haben sie Verständnis gezeigt. Später gab es dann schon den einen oder anderen bösen Blick. Jedenfalls kam es mir so vor. Aber mit den Stunden runtergehen konnte ich auch nicht, da wir das Geld brauchten. Glücklicherweise hat sich der Gesundheitszustand von Nele dann aber stabilisiert.

I.: Wie geht es Ihnen heute mit Ihrer Tochter?

M.: Wir leben immer noch zu zweit. Manchmal fragt mich Nele, warum andere Kinder einen Papa haben und sie nicht. Dann muss ich schon schlucken. Kontakt zu ihrem leiblichen Vater hat sie nicht, weil dieser im Ausland lebt und die Verbindung nach der Trennung abgebrochen ist.

A
1. Arbeitet aus dem Text heraus, welche Probleme die alleinerziehende Mutter zu bewältigen hat.
2. Überlegt, wie die Mutter unterstützt werden könnte.

Probleme Alleinerziehender und ihrer Kinder

Die Zahl von Kindern, die mit einem Elternteil allein aufwachsen, ist in den letzten Jahrzehnten kontinuierlich gewachsen. Jede fünfte Familie ist eine solche. Obwohl die gesellschaftliche Akzeptanz dieser Familienform groß ist, sind gerade Familien, in denen Frauen ihre Kinder allein erziehen, mit einer Vielzahl von Problemen konfrontiert. In keiner anderen Familienform ist das Risiko, von Armut betroffen zu sein so groß wie bei den alleinerziehenden Müttern und ihren Kindern. Gründe hierfür sind:

› In Frauenberufen wird die Arbeit noch immer schlechter bezahlt als in Männerberufen.
› Alleinerziehende Mütter sind häufig gezwungen in Teilzeit zu arbeiten, weil sie sonst Berufstätigkeit und Familie nicht vereinbaren können.
› Alleinerziehende Mütter mit kleinen Kindern finden häufig keinen Arbeits- bzw. keinen Kita-Platz und müssen von staatlichen Unterhaltszahlungen leben.
› Alleinerziehende Mütter sind auf Unterhaltszahlungen des Kindsvaters angewiesen ...

Auch Kinder, die in dieser Familienform aufwachsen, erleben andere Herausforderungen als ihre Altersgefährten.

Das fehlende Bein

Meine Familie, das sind Mama und ich. Meinen Vater habe ich nie kennengelernt und meine Mutter hat mir nichts von ihm erzählt. Diesen Mann, so betont sie nimmermüde, will sie ganz und gar aus ihrem Leben streichen. Ich kenne weder seinen Namen, noch weiß ich, wie er aussah oder was er gern mochte. Ich stelle ihn mir manchmal vor oder suche beim Blick in den Spiegel Gesichtszüge, die ich von ihm geerbt haben könnte. Manchmal träume ich, ein Zufall würde meinen Vater und mich zueinanderführen. Mir ist, als fehle mir ein Bein.

Der Taugenichts

Meine Eltern sind geschieden, und wenn sie sich zufällig treffen, dann streiten sie wie früher. Ich bin gern bei Papa, aber ich mag es nicht, wenn er mich über das neue Leben meiner Mutter auszufragen versucht. Komme ich nach einem Papa-Wochenende nach Hause, versucht Mama dasselbe: „Na, was macht dieser Taugenichts?" Ich fühle mich total bescheuert, denn ich habe beide gern und möchte mich deshalb nicht schämen müssen.

1. Recherchiert weitere Schwierigkeiten (physische, psychische, organisatorische ...), mit denen Alleinerziehende und deren Kinder im Alltag konfrontiert sein können.

Großeltern als Unterstützung im Familienalltag

Eine Familie besteht nicht nur aus Eltern und Kindern, zu ihr gehören auch Großeltern, Onkel und Tanten ... Vor allem die Großeltern sind sowohl für die Eltern wie für die Kinder von immenser Bedeutung. In einer Umfrage wurden Großeltern danach befragt, wie sie die Familie ihrer Kinder unterstützen.

Antwortmöglichkeiten	Angaben in Prozent
Wir passen auf unsere Enkel auf, wenn die Eltern nicht da sind.	53
Wir sind als Ansprechpartner immer für unsere Enkel da.	38
Wir nehmen die Enkelkinder, damit die Eltern mal Zeit für sich haben.	37
Wir unternehmen etwas gemeinsam mit den Enkeln.	35
Wir nehmen ihnen Wege ab.	29
Wir unterstützen sie finanziell.	27
Wir helfen ihnen im Haushalt.	20
Wir nehmen unsere Enkel auch mal mit in den Urlaub.	16
Wir helfen unseren Enkeln bei den Hausaufgaben.	9
Wir unterstützen unsere Kinder nicht.	32
Keine konkrete Angabe	1

(http://de.statista.com/statistik/daten/studie/163493/umfrage/art-der-unterstuetzung-bei-der-familienarbeit-durch-grosseltern; Zugriff: 4.12.2014)

Wozu man eine Oma/einen Opa braucht

zum Kuscheln

zum Gernhaben

zum Erzählen

um ihnen ein Geheimnis anzuvertrauen

für gemeinsame Unternehmungen

für Hilfe bei den Hausaufgaben

damit sie Unter-stützung geben

damit sie Geschenke machen

...

1. Seht euch die Statistik an und diskutiert, ob sie euren Erwartungen und Erfahrungen entspricht.
2. Tauscht euch darüber aus, wie sich das Verhältnis von euren Großeltern, euren Eltern und euch gestaltet, was ihr gut, und was ihr nicht so gut findet.
3. Schreibe deinen Großeltern einen Brief, in dem du ihnen darlegst, wozu du sie brauchst und wofür du ihnen dankbar bist.
4. Ladet Großeltern in den Unterricht ein und befragt sie zu ihren Vorstellungen und Wünschen hinsichtlich des Umgangs der Generationen miteinander.

Mehrgenerationenhäuser

Mehrgenerationenhäuser sind Gebäude, in denen Angehörige mehrerer Generationen wohnen oder sich begegnen können. Sie orientieren sich am Zusammenleben in Großfamilien, in denen der Alltag von mehreren Generationen in wechselseitiger Unterstützung gemeinsam gestaltet wird.

Mehrgenerationenhäuser als gemeinsame Wohnstätten

Mehrgenerationenhäuser bestehen aus abgeschlossenen Wohneinheiten für einzelne Personen und Familien sowie aus Räumen, die gemeinschaftlich nach vereinbarten Regeln genutzt werden wie: Gemeinschaftsküche, Bäder, Sauna, Hobbyräume, Gartenflächen. Die Generationen helfen sich gegenseitig z. B. beim Einkaufen, bei der Erledigung von Ämtergängen, der Kinderbetreuung, der Seniorenbegleitung und unternehmen gemeinsame Aktivitäten, z. B. Ausflüge, Theaterbesuche, Sommerfeste. Mehrgenerationenhäuser sind weder Pflegeheime für alte Menschen noch Kindergärten, in denen eine Rundumbetreuung erfolgt. Vielmehr geht es darum, durch gegenseitige Unterstützung im Alltag dazu beizutragen, dass alte Menschen in ihrem Lebensumfeld bleiben und dass junge Familien Beruf und Familie besser unter einen Hut bringen können.

Ersatzoma

Helga hatte einst einen kleinen Laden und immer Leute um sich herum. Als sie sich zur Ruhe setzte, wurde ihr schon bald die Zeit zu lang. Sie wollte gebraucht werden und Menschen um sich herum haben. Als in ihrer Stadt ein Mehrgenerationenhaus entstand, bewarb sie sich um eine Wohnung. Sie fühlt sich sehr wohl hier. Im Sommer sitzt sie im Garten und es dauert nie lange, bis sich der ein oder andere Mitbewohner auf einen Schwatz oder eine Kaffeerunde dazugesellt. Am meisten aber freut sie sich auf den Mittwoch. An diesem Tag muss ihre alleinerziehende Nachbarin, Mona, lange arbeiten und sie holt Gustav aus dem Kindergarten ab. Sie spielt mit ihm und freut sich, wenn er sie Omi Helga nennt oder sie voller Zutrauen umarmt. „Gustav ist mein Jungbrunnen", beteuert sie. Sie möchten ihn und seine Mutti nicht mehr missen.

---

1. Recherchiert, ob es in eurer Nähe ein Mehrgenerationenwohnhaus oder einen Mehrgenerationentreff gibt. Organisiert (wenn möglich) eine Exkursion und bereitet diese durch Aufträge vor.
2. Wertet eure Exkursion aus, indem ihr einen Flyer gestaltet.
3. Legt dar, ob und warum ihr euch vorstellen bzw. nicht vorstellen könnt, selbst einmal in einem Mehrgenerationenhaus zu wohnen.

P

Kinder und Erwachsene

Wenn Eltern ihre Kinder nicht verstehen

In seinem Buch „Emotionale Intelligenz" beschreibt der Psychologe Daniel Goleman eine alltägliche Situation, die deutlich macht, wie es Kindern gehen kann, wenn sie sich von ihren Eltern unverstanden fühlen.

Q Es ist eine stumme Familientragödie. Carl und Ann zeigen ihrer Tochter Leslie, knapp fünf, wie ein brandneues Videospiel gespielt wird. Doch als Leslie zu spielen beginnt, scheinen die übereifrigen Bemühungen ihrer Eltern, ihr zu „helfen", sich bloß in die Quere zu kommen. Widersprüchliche Befehle überstürzen sich.

„Nach rechts, nach rechts – stopp. Stopp. Stopp!" fordert Ann, die Mutter, und ihre Stimme wird gepresster und besorgter, als Leslie, an der Lippe saugend und mit weitaufgerissenen Augen auf den Videoschirm starrend, sich abmüht, diese Anweisung zu befolgen.

„Sieh doch, du bist nicht auf der Linie ... Drück nach links! ... Nach links!" befiehl Carl, der Vater, schroff.

Ann, die frustriert ihre Augen verdreht, übertönt seine Anweisung: „Stopp! Stopp!"

Leslie, die es weder ihrem Vater noch ihrer Mutter recht machen kann, verzieht ihr Gesicht zu einer Grimasse und blinzelt, denn ihre Augen füllen sich mit Tränen.

Ihre Eltern nehmen Leslies Tränen nicht zur Kenntnis und beginnen, sich zu zanken. „Sie bewegt den Stock nicht so ein bisschen!" sagt Ann wütend zu Carl.

Während Leslie die Tränen die Wangen hinunter zu kullern beginnen, tut keiner der beiden irgendetwas, woraus man entnehmen könnte, dass sie es bemerken oder dass es sie interessiert. Als Leslie die Hand hebt, um sich die Augen zu trocknen, schnauzt ihr Vater: „Mensch, du musst die Hand am Stock behalten ... du musst schussbereit sein. Mensch, drück doch!" Und ihre Mutter bellt: „Mensch, beweg ihn doch ein klitzekleines Stück!"

Doch inzwischen ist Leslie leise am Schluchzen, in ihrer Qual allein.

(Daniel Goleman: Emotionale Intelligenz. Hanser, München/Wien 1996, S. 239)

A 1. Lest den Text und gebt mit eigenen Worten wieder, wie es der kleinen Leslie geht.
2. Tauscht euch darüber aus, welche Auswirkungen diese Erfahrung, wenn sie sich im Laufe der Kindheit unzählige Male wiederholt, auf Leslies Lebensweg haben kann.
3. Spielt in einem Rollenspiel die Situation so nach, wie sie eurer Meinung nach hätte verlaufen sollen.
4. Schildert ähnliche beobachtete oder selbst erlebte Erfahrungen.

Wenn Kinder ihre Eltern nicht verstehen

„Ihr behandelt mich wie ein Baby", schreit Anne ihren Eltern entgegen. „Die anderen aus meiner Klasse dürfen am Wochenende viel länger wegbleiben. Ihr verderbt mir den ganzen Spaß und macht mich vor meinen Freunden lächerlich."

Paul und Nele versuchen ihre Tochter zu beruhigen: „Wir haben verabredet, dass du spätestens um 22 Uhr zu Hause bist. Wir machen uns einfach Sorgen, wenn du nachts allein unterwegs bist."

In letzter Zeit kommt es häufig zu Streit zwischen Anne und ihren Eltern. Anne kann nicht verstehen, dass sie weniger darf als ihre Freunde. Die gehen manchmal weit nach Mitternacht erst nach Hause und die Eltern sagen nichts. Dieses ständige Sorgengehabe regt sie auf. Was soll schon passieren?

Paul und Nele suchen immer wieder das Gespräch mit Anne und versuchen ihr zu erklären, warum es ihnen wichtig ist, dass Anne ihre Beweggründe versteht.

„Du bist noch nicht mal vierzehn. Wir verstehen, dass du gern mit deinen Freunden zusammen sein willst und vielleicht ist das auch abends besonders nett, aber wir sehen auch die Gefahren. Wir sind für dich verantwortlich und möchten nicht, dass du schlechte Erfahrungen machst."

Neulich hat Paul seiner Tochter ein Kompromissangebot gemacht: „Du darfst ausnahmsweise bis 23 Uhr unterwegs sein, aber nur, wenn wir wissen, wo du bist und nur, wenn ich dich von dort abholen kann."

Anne hat darauf geantwortet, dass sie sich dann total unfrei und beobachtet fühlen und vor ihren Freunden in den Boden schämen würde. Schließlich sei sie fast erwachsen und brauche keinen Babysitter. Ob ihre Eltern nicht wüssten, was sie mit ihrer Freizeit anfangen sollen.

Anne hat diese Situationen satt. Sie will nicht mehr reden und sie wird sich auch nicht mehr an die Ansage ihrer Eltern halten. Nur weil für die hinter jedem Baum eine Gefahr lauert, wird sie am Wochenende nicht zu Hause rumsitzen, wenn die anderen Party machen. Ihre Eltern sind selber schuld, wenn sie ihr immer alles verbieten.

1. Versetzt euch in die Rolle von Anne und vollzieht nach, warum sie so verärgert über ihre Eltern ist. $\boxed{A}$
2. Versetzt euch in die Lage der Eltern und vollzieht nach, warum es ihnen wichtig ist, dass Anne nachts nicht zu lange unterwegs ist.
3. Diskutiert das Verhalten von Anne und ihren Eltern.
4. Erfindet verschiedene Fortsetzungsvarianten für diese Geschichte.
5. Konflikte zwischen Eltern und Kindern gehören zum Leben. Schildert Beispiele aus eigenem Erleben.

Emotionale Intelligenz als Voraussetzung gelingender Beziehungsgestaltung

Emotionale Intelligenz

Der Begriff wurde von den Psychologen John D. Mayer und Peter Salovey im Jahr 1990 geprägt. Er beschreibt die Fähigkeit, eigene und fremde Gefühle wahrzunehmen, zu verstehen und angemessen damit umzugehen.

Bausteine emotionaler Intelligenz

Emotionale Kompetenz ist ein komplexes Phänomen, bei dem unterschiedliche Wahrnehmungs-, Reflexions- und Gestaltungskompetenzen in einem engen Wechselzusammenhang stehen.

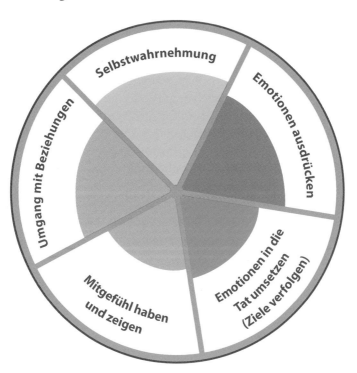

(Nach Daniel Goleman: Emotionale Intelligenz. Hanser, München/Wien 1996)

A
1. Diskutiert, über welche Fähigkeiten ein Mensch bei hoher Kompetenz in den einzelnen Bereichen verfügt.
2. Fertigt zu jedem Baustein ein Cluster an.
3. Gedankenexperiment: Man stelle sich vor, ein Mensch hätte keinerlei emotionale Intelligenz. Wie würde ein solcher Mensch leben und sich verhalten?

Interview / Befragung

M

Eine Befragung ist kein normales Alltagsgespräch, bei dem man sich wechselseitig zuhört und abwechselnd erzählt oder bei dem man sein Gegenüber von den eigenen Ansichten überzeugen will. Mithilfe einer Befragung will man von der befragten Person etwas wissen. Deshalb ist es notwendig, sich selbst zurückzunehmen und die eigene Meinung nicht zu äußern. Sie könnte das Ergebnis verzerren.

Mit einer Befragung kann man Einstellungen zu bestimmten Themen erkunden oder wichtige Informationen einholen. Das wichtigstes Mittel hierzu ist die Frage.

Die Fragen sollten leicht zu verstehen und zu beantworten sein. Stelle *offene Fragen,* also möglichst keine Fragen, auf die man nur mit Ja oder Nein antworten kann oder welche die Antwort bereits enthalten (z.B. Sie meinen doch wohl auch ...).

Überlege vorab:
› *Was* genau will ich erfahren?
› *Wen* will ich dazu befragen? Was kann diese Person mir bringen?
› *Wo* und *wann* will ich die Befragung durchführen? Wie viel Zeit brauche ich vermutlich?
› *Welche Fragen* sind sinnvoll?
› In welcher *Reihenfolge* will ich vorgehen? Beachte! Die wichtigste Frage sollte nicht gleich zu Beginn gestellt werden. Besser sind einige Startfragen zum „Warmwerden".
› Wie halte ich die Antworten fest (Aufnahmegerät, Notizen)?

Nach der Befragung überprüfe:
› Was habe ich erfahren? Haben meine Fragen funktioniert?
› Wie verarbeite ich die Ergebnisse?
› Wie stelle ich meine Ergebnisse anderen vor?

Führt in Gruppenarbeit eine Befragung von Personen unterschiedlichen Alters und Geschlechts durch, bei der ihr erkunden sollt, welche Vorstellungen diese Personen von Familie und Partnerschaft haben.
a) Entwickelt dafür einen Fragenkatalog,
b) befragt 10 Personen und
c) präsentiert eure Ergebnisse.
d) Vergleicht die Ergebnisse mit denen anderer Gruppen und versucht, Erklärungen für Gemeinsamkeiten und Unterschiede zu finden.

P

4 Menschenrechte und Menschenwürde

1. Wählt jeweils eines der Bilder aus und findet dafür einen passenden Titel.
2. Formuliert Fragen an „euer" Bild.
3. Findet für die in Aufgabe 2 gestellten Fragen mögliche Antworten.
4. Stellt euch vor, ihr hättet das Bild bei einem Künstler in Auftrag gegeben. Formuliert die mögliche Absicht des Bildes.

4.1 Was wir zum Leben brauchen

Jeder Mensch hat Bedürfnisse. Ein Blick in ein Synonymwörterbuch hilft uns, die Bedeutung des Wortes „bedürfen" zu verstehen. Bedeutungsverwandt sind die Wörter: verlangen, brauchen, benötigen, nicht entbehren können, angewiesen sein auf …

Jeder Mensch bedarf verschiedener Dinge zum Leben. Fehlen ihm diese, so empfindet er einen Mangel, den er durch Sätze wie: „Ich fühle mich einsam" oder „Ich brauche neue Schuhe" zum Ausdruck bringt. Das Mangelempfinden weckt den Wunsch, das Entbehrte zu erlangen. Wir sprechen dann davon, dass der Mensch ein *Bedürfnis* danach hat. Einige Bedürfnisse sind für das menschliche Leben von grundlegender Bedeutung – deswegen nennt man sie *Grundbedürfnisse*.

Anders als *Luxusbedürfnisse* sind die Grundbedürfnisse für das Überleben notwendig und bei allen Menschen anzutreffen, unabhängig davon, zu welcher Zeit und an welchem Ort sie leben.

1. Ordnet die Bedürfnisse auf den Wortkarten in Grund- und Luxusbedürfnisse. Begründet eure Entscheidungen. Ａ
2. Vergleicht eure Einteilung mit dem Nachbarn. In welchen Punkten seid ihr euch einig, in welchen nicht? Nennt Gründe.
3. Diskutiert in Projektgruppen. Geht wie folgt vor:
   Phase 1: Jeder wählt ein Bedürfnis aus und prüft in einem Gedankenexperiment, was geschieht, wenn dieses Bedürfnis nicht mehr gestillt werden kann.
   Phase 2: Präsentiert in der Projektgruppe die Gedankenexperimente.
   Phase 3: Einigt euch auf die fünf wichtigsten Bedürfnisse.
4. Positioniert euch zu Brechts Aussage. Bezieht euch auf Beispiele aus dem eigenen Leben.

Erst kommt das Fressen, dann die Moral. *(Bertolt Brecht)* Ｑ

Die Bedürfnisse des Menschen

Maslows Bedürfnismodell

Der Psychologe Abraham Maslow (1908–1970) stellte 1943 ein Modell vor, mit welchem er zu beschreiben versuchte, was Menschen veranlasst, tätig zu werden. Menschen tun etwas, weil sie einen Grund, eine Motivation dafür haben. Unsere Bedürfnisse sagen aus, was wir gerade nicht haben, welchen Mangel wir empfinden oder was uns tatsächlich fehlt. Auf diese Weise veranlassen sie uns, tätig zu werden. Wir stellen den Mangel ab, indem wir etwas essen, schlafen, unser Haus abschließen, Freunde besuchen … Andere Bedürfnisse befriedigen wir, wenn wir uns etwas kaufen. Vielleicht hast auch du einen Wunsch, den du dir erfüllen kannst, wenn du lange sparst, um das nötige Geld dafür zur Verfügung zu haben. Für andere Wünsche brauchst du vielleicht gar kein Geld: ein Tag mit Freunden, ein ungestörter Nachmittag, um den See joggen …

In seinem Modell ordnete Maslow die Bedürfnisse pyramidenförmig an. Sobald die Bedürfnisse einer Stufe befriedigt sind, strebt der Mensch danach, die nächsthöhere Stufe zu erreichen. Dabei bauen die Bedürfnisstufen hierarchisch aufeinander auf: ein Mensch kann erst dann eine höhere Stufe erreichen, wenn die Bedürfnisse der darunter liegenden Stufe befriedigt sind.

1. Übertragt die Bedürfnispyramide in euer Heft. Ordnet die Bedürfnisse von S. 131 den Bedürfnisstufen zu.
2. Zeichnet eine Pyramide eurer persönlichen Bedürfnisse. Beginnt mit dem Fundament, also dem Bedürfnis, das am wichtigsten ist. Begründet eure Anordnung.
3. Tauscht euch in einer Diskussion zu der Frage aus: Signalisiert ein Bedürfnis immer einen tatsächlichen Mangel? Warum empfinden Menschen unterschiedliche Mangelzustände?

Warum wir mehr wollen als wir schon haben

Wenn man es genau bedenkt, dann hat jeder von uns, was er zum Leben benötigt und mehr als das. Und doch kann jeder auf Anhieb ein paar Dinge nennen, die er *unbedingt braucht*: eine neue Jeans, Schuhe, ein Spiel ... Wie kommt das?

Selbstzeugnis der Bedürfnisse

Q

Wir sind offen, es ist nicht vorbestimmt, was uns befriedigt.

Wir sind unersättlich und kriegen nie genug. Wenn wir etwas haben, gelüstet es uns nach mehr.

Wir sind immer da.

Wir sind abhängig von den persönlichen Werten. Ihnen ordnen wir uns unter.

Wir sind launisch, wollen heute dies und morgen das.

Wir spornen die Menschen zum Handeln an.

Wir lassen uns rasch von äußeren Einflüssen und Zwängen ablenken.

Wir würden am liebsten alles sofort haben.

Wir sind mächtige Triebkräfte, ohne uns gäbe es keinen Fortschritt.

(Frei nach BpB (Hg.): Zeitlupe. H. 35, 1998, S. 4)

Stets sind es mehrere Dinge gleichzeitig, derer wir bedürfen. Da kann es schon einmal passieren, dass das, was wirklich wichtig ist, untergeht.

Was mir am meisten fehlt

Der Film „Cast Away" erzählt eine moderne Robinsonade*. Chuck, ein Mitarbeiter der Post, strandet nach einem Flugzeugabsturz als einziger Überlebender auf einer Insel.

Nachdem er Essen gesammelt und eine Hütte gebaut hat, um sich vor Stürmen und wilden Tieren zu schützen, öffnete er nach und nach die angespülten Pakete aus dem Flugzeug. Eines der Pakete beinhaltet einen Volleyball, der mit aufgemaltem Gesicht zu Chucks stummem Gefährten Wilson wird. Mit ihm führt er zahlreiche Gespräche über sein Leben und seine Fluchtpläne von der Insel. Auf einem selbst gebauten Floß verlässt er gemeinsam mit Wilson die Insel. Wochenlang treibt er auf dem offenen Meer, ehe er endlich durch ein Containerschiff gerettet wird.

1. Diskutiert das Selbstzeugnis der Bedürfnisse. Bezieht sowohl die Bedürfnispyramide* als auch eure eigenen Lebensumstände mit ein.
2. Stellt euch vor, ihr seid auf einer einsamen Insel gefangen. Was würde euch am meisten fehlen? Sammelt die Ergebnisse in Form einer Mindmap.
3. Diskutiert angeregt durch das Beispiel von „Cast Away", ob und wie sich in bestimmten Situationen Bedürfnisse verstärken bzw. abschwächen können.

A

Bedürfnisse hier und anderswo

Falls du heute gesund und nicht krank aufgewacht bist, falls du niemals Krieg oder Gefangenschaft erlebt hast, falls du nie Hunger gespürt hast, falls dein Kühlschrank gefüllt ist, du ein Zuhause hast und Kleidung besitzt, geht es dir besser als den meisten Menschen auf der Welt. Auch heute gibt es Millionen von Menschen, denen es verwehrt bleibt, ihre Bedürfnisse zu befriedigen.

Die Welt als Dorf

Q Wenn wir uns die Welt als ein Dorf vorstellen, in dem 100 Menschen leben, die die heutige Weltbevölkerung symbolisieren*, wäre dieses Dorf so zusammengesetzt:

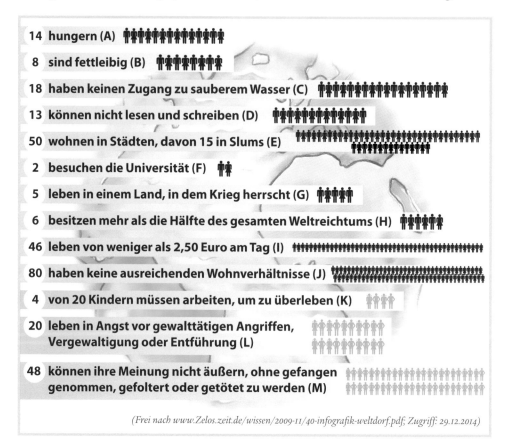

14 hungern (A)

8 sind fettleibig (B)

18 haben keinen Zugang zu sauberem Wasser (C)

13 können nicht lesen und schreiben (D)

50 wohnen in Städten, davon 15 in Slums (E)

2 besuchen die Universität (F)

5 leben in einem Land, in dem Krieg herrscht (G)

6 besitzen mehr als die Hälfte des gesamten Weltreichtums (H)

46 leben von weniger als 2,50 Euro am Tag (I)

80 haben keine ausreichenden Wohnverhältnisse (J)

4 von 20 Kindern müssen arbeiten, um zu überleben (K)

20 leben in Angst vor gewalttätigen Angriffen, Vergewaltigung oder Entführung (L)

48 können ihre Meinung nicht äußern, ohne gefangen genommen, gefoltert oder getötet zu werden (M)

(Frei nach www.Zelos.zeit.de/wissen/2009-11/40-infografik-weltdorf.pdf; Zugriff: 29.12.2014)

A 1. Ordnet die Informationen den einzelnen Bedürfnisstufen der Pyramide (siehe S. 132) zu.
2. Formuliert in einem Satz eine Aussage, die die Erkenntnisse des Kastens treffend zusammenfasst.
3. Überlegt, warum Wissenschaftler dieses Gedankenspiel „Die Welt als Dorf" genannt haben könnten.
4. Stellt euch vor, ihr lebt im Weltdorf und für euch gelten die Merkmale A, C, D, G, I und J. Auf eurem Weg begegnet euch eine gute Fee, die euch die Erfüllung von drei Wünschen verspricht. Notiert eure drei Wünsche und begründet, warum ihr diese gewählt habt.

Lebensstandard und Grundbedürfnisse

Nicht alle Menschen auf der Welt können ihre Grundbedürfnisse ausreichend befriedigen.

Weltweit hungern ca. 805 Millionen Menschen, das sind so viele wie in der EU und den USA leben. Vor allem in Asien und Afrika leiden viele Menschen an Unterernährung; hier ist beinahe jeder Vierte davon betroffen. Doch auch in Industrienationen können sich nicht alle ausreichend ernähren.

> Von **Hunger** bzw. **Unterernährung** wird gesprochen, wenn ein Mensch dauerhaft weniger Kalorien zu sich nimmt als er verbraucht. Für ein gesundes Leben ohne körperliche Anstrengung sind 1.800 kcal pro Tag notwendig. Jedem Deutschen stehen durchschnittlich mehr als 3.500 kcal täglich zur Verfügung.

Ich war hungrig, und ihr habt meine Nahrungsmittel eurem Vieh gefüttert.
Ich war hungrig,
und eure Konzerne pflanzten auf meinen besten Böden eure Wintertomaten.
Ich war hungrig,
und ihr wolltet nicht auf das Steak aus Südamerika verzichten.
Ich war hungrig,
aber wo Reis für meine tägliche Mahlzeit wachsen könnte,
  wird Tee für euch angebaut.
Ich war hungrig,
aber ihr habt aus Zuckerrohr und Maniok Treibstoff für
  eure Autos destilliert.
Ich war hungrig,
aber die Abwässer eurer Fabriken vergiften die Fischgründe.
Ich war hungrig,
aber mit eurem Geld habt ihr mir die Nahrungsmittel
  weg gekauft.
Ich war hungrig,
aber für eure Schlemmereien werden exotische Früchte auf meinem Land angebaut.
Ich war hungrig,
aber ihr habt mir nicht zu essen gegeben!

(Berthold Burkhardt: Hunger durch Überfluß? Diakonisches Werk der EKD, 1981)

1. Gebt die Vorwürfe, die im Gedicht erhoben werden (siehe auch S. 70 f.) mit eigenen Worten wieder.
2. Erschließt die mögliche Schreibabsicht des Dichters.
3. Positioniert euch zu einer der folgenden Fragen. Sammelt gemeinsam Argumente.
   › Kann es uns nur gut gehen, weil es anderen schlecht geht?
   › Nutzt es anderen, wenn ich auf etwas verzichte?
   › Kann ich als Einzelner die weltweite Situation vieler verbessern?

Hunger und Überfluss

Ein Besuch im Supermarkt zeigt, viele Lebensmittel sind problemlos und zu jeder Zeit verfügbar. Pro Jahr wirft jeder Deutsche 80 Kilogramm (siehe auch S. 64 f.) an genießbaren Lebensmitteln weg – das entspricht zwei vollgepackten Einkaufswagen.

Das Essen, das wir in Europa wegwerfen, würde zwei Mal reichen, um alle Hungernden in der Welt zu ernähren.

1. Nennt mögliche Gründe, warum Lebensmittel weggeworfen werden. Informiert euch dazu über die Begriffe *Mindesthaltbarkeitsdatum*, *Impulskauf* und *Verfallsdatum*.
2. Wagt einen Blick in euren Kühlschrank: Untersucht, wie viele Lebensmittel innerhalb einer Woche bei euch zu Hause weggeworfen werden. Analysiert, ob alle weggeworfene Nahrung in den Müll gehört.
3. Erarbeitet gemeinsam Möglichkeiten, dem unnötigen Wegwerfen von Lebensmitteln Einhalt zu gebieten.
4. Gib das Prinzip des Foodsharing-Projekts mit eigenen Worten wieder.
5. Erkläre, warum man beim Foodsharing auf Geld verzichtet.
6. Nennt mögliche Gründe dafür, dass Foodsharing in Städten besser funktioniert als in ländlichen Regionen.

Q Zu gut für die Tonne!

Foodsharing ist eine Organisation, die die Menge an weggeschmissenen Lebensmitteln reduzieren möchte. Die Internet-Plattform (foodsharing.de) gibt Privatpersonen, Organisationen und Betrieben die Möglichkeit, überschüssige Lebensmittel kostenlos anzubieten oder abzuholen. Die Lebensmittel werden beispielsweise dann angeboten, wenn jemand für eine Party zu viel eingekauft hatte, jemand einen Bauernhof, eine Bäckerei oder einen Laden besitzt, und noch haltbare Lebensmittel nicht in den Müll werfen will. Im Internet geben die Mitglieder ein, was wann, wo abgeholt werden kann. Wer in der Nähe wohnt und auf das Angebot stößt, kann sich für die Lebensmittel bewerben. Der Geber wählt einen Nehmer aus und dieser holt sich die Lebensmittel zur verabredeten Zeit ab. Eine App fürs Handy hilft dabei, den Abholort zu finden.

Auf diese Weise hat Foodsharing bis Januar 2015 schon nahezu 1 Million Kg Lebensmittel gerettet. Außerdem kann man sich über die Seite zu Kochabenden verabreden, um überflüssige Lebensmittel gemeinsam zu verwerten. So lernt man gleichzeitig noch nette Menschen aus der Nachbarschaft kennen. Besonders gut funktioniert Foodsharing in größeren Städten, wie Berlin, München oder Köln. Wichtig ist Foodsharing, dass kein Geld fließt. Leicht verderbliche Lebensmittel wie beispielsweise Geflügel, Fisch oder rohe Eierspeisen dürfen aus rechtlichen Gründen nicht verschenkt werden. Auch Kleidung, Kosmetika, Haushalts-Chemie, Spielzeug und andere Non-Food-Produkte sind vom Tausch ausgeschlossen. Damit soll sichergestellt werden, dass die Grundidee des Konzepts nicht verloren geht und die Plattform nicht zu einer „normalen" Tauschbörse mutiert.

(Frei nach www.vernetzte-er.de/dev/images/stories/download/Unterrichtsmaterial/wie%20wir%20leben%20wollen%20-%20neue%20aspekte%20der%20nachhaltigkeit.docx; Zugriff: 12.1.2015)

Stimmen zu Foodsharing

Ich habe von Foodsharing gehört und finde die Idee super! Gerne möchte ich ab und zu überschüssige Lebensmittel abgeben oder von übrig gebliebenen Lebensmitteln anderer profitieren!
(Susanne, 22, aus Friesoythe)

Ich habe gestern Abend eine Suppe gekocht und jetzt noch 500g Hühnerfleisch übrig. Ob ich dieses bei Foodsharing an jemanden weiterverschenken kann?
(Marco, 19, aus München)

Ich brauche noch ein paar Brötchen, weil ich heute Abend für Freunde eine Suppe kochen möchte und vergessen habe, Brot zu kaufen. Leider ist nun Sonntag und die Geschäfte haben zu.
(Anna, 30, aus Köln)

Ich würde gerne mal wieder eine Pizza backen, brauche dazu aber noch Käse, Tomaten, Zwiebeln, Pilze und Paprika. Als Azubi habe ich nicht so viel Geld. Foodsharing ist für mich eine echte Alternative zum Supermarkt.
(Theresa, 18, aus Celle)

Ich habe gestern Abend eine Party veranstaltet und noch vier Pakete Käse übrig. Sie sind noch zwei Wochen haltbar, aber ich fahre morgen in den Urlaub und werde sie nicht mehr verbrauchen können. Ich stelle sie bei Foodsharing ein.
(Hendrik, 20, aus Göttingen)

1. Erklärt, welchen Personen durch Foodsharing geholfen werden könnte und welchen nicht. Begründet.
2. Erläutert die Aussage „Beim Foodsharing geht es nicht nur um die Rettung eines Salatkopfs, sondern um die Änderung des Konsumverhaltens."
3. Positioniert euch in einer Standpunktrede dazu, ob Foodsharing für euch selbst infrage kommt.

4.2 Menschenwürde – was ist das?

Die Würde des Menschen ist unantastbar. Sie zu achten und zu schützen ist Verpflichtung aller staatlichen Gewalt. *(GG, Artikel 1)*

Bewahre deine Menschenwürde! Werde nie zum Knecht, mach' aber auch keinen anderen Menschen zu deinem Knecht. *(Friedrich Schiller)*

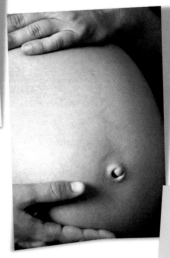

Der Mensch hat keinen Wert, sondern Würde. *(Immanuel Kant)*

Die Missachtung der Menschenwürde ist eine Kriegserklärung an alle Menschen. *(Gertrud Höhler)*

A 1. Definiert mithilfe der Placemat-Methode den Begriff *Menschenwürde*.
2. Erläutert eines der Zitate über Menschenwürde. Veranschaulicht es mithilfe von Beispielen.

Q **Was zu einem würdigen Leben gehört**

Eines Menschen würdig ist es zu bekommen, was er zum Leben braucht. Das fängt mit Essen und Trinken an, denn Hunger und Durst machen krank. Gesundheit ist die Grundvoraussetzung für ein unversehrtes Leben. Genauso wichtig sind ein Dach über dem Kopf und Kleidung, die uns vor Hitze, Kälte und den aufdringlichen Blicken der anderen schützt. Jeder Mensch muss etwas lernen können, und zwar mehr als nur Schreiben und Lesen. Denn nur dann kann er mitreden und mitentscheiden. Außerdem ist Wissen die Grundlage, um einen Beruf erlernen und sein eigenes Geld verdienen zu können. Ohne das kann kein Mensch sein Leben unabhängig von anderen gestalten. Und schließlich brauchen wir Sicherheit. Dazu gehören Schutz vor Gewalt und für unser Eigentum sowie das Wissen darum, Hilfe zu bekommen, wenn uns doch jemand Schaden zufügt oder wir in Not geraten.

(Christine Schulz-Reiss: Nachgefragt: Menschenrechte und Demokratie. Basiswissen zum Mitreden. Loewe, Bindlach 2008, S. 13)

A 3. Erklärt den Zusammenhang zwischen menschlichen Bedürfnissen (Seite 131 f.) und einem menschenwürdigen Leben.

Annäherung an den Begriff der Menschenwürde

Bereits das Wort verrät einiges über seinen Inhalt. *Menschenwürde* gibt es der grammatischen Form nach nur im Singular. Sie ist kein Gemeinschaftsgut, sie kommt nicht den, sondern *dem* Menschen zu.

Als „Menschenwürde" wird die *unbedingte Achtung* bezeichnet, die jedem Menschen „als Mensch", d.h. unabhängig von seinen besonderen Eigenschaften oder Leistungen zukommt.

(Hans-Jörg Sandkühler (Hg.): Enzyklopädie Philosophie. Meiner, Hamburg 1999, S. 824)

Der einzelne Mensch als Maß aller Dinge

Was ist Menschenwürde? Erstens die Unverletzlichkeit der Person, die Anerkennung, dass sie nicht von anderen als bloßes Instrument zur Verwirklichung allgemeiner Ziele benutzt oder geopfert werden darf. Daher gibt es keine kollektiven, keine gemeinschaftlichen *Menschen*rechte, denn es gibt ja auch keine „kollektiven Menschen": Die menschliche Person kann es zwar ohne die Gesellschaft nicht geben, doch sie erschöpft sich auch nicht im Dienst an ihr. Von hier aus ergibt sich das zweite Merkmal ihrer Würde: die Anerkennung der Eigenständigkeit jedes Einzelnen, seine Lebenspläne nach seinen eignen Glücksvorstellungen zu verfolgen, ohne eine andere Grenze anerkennen zu müssen als das Recht der anderen, in gleicher Weise selbstbestimmt zu leben. Drittens die Anerkennung, dass jeder Einzelne sozial nach seinem persönlichen Verhalten und Verdienst behandelt werden soll und nicht nach den zufälligen Faktoren, die für seine Menschlichkeit nicht wesentlich sind, wie etwa ethnische Zugehörigkeit, Volkszugehörigkeit, Geschlecht, soziale Klasse und so weiter. Viertens schließlich die Forderung nach Solidarität im Falle des Unglücks und Leids der anderen, das Bestreben, die Verbundenheit mit den anderen lebendig und aktiv zu halten. In einer Gesellschaft der Menschenrechte darf *niemand* seinem Schicksal überlassen werden.

(Fernando Savater: Die Fragen des Lebens. Campus, Frankfurt/New York 2007, S. 204 f.)

1. Verständigt euch unter Beachtung der Definition darüber, ob ein Mensch seine Würde verlieren kann.
2. Lest den Text von Savater mit der Fünf-Schritt-Lesetechnik*.

Respekt

Die Fähigkeit zur Selbstbestimmung, die der Mensch allen anderen Lebewesen voraus hat, macht ihn zu etwas Besonderem. Sie verleiht ihm Würde, die es zu achten und zu verteidigen gilt.

Was heißt, anderen mit Respekt begegnen?

Keiner lebt für sich allein. Ständig treten wir in Kontakt zu anderen Menschen. Nicht mit allen können wir befreundet sein, nicht alle schätzen wir gleichermaßen. Doch alle müssen wir als Menschen behandeln, ihnen mit Respekt begegnen.

Respekt! Weil Du etwas geleistet hast.

„Hei Micha, hast du dich mit dem Neuen schon unterhalten?"

„Ne, der hat bestimmt nichts drauf!"

„Unterschätz' Lucas nicht. Der soll ein großer Skate-board-Freak sein, echt fähig! Ich hab' gehört, dass der Typ schon 'ne Menge Wettbe-werbe gewonnen hat."

„Respekt! Sieht man ihm gar nicht an. (Geht zu Lucas) Hei Lucas, hab' gehört, du bist Skateboard-Großmeister, starke Sache …"

Respekt im Hip-Hop

Als Anerkennung, die man sich verdienen muss, spielt Respekt im Hip-Hop mit seinen Ausdrucksformen Rap, Graffiti und Breakdance eine große Rolle. Deshalb messen und streiten sich Rapper in „Battles" oder „Freestyle-Jams" (Improvisa-tionen). Voraussetzung dafür sind eigener Stil („Style"), Glaubwürdigkeit („Real-ness"), Virtuosität und Spontaneität. Andere beleidigen oder niedermachen („dissen") darf nur der Beste. Ist man das nicht, hat man den Respekt verwirkt und bekommt ihn in Form von „Disrespect" entzogen.

A
1. Äußert euch spontan zur obigen Situation. Überlegt, wie der Wandel in Michas Einstellung zu Lucas am besten beschrieben werden kann, und was der Begriff Respekt damit zu tun hat.
2. Erzählt ähnliche „Respekt"-Geschichten – erlebte oder erfundene.
3. Erläutert, welche Verbindung es zwischen Respekt im Hip-Hop und Michas Verhalten gibt. Verdeutlicht die Beziehung von Leistung, Anerkennung und Respekt in einer Mindmap.

Ü
4. Gedankenexperiment: Entwerft in einem kurzen Text das Bild einer Welt, in der es Respekt nur im Sinne von Anerkennung gibt. Wie ginge es in dieser Welt zu? Vergleicht eure Entwürfe und diskutiert darüber.

Respekt! Weil Du ein Mensch bist.

Gegen Respekt als Anerkennung aufgrund bestimmter Leistungen ist nichts zu sagen. Viele dieser Leistungen bereichern die Gesellschaft. Aber Respekt gegenüber Menschen darf sich nicht auf Anerkennung aufgrund von Leistung beschränken. Es gibt Respekt in einem anderen Verständnis, bei dem er mit dem Begriff der Menschenwürde verbunden ist: die Achtung eines jeden Menschen allein deshalb, weil er ein Mensch ist.

Jugendliche zum Thema Respekt

Lara: Respekt ist für mich ein ziemlich wichtiger Begriff, er bedeutet, anderen grundsätzlich mit Achtung gegenüberzutreten.

Nico: Gegenseitiger Respekt ist der Schlüssel für eine bessere Gesellschaft. Meine Botschaft heißt: respect yourself! Nur, wenn man sich selbst achtet, kann man auch andere respektieren.

Simon: Behindert, nicht behindert, leistungsfähig oder nicht, arm, reich … Die Übergänge sind fließend. Das alles kann nur durch gegenseitigen Respekt zusammengehalten werden.

Achtung vor der Würde des Menschen

1. Vergleicht die Aussagen der Jugendlichen. Erläutert, worin sich ihr Verständnis von Respekt von einem Verständnis von Respekt als Anerkennung (siehe S. 140) unterscheidet.
2. Interpretiert das Plakat, wobei ihr Respekt im Sinne von Achtung verstehen solltet. Greift bei der Interpretation auf den Begriff der Menschenwürde zurück, wie er auf S. 139 definiert ist. Wie könnte sich die Achtung vor dem Menschen in diesem Fall äußern? Nennt Beispiele.

3. Gestaltet ein Rollenspiel. Stellt darin die Szene mit Micha auf S. 140 so dar, dass Micha Lucas unabhängig davon achtet, was dieser kann.

Das Verständnis von Menschenwürde im Lauf der Geschichte

Seit mehr als 2.000 Jahren suchen Philosophen Erklärungen, warum gerade der Mensch sich durch eine Würde auszeichnet. Es lässt sich eine Entwicklung im Verständnis von Würde, aber auch hinsichtlich der Personen, denen Würde zugemessen wird, aufzeigen.

Aristoteles' Position

Aristoteles (384–322 v.u.Z.) lebte im antiken Griechenland. Grundrechte wie z.B. die Teilhabe am öffentlichen Leben galten nur für Bürger. Zu ihnen zählten Sklaven, Frauen und Nicht-Griechen nicht.

 Gleiche und Nicht-Gleiche

Und es muss dieselbe Gleichheit bei den Personen, denen ein Recht zusteht, vorhanden sein, wie bei den Sachen, worin es ihnen zusteht: wie die Sachen, so müssen auch die Personen sich verhalten. Sind sie nämlich einander nicht gleich, so dürfen sie nicht Gleiches erhalten. Vielmehr kommen Zank und Streit eben daher, dass entweder Gleiche nicht Gleiches oder Nicht-Gleiche Gleiches bekommen und genießen. Das ergibt sich auch aus dem Moment der Würdigkeit. Denn darin, dass eine gewisse Würdigkeit das Richtmaß der […] Gerechtigkeit sein müsse, stimmt man allgemein überein, nur versteht nicht jedermann unter Würdigkeit dasselbe, sondern die Demokraten erblicken sie in der Freiheit, die oligarchisch Gesinnten in Besitz oder Geburtsadel, die Aristokraten in der Tüchtigkeit.

(Aristoteles: Nikomachische Ethik. Meiner, Leipzig 1911, S. 3 ff.)

 1. Informiert euch über das Leben des Aristoteles.
2. Ordnet die einzelnen Aussagen auf den Wortkarten den passenden Textstellen zu:

> Für jeden bedeutet Würdigkeit etwas anderes.

> Es führt zu Konflikten, wenn Gleiche nicht Gleiches oder Nicht-Gleiche Gleiches bekommen.

> Das Gleiche steht den Menschen nur zu, wenn sie ebenbürtig sind.

> Es kommt nicht nur darauf an, dass jedem das Gleiche zusteht. Es ist bei der Gleichheit auch wichtig, dass sich die Personen ebenbürtig sind.

> Wenn ich also Gegenstände gerecht verteilen will, ist Würdigkeit dafür ein Maßstab.

3. Erläutere, warum es unwürdig ist, dass „entweder Gleiche nicht Gleiches oder Nicht-Gleiche Gleiches bekommen".
4. Definiere den Begriff *Würdigkeit* nach Aristoteles. Wem kommt Würdigkeit zu?

Die Sichtweise von Marcus Tullius Cicero

Marcus Tullius Cicero (106–43 v.u.Z.) war ein römischer Politiker und Philosoph. Als Erster definierte er Würde als ein Wesensmerkmal des Menschen, das er durch sein Verhalten erlangen kann und welches somit unabhängig von der gesellschaftlichen Stellung ist. Dadurch grenzt sich der Mensch vom Tier ab.

Die Natur des Menschen und seine Würde

Aber es gehört zu jeder Untersuchung des pflichtgemäßen Handelns, immer vor Augen zu haben, wie sehr die Natur des Menschen das Vieh und die übrigen Tiere übertrifft; jene empfinden nichts als Vergnügen, und auf dieses stürzen sie sich mit aller Kraft, der Geist des Menschen aber wächst durchs Lernen und Denken, er erforscht immer irgend etwas, handelt oder lässt sich durch die Freude am Sehen und Hören leiten. Ja sogar, wenn einer etwas mehr neigt zum Vergnügen, wenn einer nur nicht nach der Art der Tiere ist – denn es sind manche nicht in Wahrheit Menschen, sondern nur dem Namen nach –, wenn er vielmehr auf einer etwas höheren Stufe steht, mag er sich hinreißen lassen von Vergnügungen, dann versteckt und verbirgt er seine Sucht nach Vergnügen aus Anstand. Daraus ersieht man, dass körperliches Vergnügen der erhabenen Stellung des Menschen nicht genug würdig ist und verschmäht und zurückgewiesen werden muss; wenn es aber einen gibt, der dem Vergnügen einigen Wert beilegt, so muss der sorgsam ein Maß des Genießens einhalten. Es sollen also Unterhalt und Pflege des Körpers auf Gesundheit und Kraft, nicht auf das Vergnügen bezogen werden; ferner: wenn wir bedenken wollen, eine wie überlegene Stellung und Würde in (unserem) Wesen liegt, dann werden wir einsehen, wie schändlich es ist, in Genusssucht sich treiben zu lassen und verzärtelt und weichlich, und wie ehrenhaft andererseits, sparsam, enthaltsam, streng und nüchtern zu leben.

(Marcus Tullius Cicero: De officiis/Vom pflichtgemäßen Handeln. Hrsg. von Heinz Günermann. Stuttgart, Reclam, 1976, S. 13 ff.)

1. Formuliert den Text mit eigenen Worten. Erstellt dazu nach dem Muster eine Tabelle, in der ihr Satz für Satz „übersetzt":

Originaltext: Die Natur des Menschen und seine Würde	Übersetzung
Aber es gehört zu jeder Untersuchung des pflichtgemäßen Handelns, immer vor Augen zu haben, wie sehr die Natur des Menschen das Vieh und die übrigen Tiere übertrifft.	Wenn ich darüber nachdenke, wie der Mensch richtig handelt, dann muss ich im Hinterkopf haben, dass der Mensch über den Tieren steht.

2. Definiere den Begriff *Würde* nach Cicero. Vergleiche ihn mit der aristotelischen *Würdigkeit* (siehe S. 142).
3. Plant gemeinsam einen *würdigen* Nachmittag mit Cicero und euren Freunden. Begründet eure Freizeitaktivitäten mit Hilfe des Textes.
4. Begründet, weshalb Ciceros und nicht Aristoteles' Position eher dem modernen Verständnis von Menschenwürde entspricht.

Immanuel Kant (1724 – 1804) zur Würde des Menschen

[Q] Alles hat entweder einen Preis, oder eine Würde. Was einen Preis hat, an dessen Stelle kann auch etwas anderes als Äquivalent gesetzt werden; was dagegen über allen Preis erhaben ist, mithin kein Äquivalent verstattet, das hat eine Würde.

Der Mensch ist ein vernünftiges Wesen. Die Fähigkeit, rational zu denken und durchdachte Entscheidungen zu treffen, ist nach Kant typisch für den Menschen. Tiere handeln instinktiv, der Mensch aber ist durch seine Vernunft frei in seinem Handeln – er entscheidet selbst, wie er handelt. Kant nennt das Autonomie (Selbstbestimmung). Autonomie ist die Voraussetzung von Würde.
   Durch die Autonomie kann der Mensch sein Handeln an Werten ausrichten, die für ihn bedeutsam sind. Durch das Nachdenken gibt er sich selbst Gesetze, wie er sich verhalten will (Selbstgesetzgebung).

[Q] Ein jeder Mensch hat rechtmäßigen Anspruch auf Achtung von seinem Nebenmenschen, und wechselseitig ist er dazu auch gegen jeden anderen verbunden.

Die Achtung der Würde ist eine Notwendigkeit. Ich selbst habe erst Würde, wenn ich Menschen achtungsvoll behandle und sie nicht als Mittel zum Zweck benutze. Kein Mensch darf lediglich als ein Mittel benutzt werden, um etwas zu erreichen, er ist Selbstzweck. Zwar ist der Busfahrer für mich ein Mittel, um mich von A nach B zu bringen, dennoch behandle ich ihn als Selbstzweck, indem ich höflich ihm gegenüber bin.

[Q] Achtung, die ich für andere trage oder die ein anderer von mir fordern kann, ist also die Anerkennung einer Würde an anderen Menschen, das heißt eines Werts, der keinen Preis hat, kein Äquivalent, wogegen das Objekt der Wertschätzung ausgetauscht werden könnte.

(Immanuel Kant: Grundlegung zur Metaphysik der Sitten. Hamburg, Meiner 1999, S. 61 ff und Metaphysik der Sitten.
Darmstadt, WGB 2014, S. 600)

[A] 1. Erstellt mithilfe der folgenden Schlüsselbegriffe ein Begriffsnetz.

Preis   Achtung   Vernunft   Selbstgesetzgebung

Würde   Autonomie   Zweck   Mittel

Selbstbestimmung   Selbstzweck

[A] 2. Stellt zu jedem Textabschnitt eine Frage, deren Antwort der jeweilige Absatz liefert.
   3. Formuliert mit eigenen Worten die Antworten zu euren gestellten Fragen.
   4. Definiert die Begriffe *Preis* und *Würde* in einem Lexikonartikel. Findet passende Beispiele.
   5. Überlegt, wie Kants Konzept der *Achtung* konkret im Alltag umgesetzt werden kann.

Menschenwürde in der Diskussion

Ebenbildlichkeit begründet Würde

In der Bibel ist die Rede von der Ebenbildlichkeit des Menschen mit dem Schöpfer. $\boxed{Q}$ In jedem Menschen ist etwas von diesem Ebenbild Gottes zu finden, auch dann, wenn er scheitert, wenn er pflegebedürftig und nicht entscheidungsfähig ist. Die Menschenwürde jedes Einzelnen kann von dieser Ebenbildlichkeit abgeleitet werden. Weil Gott den Menschen geschaffen hat und weil er uns auch noch hält über den Tod hinaus, gibt es im Leben kein einziges Stadium, in dem Würde verloren gehen kann.

(Frei nach Margot Käßmann: Andacht auf dem Bioethik-Kongress in Berlin 2002. www.ekd.de/bioethik/vortraege/7234.html; Zugriff: 25.10.2010)

Menschwürde nur für Personen

Eine andere Position nimmt der Philosoph Peter Singer (* 1946) ein. Er billigt nur Personen Menschenwürde zu.

Singer unterscheidet zwei Bedeutungen des Ausdrucks „menschliches Wesen". $\boxed{Q}$ Zum einen steht er für „Mitglied der Spezies* Homo sapiens". Ob Jemand Mitglied dieser Spezies ist, lässt sich eindeutig durch die Untersuchung des genetischen Materials bestimmen. Zum anderen wird der Begriff „menschlich" an eine Reihe von Merkmalen gebunden. Solche sind: Selbstkontrolle, Sinn für Zukunft, Sinn für Vergangenheit, die Fähigkeit, mit anderen Beziehungen zu knüpfen und sich um andere zu kümmern sowie Kommunikation und Neugier. Diese letztgenannte Bedeutung habe man gewöhnlich im Auge, wenn von einem „wirklich menschlichen Wesen" oder „wahrhaft menschlichen Eigenschaften" die Rede ist. Für diese zweite Bedeutung nutzt Singer den Begriff „Person". Nur Personen jedoch besitzen eine eigene Würde.

(Frei nach Peter Singer: Praktische Ethik. Stuttgart 1994, S. 118–134)

1. Gebt mit eigenen Worten wieder, wodurch sich Mitglieder der Spezies* Homo sapiens $\boxed{A}$ und Personen unterscheiden.
2. Für Peter Singer sind einzig Personen Träger von Menschenwürde. Analysiert, welche der folgenden menschlichen Wesen demzufolge ohne Würde sind. Begründet eure Antworten.

Embryonen   geistig Behinderte   Teenager   Junkies

an Alzheimer* Erkrankte   Komapatienten*   Kleinkinder   Alte

3. Vergleicht die Positionen von Margot Käßmann und Peter Singer, haltet die Unterschiede in den Begründungen und in den Folgen für die genannten Personengruppen schriftlich fest.

Menschenwürde – eine Illusion?

Nicht alle Philosophen sprechen dem Menschen als Wesensmerkmal Würde zu. Der Philosoph Franz Josef Wetz (*1958) vertritt die Ansicht, dass der Mensch keine angeborene Würde besitzt.

Q Zweifel an der Würde

Tatsächlich bestehen im Zeitalter der modernen Naturwissenschaften erhebliche Zweifel an der angeborenen Menschenwürde überhaupt. So erschüttert etwa die neuzeitliche* Kosmologie die stolze Anmaßung der Erdenbürger, eine besondere Würde zu besitzen, indem sie die Erde und die darauf lebenden Menschen nicht einmal wie flüchtige Pünktchen erscheinen lässt. Ähnliches bewirkt die biologische Evolutionslehre*, wodurch die Menschheit als Zufallsergebnis einer langen, ungerichteten Entwicklung erbarmungslos in das Naturgeschehen hineingezogen wird. Dazu passen die moderne Genetik und die seit einigen Jahren in den Mittelpunkt philosophischen Interesses gerückten Neurowissenschaften, nach denen unser Verhalten und Geistesleben stärker als bisher angenommen von Erbanlagen und unbewussten Hirnprozessen bestimmt wird. Die Würde scheint heute zum Raub von Neuronen und Genen zu werden, die sie sich mit wachsendem Appetit einverleiben. Offenbar gibt es in der Natur kein Zeichen, das der Mensch als Indiz für seine Wesenswürde auf sich beziehen könnte.

Hiernach wäre der Mensch im letzten nichts als ein vergängliches Stück um sich selbst bekümmerte Natur in einer um ihn unbekümmerten Welt; die Idee der Würde als Wesensmerkmal wäre dann eine unhaltbare Illusion, mit deren Hilfe die [...] Menschheit ihr ständig bedrohtes Selbstwertgefühl gegen die übermächtige Welt zu stärken suchte.

(Franz Josef Wetz: Illusion Menschenwürde. Aufstieg und Fall eines Grundwertes.
http://www.kas.de/upload/dokumente/verlagspublikationen/Menschenwuerde/Menschenwuerde_wetz.pdf;
Zugriff: 21.1.2015)

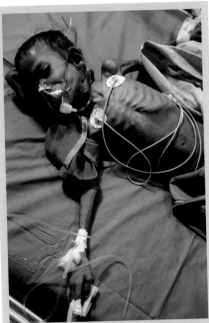

Rotique (9) ist schwerst an Tuberkulose erkrankt und wird auf Kosten der „Ärzte für die dritte Welt" auf der Intensivstation behandelt. Seine Hände mußten am Bett fixiert werden, damit er sich nicht die Zugänge herausreißt. Es ist unklar, ob er überleben wird.

A   1. Lest den Text mit der Fünf-Schritt-Lesetechnik*.

2. Positioniert euch zu der Aussage, die Menschenwürde sei eine Illusion, „mit deren Hilfe die [...] Menschheit ihr ständig bedrohtes Selbstwertgefühl gegen die übermächtige Welt zu stärken suchte".

Menschenwürde unter der Lupe

Wenn die Würde jedem Menschen, unabhängig davon, wie er ist und was er tut, zukommt, dann stellt sich die Frage: Kann die Würde eines Menschen verloren gehen? Was ist würdelos?

Casting-Show

Anna hat sich in einer Casting-Show bis auf die Knochen blamiert. Ihre lang geprobte Performance endete im Fiasko. Dabei hat ihre Freundin ihr bereits gesagt, dass Anna keinen Ton trifft und kein Rhythmus-Gefühl hat. Das bestätigte auch die Jury mit ihrem vernichtenden Urteil – vor einem Millionenpublikum.

Ausstellung

In einer Ausstellung werden plastinierte menschliche Körper gezeigt. Die Plastination ist eine Methode, um menschliche Leichname naturgetreu zu konservieren. In der Ausstellung werden diese Plastinate in unterschiedlichen Alltagssituationen dargestellt, z.B. beim Essen und beim Geschlechtsverkehr.

> Schau mal
> unauffällig
> nach links ...
> Ich bin immer
> bei dir.

Stalking

Die Polizistin Luisa erhält eine extrem obszöne Nachricht. Sie veröffentlicht Namen und Adresse des Absenders bei Facebook.

Ganzkörper-Scanner

Der Ganzkörper-Scanner soll die Sicherheit von Fluggästen erhöhen, indem er verborgene Waffen, Sprengstoff o.Ä. sichtbar macht. Allerdings sind die Personen im Scanner quasi nackt zu sehen.

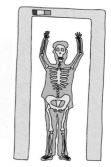

1. Erklärt, ob in den Beispielen Verletzungen der Menschenwürde vorliegen. Begründet eure Position auch mithilfe der Definition auf S. 139.
2. Sammelt in Medien oder eurem Umfeld weitere Beispiele für Verletzungen der Menschenwürde.

Menschenwürde in Gefahr

Am Landgericht in Frankfurt am Main

Q **Sie zu achten und zu schützen ist Verpflichtung aller staatlichen Gewalt.**

(GG, Art. 1, 1)

Dieser Satz ist der erste, den wir im Grundgesetz für die Bundesrepublik Deutschland lesen. Was aber verkörpert der Satz, eine These* oder eine Tatsachenfeststellung?

In beiden Fällen bedarf er weiterer Erläuterung.

Handelt es sich um eine These, so müssen Beweise angeführt werden, um diese zu erhärten oder zu entkräften.

Handelt es sich jedoch um eine Feststellung von Tatsachen, wozu bedarf es dann der Fortführung in Grundgesetz:

Wenn die Würde unantastbar ist, versteht sie sich dann auch von selbst?

A 1. Positioniert euch zur Aussage „Die Würde des Menschen ist unantastbar, weil sie antastbar ist". Findet Beispiele für den Verlust der Würde.

Aktuelle Diskussionen um die Menschenwürde

In Deutschland spielen vor allem zwei Themenkreise in der Diskussion um die Menschenwürde eine zentrale Rolle: Schwangerschaft bzw. der Schwangerschaftsabbruch und Sterbehilfe.

Besitzt ein Embryo Menschenwürde?

Nach christlichem Verständnis besitzt der Embryo vom Moment der Empfängnis (der Vereinigung von männlicher Samenzelle und weiblicher Eizelle) ab eine unantastbare Würde. In diesem Moment beginnt sein Menschsein, von diesem Moment an kommen dem Embryo uneingeschränkt dieselben Menschenrechte zu wie einem bereits geborenen Säugling. Aus diesem Grunde ist ein Schwangerschaftsabbruch ein Verstoß gegen Art. 3 der Menschenrechtserklärung, das Recht auf Leben, und somit strikt abzulehnen und zu bestrafen.

A 2. Sammelt Argumente und Gegenargumente, ob einem Embryo Menschenwürde zukommt oder nicht. Beachtet die Bestimmung von Würde auf S. 139 sowie das Gesetz über den Schwangerschaftsabbruch (siehe S. 105).

Was heißt: In Würde sterben?

Auch in der Debatte um das Lebensende wird häufig Bezug auf den Begriff der Menschenwürde genommen.

Fälle

Herr H. ist 87 Jahre alt und hat in der Nacht zuhause einen schweren Schlaganfall erlitten. Er ist nicht mehr ansprechbar. Der Notarzt gibt dem Mann nach gründlicher Untersuchung an Ort und Stelle nur noch eine Lebensfrist von wenigen Stunden. Frau H. bittet den Arzt, ihren Mann bei ihr zu lassen, damit er, wie er es wünscht, in Ruhe zuhause sterben könne. Der Arzt lehnt dies mit dem Hinweis auf seinen Berufseid und seine Verantwortung, Leben zu erhalten, strikt ab. Er lässt den Mann auf die Intensivstation bringen. Sein Kreislauf wird mittels technischer Geräte stabilisiert. Herr H. stirbt am Vormittag im Krankenhaus.

Die 13-jährige Hannah J. litt seit ihrem fünften Lebensjahr an einer seltenen Form von Leukämie. Sie hatte zudem ein Loch im Herzen und bereits zahllose Operationen hinter sich. 2008 lehnte sie eine Herztransplantation kategorisch ab. Sie meinte, es sei genug des Leidens und der Schmerzen. Hannah äußerte gegenüber ihren Eltern, den Ärzten und Pflegern wiederholt den Wunsch, lieber sterben zu wollen, statt noch weiter leiden zu müssen. Sie verlangte ihre Entlassung aus dem Krankenhaus, um noch einmal mit ihrer Familie zuhause Weihnachten feiern und dann friedlich sterben zu können. Q

Obwohl es ihnen nicht leichtfiel, kamen die Eltern der Bitte Hannahs nach und nahmen sie aus dem Krankenhaus mit nach Hause. Sie taten alles, um das Weihnachtsfest nach Hannahs Vorstellungen zu gestalten. Die Klinik indes forderte, Hannahs Eltern das Sorgerecht zu entziehen, weil diese der Herztransplantation nicht zustimmten. Sie warf ihnen vor, nicht das Beste für ihr Kind zu wollen. Hannah indes beharrte auf ihrem Wunsch, den die Eltern akzeptierten, obwohl ihnen das sehr schwerfiel.

(Frei nach einer DPA-Meldung vom 12.11.2008)

1. Tragt zusammen, was eurer Meinung nach zu einem würdevollen Sterben gehört. A
2. Beurteilt die Fallbeispiele und die Verhaltensweisen der Beteiligten mithilfe der Definition von Menschenwürde von S. 139.

4.3 Von der Menschenwürde zu den Menschenrechten

Stellt euch vor, ihr seid Teil einer Mission, die im Weltraum einen neuen Planeten entdeckt hat. Der Planet ist etwa so groß wie der Mond, verfügt jedoch über alles, was Menschen zum Leben benötigen. Obwohl Wasser, Luft etc. vorhanden sind, ist er unbewohnt. Es gibt dort keine Kultur, keine Geschichte, keine Gesetze. Eure Gruppe wurde auserkoren, den Planeten zu besiedeln. Ihr werdet aber nicht allein bleiben. Andere Menschen werden nachkommen, um auf dem Planeten dauerhaft zu leben. Niemand von euch weiß, welche gesellschaftliche Stellung er in diesem Zusammenleben später einmal einnehmen wird. Eure Aufgabe besteht darin, eine Charta der Rechte auf diesem Planeten zu verfassen, die allen Bewohnern ein gutes Leben garantiert.

1. Notiert, welche fünf Rechte für euch am wichtigsten sind.
2. Vergleicht eure Listen in der Gruppe. Einigt euch auf insgesamt zehn Rechte.
3. Präsentiert eure Ergebnisse vor der Klasse. Diskutiert anschließend folgende Fragen:
   › Welche Rechte halten alle Gruppen für bedeutsam?
   › In welchen Punkten gibt es gravierende Unterschiede? Woraus resultieren diese?
   › Lassen sich einzelne Rechte zu Gruppen zusammenfassen?
4. Vergleicht die von euch gewählten Rechte mit denen in der Allgemeinen Erklärung der Menschenrechte der UN von 1948.

Was sind Menschenrechte?

Menschenwürde und Menschenrechte sind untrennbar miteinander verbunden. Der Schutz der Menschenwürde ist die Wurzel und das Ziel der Menschenrechte. Menschenrechte kommen jedem Menschen aufgrund seines Menschseins zu.

Grundrechte hingegen sind Menschenrechte, die in eine staatliche Verfassung übernommen wurden und somit staatlich garantiert und einklagbar sind. Grund- und Menschenrechte unterscheiden sich somit nicht inhaltlich, sondern *formal*. Während Grundrechte fest in den Verfassungen verankert sind, bilden Menschenrechte gewissermaßen die Idee hinter den Grundrechten. Sie verkörpern ein Ideal, dem mithilfe der Grundrechte entsprochen werden soll.

Grundprinzipien der Menschenrechte

> Menschenrechte sind *unveräußerliche* Rechte, die keinem Menschen streitig gemacht werden können. In ihrer Gesamtheit zielen sie darauf ab, die Würde eines jeden zu schützen und jedem ein freies, selbstbestimmtes Leben in Gemeinschaft mit anderen zu ermöglichen.

Menschenrechte sind mit dem Anspruch verbunden, ausnahmslos für jeden Menschen, also *universell* zu gelten. In dieser Eigenschaft können Menschenrechte niemals Sonderrechte für bestimmte Gruppen von Menschen sein und andere Gruppen ausschließen.

> Die Menschenrechte stehen allen Menschen gleichermaßen zu. Aufgrund ihrer auf Gleichheit gerichteten (*egalitären*) Natur lassen sie keinerlei Diskriminierung zu. Unterschiede der Hautfarbe, des Geschlechts, der sexuellen Orientierung, der sozialen Herkunft, der Sprache, der Religion ... sind für die Menschenrechte belanglos.

Die Menschenrechte sind *unteilbar*: Sie bilden einen Zusammenhang aufeinander bezogener Rechte. Bürgerliche, politische, wirtschaftliche, soziale und kulturelle Menschenrechte bedingen sich gegenseitig. Sie gehören untrennbar zusammen und sind nur im „Set" zu haben.

(Frei nach http://www.politikundunterricht.de/3_4_14/menschenrechte.htm; Zugriff: 24.1.2015)

1. Erklärt den Unterschied zwischen Menschen- und Grundrechten.
2. Vergleiche die Menschenrechte der Allgemeinen Erklärung der Menschenrechte (1948) mit den Grundrechten aus dem deutschen Grundgesetz. Nennt Gemeinsamkeiten und Unterschiede.
3. Erläutert an einem selbst gewählten Menschenrecht die vier Grundprinzipien der Menschenrechte.

Der lange Weg der Menschenrechte

Es ist ein Irrtum zu glauben, Menschenrechte gäbe es schon immer. Bis es zu den heute formulierten Menschenrechten kam, war es ein langer Weg.

Wichtige Stationen

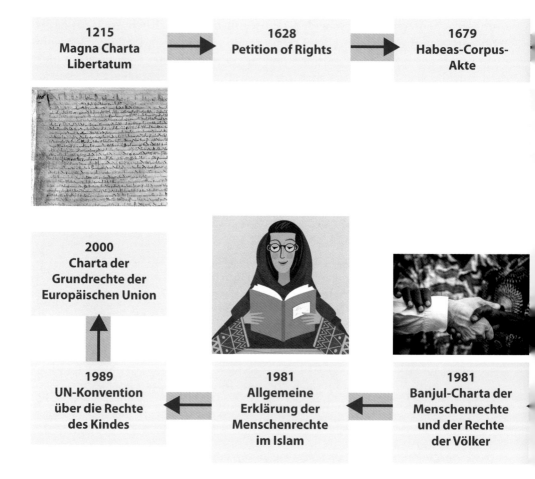

| 1215 Magna Charta Libertatum | → | 1628 Petition of Rights | → | 1679 Habeas-Corpus-Akte |

2000 Charta der Grundrechte der Europäischen Union

1989 UN-Konvention über die Rechte des Kindes ← 1981 Allgemeine Erklärung der Menschenrechte im Islam ← 1981 Banjul-Charta der Menschenrechte und der Rechte der Völker

---

Generationen von Menschenrechten

Die Menschenrechte werden in drei Generationen unterteilt.

1. Generation: bürgerliche und politische Menschenrechte
2. Generation: soziale, wirtschaftliche und kulturelle Menschenrechte
3. Generation: kollektive Rechte der Völker

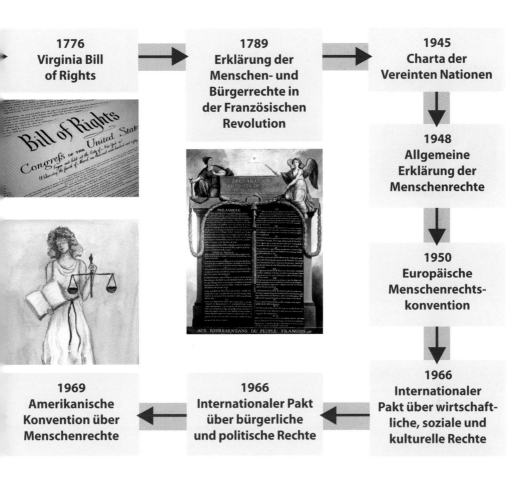

1. Wählt zwei Ereignisse aus der Geschichte der Menschenrechte aus. Sammelt Informationen über die wesentlichen Inhalte des Ereignisses, über die Personen, denen die Rechte zukommen, sowie über den räumlichen Geltungsbereich.
2. Tragt eure Ergebnisse zusammen. Untersucht, inwiefern die nachgezeichnete Entwicklung als ständige Erweiterung der Menschenrechte gesehen werden kann.
3. Erstellt ein Plakat, auf dem ihr die gesammelten Informationen über die Entstehung der Menschenrechte zusammenfasst.
4. Ordnet die Menschenrechte den einzelnen Generationen zu (siehe Informationskasten). Begründet eure Einteilung.
5. Diskutiert die Notwendigkeit der Erweiterung der Allgemeinen Erklärung der Menschenrechte von 1948, z.B. durch die Banjul-Charta der Menschenrechte (1969) oder die Kinderrechtskonvention (1989).

Menschenrechtsaktivisten

Die Menschenrechte sind nicht von Natur aus gegeben. Es bedurfte mutiger Frauen und Männer, die sich unermüdlich für die Verwirklichung der Menschenrechte einsetzten, die das erkämpften, was uns heute selbstverständlich scheint.

Nelson Mandela (1918–2013)

Stationen auf dem Lebensweg
› Geboren in einem südafrikanischen Dorf
› Verbrachte 27 Jahre in Haft
› 1994 mit 76 Jahren in den ersten demokratischen Wahlen des Landes zum Präsidenten der Republik Südafrika gewählt
› Widmete sein Leben dem Kampf gegen die Apartheid*

> Ich habe gegen weiße Vorherrschaft gekämpft und ich habe gegen schwarze Vorherrschaft gekämpft. Mein Ideal ist eine demokratische und freie Gesellschaft, in der alle Menschen in Harmonie und mit gleichen Chancen zusammenleben. Es ist ein Ideal, für das es sich zu leben und zu kämpfen lohnt. Aber wenn es sein muss, bin ich auch bereit, dafür zu sterben.

Malala Yousafzai (*1997)

Stationen auf dem Lebensweg
› 1997 in Pakistan geboren
› Berichtete seit 2009 in einem Blog über die Gräueltaten der pakistanischen Taliban
› 2012 von Taliban mit gezielten Schüssen in Kopf und Hals schwer verletzt
› Tritt dafür ein, dass Mädchen die Schule besuchen können und gegen die Pflicht zur Verschleierung

> Ich bin einfach nur eine engagierte und sture Person, die eine gute Ausbildung für alle Kinder, gleiche Rechte für Frauen und Frieden in jeder Ecke der Welt will.

Edward Snowden (* 1983)

Stationen auf dem Lebensweg
> 1983 in North Carolina/USA geboren
> Informatikstudium, das er nicht beendet
> Mitarbeiter des Geheimdienstes CIA, als Techniker im Bereich IT-Sicherheit tätig
> Enthüllung des Ausmaßes der weltweiten Überwachungs- und Spionagepraktiken der Geheimdienste
> Erlass eines Haftbefehls durch das FBI
> Lebt seit 2013 im Asyl in Russland

Es macht mich unendlich traurig, dass ein Kind, das zu Weihnachten 2014 geboren wird, keine Privatsphäre mehr besitzen wird. Das ist für mich nicht hinnehmbar.

Ruth Pfau (* 1929)

Stationen auf dem Lebensweg
> 1929 in Leipzig geboren
> studierte Medizin in Marburg
> seit 1957 Ordensschwester
> seit 1960 arbeitet sie als Ärztin in Pakistan im Kampf gegen Lepra*

Wenn wir jemand wirklich Freiheit geben möchten, dann müssen wir ihm ein gewisses Grundwissen vermitteln. Nicht nur die Kinder müssen lesen und schreiben können, sondern gerade die Ausbildung der Erwachsenen im Gesundheitsbereich hat viel Gewicht.

1. Bildet Projektgruppen und recherchiert in der Gruppe weitere Lebensdaten einer der Menschenrechtsaktivisten. Arbeitet heraus, wofür sich die jeweilige Person in besonderer Weise eingesetzt hat. Präsentiert euer Ergebnis in Gestalt eines Posters oder in einem Kurzvortrag (siehe S. 31).
2. Nehmt die UNO-Menschenrechtsdeklaration (www.uno.de) her. Filtert heraus, für welches konkrete Menschenrecht bzw. welche Menschenrechte sich die vorgestellten Personen mit welchen Mitteln eingesetzt haben.
3. Erarbeitet eine Standpunktrede dazu, ob auch heute noch Aktivisten im Ringen um die Verwirklichung der Menschenrechte nötig sind. Wo seht ihr Aufgabenfelder für sie?

P

Gemeinsam für die Menschenrechte

So wichtig es ist, dass sich viele Einzelne für die Durchsetzung und Bewahrung der Menschenrechte einsetzen, erfolgversprechender ist es jedoch, wenn sich Personen in Organisationen zusammenschließen.

Organisationen, die den Menschenrechten verpflichtet sind

	Kinderhilfswerk der Vereinten Nationen	www.unicef.de
	Organisation gegen die Armut in den Entwicklungsländern	www.tdh.de
	UN-Hochkommissariat für Flüchtlinge betreut Flüchtlinge aus Kriegs- und Hungergebieten	www.unhcr.ch
	Setzt sich für religiöse, sprachliche und ethnische Minderheiten in aller Welt ein	www.gfbv.de
	Organisation, die medizinische Nothilfe z.B. in Kriegsgebieten oder bei Epidemien leistet	www.aerzte-ohne-grenzen.de
	Welternährungsprogramm der Vereinten Nationen, agiert gegen den globalen Hunger und hilft bei der Versorgung mit Lebensmitteln nach Naturkatastrophen und Kriegen	www.wfp.org

[A]   1. Bildet Gruppen. Jede Gruppe recherchiert zu einer Hilfsorganisation.
   › Welche Zielen fühlt sich die jeweilige Organisation verpflichtet?
   › Wann entstand sie?
   › Welche aktuellen Aktionen und Projekte verfolgt sie?
   Stellt die Rechercheergebnisse euren Mitschülern vor.

Amnesty International

Wenn es heute um Menschenrechte und Menschenrechtsverletzungen geht, dann stehen oftmals die sogenannten Freiheitsrechte* (siehe S. 158) im Zentrum der Aufmerksamkeit. Die wohl bekannteste Menschenrechtsorganisation, die sich der Wahrung dieser Rechte verschrieben hat, ist Amnesty International.

Armut und Menschenrechte ⚱ Folter ⚱ Bewaffnete Konflikte ⚱ Frauen ⚱ Diskriminierung ⚱ Indigene Flüchtlinge & Asyl ⚱ Justiz ⚱ Internationale Organisationen ⚱ Kinder ⚱ Meinungsfreiheit ⚱ Polizeigewalt ⚱ Migration ⚱ Menschenrechtsverteidiger ⚱ Sexuelle Identität ⚱ Staatlicher Mord ⚱ Straflosigkeit ⚱ Terrorismusbekämpfung ⚱ Todesstrafe ⚱ Verschwindenlassen ⚱ Waffen ⚱ Wirtschaft und Menschenrechte

Amnesty International wurde 1961 von dem Anwalt Peter Benenson gegründet. Seither hat sie sich als nichtstaatliche Organisation dem Schutz der Menschenrechte verschrieben. Sie agiert weltweit und zählt mehr als drei Millionen Mitglieder und Unterstützer. Sie recherchiert ständig die Menschenrechtssituation und dokumentiert Menschenrechtsverletzungen in allen Regionen der Welt in ihren Jahresberichten.

Unter dem Slogan

verfolgt sie u.a. folgende Ziele:

Entwicklung von gegenseitigem Respekt und Kampf gegen Diskriminierungen

Sicherung der körperlichen und geistigen Unversehrtheit aller Menschen

Einhaltung der Menschenrechte in bewaffneten Konflikten

Schutz von Flüchtlingen und Migranten

Schutz von Frauen und Mädchen

Förderung wirtschaftlicher, sozialer und kultureller Rechte

1. Bildet Arbeitsgruppen und informiert euch jeweils mithilfe des Jahresberichts von Amnesty International (www.amnesty.de) über die Menschenrechtslage in verschiedenen Regionen der Welt. Tragt eure Ergebnisse vor der Klasse vor und vergleicht sie.
2. Findet für jedes der oben genannten Ziele ein Beispiel, das zeigt, warum es wichtig ist, dieses Ziel zu verfolgen.
3. Informiert euch und sprecht darüber, ob, warum und wie ihr Amnesty International unterstützen könntet.
4. Führt auf der Basis des Berichts von Amnesty International ein Streitgespräch: Menschenrechtsverletzungen – auch ein Thema in Deutschland?

Menschenrechte unter der Lupe
Verschiedene Arten von Menschenrechten

Alle Menschenrechte sind bedeutsam, auf keines kann verzichtet werden. Heißt das aber, dass alle gleichrangig sind oder gibt es analog zur Bedürfnispyramide* (siehe S. 132) auch eine Stufung der Menschenrechte?

Gruppen von Menschenrechten

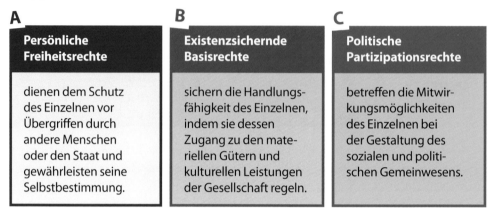

A

Persönliche Freiheitsrechte

dienen dem Schutz des Einzelnen vor Übergriffen durch andere Menschen oder den Staat und gewährleisten seine Selbstbestimmung.

B

Existenzsichernde Basisrechte

sichern die Handlungsfähigkeit des Einzelnen, indem sie dessen Zugang zu den materiellen Gütern und kulturellen Leistungen der Gesellschaft regeln.

C

Politische Partizipationsrechte

betreffen die Mitwirkungsmöglichkeiten des Einzelnen bei der Gestaltung des sozialen und politischen Gemeinwesens.

Leben · Kein Hunger · Sicherheit · Keine Folter · Gewissensfreiheit · Gerechte Entlohnung · freie Wahl des Ehepartners · Privatsphäre · Gleichbehandlung · Faires Gerichtsverfahren · Meinungsfreiheit · Demonstrationsrecht · Recht auf Arbeit · Bildung · Schutz der Gesundheit · Religionsfreiheit · Eigentum · Sauberes Wasser

A 1. „Zieht" jeweils drei Wortkarten und legt mit eigenen Worten dar, was das jeweilige Recht beinhaltet.
2. Legt in eurem Heft eine Tabelle mit drei Spalten an, in deren Kopfspalte ihr die Gruppen der Menschenrechte notiert. Ordnet dann die Rechte auf den Wortkarten der richtigen Spalte zu.

Wichtige und weniger wichtige Menschenrechte

In vielen Teilen der Welt kämpfen Millionen von Menschen, Erwachsene und Kinder, jeden Tag aufs Neue um ihr nacktes Überleben. Ihnen geht es weder um freie Wahlen, noch um Versammlungsfreiheit. Für sie besitzen bestimmte Menschenrechte geradezu existenzielle Bedeutung. Diese werden als Basisrechte bezeichnet.

Basisrechte

[Der amerikanische Philosoph Henry] Shue unterscheidet zwischen *basic rights* und übrigen Rechten in der Weise, dass die grundlegenden Rechte diejenigen sind, die erfüllt sein müssen, damit ein Mensch überhaupt irgendwelche Rechte einfordern und wahrnehmen kann. Ein Recht, das auf dem Papier steht, aber nicht wahrgenommen werden kann, ist wertlos. Shue versucht zu zeigen, dass körperliche Unversehrtheit, ein bestimmtes Existenzminimum und gewisse Freiheitsrechte* zusammen die grundlegenden Rechte in diesem Sinne sind. Wer über das in diesen Rechten Garantierte nicht verfügt, kann z.B. seine politischen Rechte nicht wahrnehmen. Von daher ergibt sich dann ein zumindest vager Anhalt dafür, wie hoch das Existenzminimum sein muss. Man kann sich nun diesen Gedanken in der Weise zunutze machen, dass die Verhältnisse, in denen ein Mensch lebt, genau dann menschenwürdig sind, wenn sie die Minimalbedingung erfüllen, dass er seine Rechte wahrnehmen kann und *in diesem Sinne* eine spezifisch „menschliche", „menschenwürdige" Existenz führt.

(Ernst Tugendhat: Vorlesungen über Ethik. Suhrkamp, Frankfurt 1993, S.363)

Eines der Kinder, das auf der Mülldeponie am Bhagmati-Fluss in Kathmandu (Nepal) lebt, spielt und arbeitet

1. Lest den Text mit der Fünf-Schritt-Lesetechnik*.
2. Erläutert mit eigenen Worten, warum bestimmte Rechte als Basisrechte bezeichnet werden. Wofür bilden sie die Basis?

3. Untersucht, inwiefern hierzulande alle Menschen über das in den Basisrechten garantierte verfügen. Informiert euch dazu z.B. bei Behindertenverbänden, Arbeits- und Obdachlosenhilfestellen.

Wasser – ein Menschenrecht?

Wasser ist ein Grundstoff der Natur, ohne den es kein Leben gibt.

Pflanzen, Tiere und Menschen bestehen zu einem großen Teil aus Wasser und brauchen Wasser – zum Wachsen, zum Trinken, zum Waschen und Baden. Ohne Wasser kein Leben.

Jedoch die Wasservorräte der Erde sind begrenzt, nur ein geringer Teil ist zum Trinken geeignet.

Wir haben Glück, wir leben in einem Land, in dem es genügend Wasser gibt. Jeden Tag fließen in jedem deutschen Haushalt mehr als 100 Liter Trinkwasser aus den Wasserhähnen. Dieses Wasser besitzt eine hohe Qualität, das heißt, es ist farb- und geruchlos und frei von Schadstoffen und Verschmutzungen. Doch nur den geringsten Teil davon nutzen wir zum Trinken oder zum Kochen. Gewaltige Mengen kostbaren Trinkwassers gebrauchen wir zum Reinigen und Spülen. Dieses Wasser verlässt die Haushalte als Abwasser, das seine Qualität durch Seifen- und andere Rückstände verloren hat und mit speziellen Verfahren, z.B. in Kläranlagen wieder aufbereitet werden muss. Während wir im Überfluss baden, ist selbst in einigen Regionen Europas z.B. auf Zypern oder in Spanien Trinkwasser ein knappes Gut, das rationiert wird.

Q Infobox: Wasser in Zahlen

Wasser gibt es auf der Erde eigentlich im Überfluss – insgesamt rund 1,4 Milliarden Kubikkilometer. Jedoch nur ein Viertel dieser gigantischen Menge ist trinkbares Süßwasser; davon wiederum sind zwei Drittel im ewigen Eis gebunden und damit für Lebewesen nicht nutzbar. Süßwasser ist nur durch Regen erneuerbar. Es fallen jährlich ca. 36.000 Kubikkilometer Wasser durch Regen auf die Erde, genug um die Menschheit zu versorgen. Doch 1,3 Milliarden Menschen (das entspricht einem Fünftel der Weltbevölkerung) haben keinen Zugang zu sauberem Trinkwasser. Die Folge: Alle acht Sekunden stirbt ein Kind an Krankheiten, die durch unsauberes Wasser übertragen werden, täglich 6.000 Kinder. 80 % aller Krankheiten in armen Ländern sind durch verschmutztes Trinkwasser und mangelnde Hygiene verursacht.

(Frei nach BMWZ: Wasser für die Armen, 22.3.2005)

A
1. Erstellt in Gruppenarbeit ein großes Poster mit Stichworten, Bildern und Fotos, die zeigen, wo Wasser in unserem Leben eine Rolle spielt.
2. Argumentiert (siehe S. 169) zu der auf unseren Wasserverbrauch bezogenen Aussage „Wir Europäer baden im Luxus".
3. Erarbeitet euch eine Position dazu, ob jeder Mensch ein Menschenrecht auf sauberes Wasser besitzt und unterbreitet Vorschläge, wie es gesichert werden kann.

Wasserträgerinnen in Afrika

Auf den Schultern der afrikanischen Frauen ruht eine dreifache Last: Sie sind für die Ernährung der Familie verantwortlich, bestellen die Felder und bringen die Ernte ein. Außerdem kümmern sie sich um den Haushalt und ziehen die Kinder groß und schließlich übernehmen sie Aufgaben zum Wohl der Dorfgemeinschaft.

Zur Führung des Haushalts gehört es auch, Wasser zu holen. Wasser zum Trinken, zum Waschen, zum Kochen und für die Haustiere. Oft müssen die Frauen und Mädchen täglich bis zu 15 Kilometer gehen, um das nötige Wasser heranzuschaffen. Für diese Wegstrecke benötigen sie bis zu sechs Stunden. Die gefüllten Wasserkanister, welche die Frauen auf dem Kopf tragen, wiegen im Durchschnitt zehn bis fünfzehn Kilo.

Wasser holen kostet nicht nur Kraft, sondern auch wertvolle Zeit, in der die Mädchen eigentlich zur Schule gehen oder eine Ausbildung absolvieren könnten. In Sierra Leone z.B. haben zwei Drittel der Bevölkerung keinen Zugang zu sauberem Wasser, und 82 % der erwachsenen Frauen können weder lesen und schreiben.

*(Frei nach BMWZ:
Wasser für die Armen, 22.3.2005)*

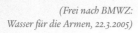

1. Legt dar, welche Menschenrechte durch den Mangel an Trinkwasser in Afrika verletzt werden.
2. Beschreibt mit eigenen Worten, warum der Mangel an Trinkwasser gerade die Frauen und Mädchen benachteiligt.
3. Informiert euch in Gruppenarbeit (z.B. unter: www.wasserfuerafrika.de) über Wasserhilfsprojekte in Afrika und anderswo und stellt euren Mitschülern ein Projekt vor.
4. Seit 1992 ist alljährlich am 22. März der Weltwassertag: Erkundigt euch über sein diesjähriges Motto und plant dazu einen Beitrag an eurer Schule.

Brauchen Kinder besondere Menschenrechte?

Zusätzlich zur Menschenrechtserklärung verabschiedete die UNO im Jahre 1989 die „Konvention über die Rechte der Kinder". Sie umfasst 54 Artikel und zielt darauf ab, die Welt in der wir leben, kindgerechter und kinderfreundlicher zu gestalten.

Einige Rechte der Kinder

Art. 2: Kein Kind darf wegen seines Geschlechts, seiner Rasse, Hautfarbe oder Religion benachteiligt werden.

Art. 6: Jedes Kind hat ein angeborenes Recht auf Leben.

Art. 7: Jedes Kind hat das Recht, einen Namen zu tragen, eine Staatsangehörigkeit zu besitzen und von seinen Eltern betreut zu werden.

Art.14: Jedes Kind besitzt das Recht auf Gedanken- und Gewissensfreiheit.

Art. 16: Jedes Kind besitzt das Recht auf Schutz seiner Privatsphäre und seiner Ehre.

Art. 28: Jedes Kind hat das Recht auf Bildung, Schulbesuch und Ausbildung.

Art. 32: Kinder haben das Recht, vor wirtschaftlicher Ausbeutung geschützt und nicht zu einer Arbeit herangezogen zu werden, die ihre Entwicklung schädigt.

Art. 33: Kinder sind vor sexuellem Missbrauch zu schützen.

Art. 35: Kinder sind vor Kinderhandel und Entführungen zu schützen.

Art. 38: Besonderer Schutz soll Kindern bei bewaffneten Konflikten zuteilwerden. Sie dürfen erst ab einem Alter von 16 Jahren zu den Streitkräften eingezogen werden.

 1. Informiert euch auf den Seiten von unicef (www.unicef.de), welche Staaten die Konvention über die Rechte der Kinder bislang nicht unterzeichnet haben und tauscht euch über mögliche Gründe aus.
2. Informiert euch z.B. auf den Internetseiten von unicef über alle 54 Artikel der Kinderrechtskonvention. Welche Artikel haltet ihr für besonders wichtig?

Das Ballonspiel Ü

1. Stellt euch vor, ihr geht an Bord des Ballons und dürft die eurer Meinung nach fünf wichtigsten Kinderrechte als Gepäck mitnehmen: Welche sind das?
2. Unterwegs treten Turbulenzen auf, es ist notwendig, Ballast abzuwerfen. Welche Rechte werft ihr in welcher Reihenfolge über Bord?
3. Bei der Landung habt ihr nur noch das für euch wichtigste Kinderrecht behalten. Welches ist es? Vergleicht eure Entscheidungen miteinander und sprecht darüber, warum ihr „euer" Recht für besonders wichtig haltet.

Nur ein Gebrauchsgegenstand?

Q

Somaly Mam ist eine junge und attraktive Frau, der man nicht ansieht, wie viel Leid sie in ihrem Leben erdulden musste. Somaly Mam wurde 1971 in einem kleinen Dorf in Kambodscha geboren. Ihre Eltern waren lediglich reich mit Kindern gesegnet, ansonsten jedoch bitterarm. Um ihre Schulden bezahlen zu können, verkauften sie Somaly, als sie sechs Jahre alt war. Statt eine Schule zu besuchen und zu lernen, kam sie als Dienstmagd zu einem Mann, der Alkoholiker war und der sie schnell weiterverkaufte, um sein tägliches Pensum Alkohol bezahlen zu können. Sie kam nach Phnom Penh, der Hauptstadt. Mit 12 Jahren bereits wurde sie hier zur Prostitution* gezwungen und musste in verschiedenen Bordellen einheimischen Männern und Touristen, die aus Westeuropa und Amerika anreisten, zu Diensten sein. Im Jahre 1991 begegnete sie Pierre, einem jungen Franzosen, in den sie sich verliebte und der sie aus ihrer aussichtslosen Lage befreite. Mit ihm zusammen gründete sie 1996 die Hilfsorganisation AFESIP (Handeln für Frauen in Not), die eng mit UNICEF zusammenarbeitet, und die sich dem Kampf gegen Zwangsprostitution und Kinderhandel verschrieben hat.

(Frei nach Somaly Mam: Das Schweigen der Unschuld. Marion von Schröder Verlag, Hamburg/Düsseldorf 2006)

4. Welche Kinderrechte wurden in dem von Somaly Mam geschilderten Beispiel verletzt? A
5. Bildet einen Diskussionskreis. Sprecht darüber,
   › wo die Gründe für die von Somaly Mam geschilderten Zustände liegen.
   › wie die Zustände eurer Meinung nach geändert werden könnten.
6. Diskutiert anschließend darüber, ob und inwiefern auch hierzulande Mädchen gegenüber Jungen benachteiligt werden.

Menschenrechtsverletzungen anprangern

Wenn heute von Menschenrechtsverletzungen die Rede ist, geht es meist um die Verletzung von Freiheitsrechten* wie dem Recht auf Meinungs-, Religions- oder Versammlungsfreiheit. Doch die Palette von Menschenrechtsverletzungen ist breit gefächert.

In einigen Ländern der Erde werden Homosexuelle angefeindet. Beim Molodist Filmfestival in der Ukraine wurde im November 2014 durch homophobe* Aktivisten während der Filmvorführung ein Kino angezündet, um die Aufführung des Films „Max und die Anderen" über einen Homosexuellen zu verhindern.

(frei nach Alice Bota. http://www.zeit.de/politik/ausland/2014-11/ukraine-maidan-homophobie-molodist-filmfestival regelrecht; Zugriff: 16.2.2015)

Ende des Jahres 2014 kam es in der Kleinstadt Ferguson in den USA zu gewalttätigen Massenunruhen. Ausgelöst wurden diese durch den Tod eines 18-Jährigen. Der unbewaffnete schwarze Teenager war von einem weißen Polizisten mit mehreren Schüssen erschossen worden. Immer wieder wird der Vorwurf erhoben, dass weiße Polizisten gegenüber Menschen mit schwarzer Hautfarbe mit großer Brutalität vorgehen.

Hatun Sürücüs, eine Deutschtürkin, wurde 2005 von ihren Brüdern auf offener Straße in Berlin erschossen. Der Lebensstil ihrer Schwester, die das Kopftuch abgelegt hatte und sich von ihrem türkischen Mann scheiden ließ, so hieß es, beschmutze die Familienehre.

Der 26-jährige Jhon G. aus Indonesien weiß um die Risiken, trotzdem bietet er seine Niere, seine Leber und seine Augenhornhaut zum Kauf an. Er sieht keinen anderen Ausweg, um binnen einer Frist von sechs Monaten die Schulden seiner Familie zu begleichen, als seine Organe zu verkaufen.

 1. Erläutert, ob es sich bei den Fallbeispielen um Menschenrechtsverletzungen handelt. Welche Menschenrechte werden im Einzelnen verletzt?

2. Sammelt über den Verlauf von einer Woche weitere Beispiele für Menschenrechtsverletzungen aus den Medien.

Ein Tag im Leben von Yeni

Yeni ist ein 12-jähriges Mädchen aus Indonesien. Ihre Familie ist arm und ihr Vater so krank, dass er nicht mehr arbeiten kann. Deshalb muss Yeni mithelfen, Geld zu verdienen. Seit der dritten Klasse geht sie nicht mehr zur Schule. Stattdessen arbeitet sie jeden Tag mit ihrer Mutter und ihren Geschwistern in einem Steinbruch:

7:00 Uhr: Zeit zum Aufstehen. Ich bin immer als Erste auf, weil ich das Frühstück vorbereiten muss. Es gibt jeden Tag das Gleiche: Kochbananen und Kokosnuss. [...]

7:45 Uhr: Meine Mutter, meine Geschwister und ich machen uns auf den Weg zum Steinbruch. [...] Wie jeden Morgen begegnen uns ein paar Kinder, die zur Schule gehen. Ich beneide sie!

8:00 Uhr: Jetzt geht die tägliche Schufterei los. Als Erstes muss ich Steine aus dem Fluss auf die Schubkarre laden und zu einer Stelle oberhalb des Flusses transportieren. Die Steine sind sehr schwer; manchmal bekomme ich die Schubkarre kaum vom Fleck! [...]

11:00 Uhr: Endlich Pause! Ich schnappe meinen Hammer und renne nach Hause. [...] Die anderen kommen später, wenn ich das Mittagessen zubereitet habe [...]

12:00 Uhr: [...] Puuuuh, in der Mittagssonne ist es unerträglich heiß; es gibt weit und breit keinen Schatten. Den gesamten Nachmittag hocke ich vor meinem Steinhaufen und zerschlage einen Stein nach dem anderen. Meine Arme, mein Rücken und meine Beine tun weh.

17:30 Uhr: Wir packen unsere Sachen zusammen und gehen nach Hause. Jetzt freuen wir uns auf das Abendessen. Ich koche, meine Schwester spült. Danach bleibt nicht mehr viel Zeit zum Spielen [...]

20:00 Uhr: Meine Mutter muss uns gar nicht in die Betten scheuchen, denn auch wir Kinder sind hundemüde von der Arbeit [...]

(Nach www.actionkidz.de/Für+Kinder/So+sieht+mein+Tag+aus.html; Zugriff: 25.11.2012)

1. Informiert euch über Kinderarbeit (z.B. www.younicef.de/ausbeutungvonkindern.html). ⃞P
   Beschäftigt euch in Gruppen
   a) mit den Ursachen von Kinderarbeit,
   b) mit den Folgen für die Kinder und
   c) mit Möglichkeiten der Beendigung von Kinderarbeit. Veröffentlicht eure Ergebnisse in eurer Schülerzeitung.
2. Viele Initiativen hierzulande fordern dazu auf, keine Produkte zu kaufen, die durch Kinderarbeit erzeugt wurden. In der Erklärung von Kundapur haben sich arbeitende Kinder gegen solche Verbote verwahrt. Recherchiert die Erklärung von Kundapur und gebt die Argumente der arbeitenden Kinder mit eigenen Worten wieder.
3. Auch in der Bundesrepublik arbeiten Kinder manchmal, z.B. in den Ferien. Vergleicht diese Art von Kinderarbeit mit der von Yeni.

Wenn einzelne Menschenrechte zueinander in Konflikt geraten

Bei der Betrachtung der einzelnen Gruppen von Menschenrechten (siehe S. 158), wird deutlich, dass in einem Land die existenziellen Basisrechte gewährleistet sein können, dass niemand hungert, alle Zugang zur Bildung haben, dass aber im gleichen Land persönliche Freiheitsrechte* nicht garantiert sind. Zwischen den einzelnen Gruppen von Menschenrechten kann es also zu Spannungen und Konflikten kommen.

 1. Findet Beispiele für Konflikte zwischen den einzelnen Gruppen von Menschenrechten und legt dar, welches Menschenrecht in euren Beispielen mit welchem anderen kollidiert.

Konflikte zwischen den persönlichen Freiheitsrechten

Spätestens dann, wenn man im Internet ein wenig vorteilhaftes Bild von sich entdeckt, das von anderen ohne uns zu fragen und entgegen dem eigenen Willen ins Netz gestellt wurde, wird man sich die Frage stellen, ob es nicht Grenzen für die Medien-, Meinungs- und Informationsfreiheit geben sollte.

Das Internet-Beispiel zeigt nämlich, dass sich Spannungen dann ergeben können, wenn bestimmte Freiheitsrechte von einzelnen so ausufernd in Anspruch genommen werden, dass dadurch die Freiheitsrechte anderer massiv beeinträchtigt werden.

Wie lassen sich derartige Konflikte lösen?

Der Philosoph John Rawls (1921–2002) bietet eine allgemeine Regel für Konflikte zwischen verschiedenen Rechtsgütern an:

> **Grundfreiheiten müssen miteinander verträglich sein**
>
> Grundfreiheiten müssen nicht nur für alle in gleicher Weise gelten, sondern auch miteinander *verträglich* sein. Das heißt, die eine Grundfreiheit, etwa das Eigentumsrecht, darf von einzelnen nicht so maßlos in Anspruch genommen werden, dass damit andere Grundfreiheiten anderer Menschen, zum Beispiel deren Recht auf persönliche Freiheit, an den Rand gedrängt werden. Einschränkungen bestimmter Grundfreiheiten sind genau dann gerechtfertigt, wenn sie mit anderen Grundfreiheiten in Konflikt geraten.
>
> *(Nach John Rawls: Eine Theorie der Gerechtigkeit. Suhrkamp, Frankfurt 1979, S. 82 ff.)*

 2. Gebt die von John Rawls aufgestellte Regel mit eigenen Worten wieder.

Sicherheit gegen Freiheit?

Seit mehr als einem Jahrzehnt gibt es eine Diskussion darüber, ob es gerechtfertigt ist, Freiheitsrechte einzuschränken, um die Sicherheit der Bürger zu gewährleisten.

Am 15.2.2015 wurde der Karnevalsumzug in Braunschweig aus Sicherheitsgründen abgesagt.

Seit dem Anschlag auf eine Pariser Zeitschrift für Satire im Januar 2015, bei dem es elf Tote gab, mehren sich auch hierzulande die Rufe nach Vorratsdatenspeicherung. Diese – so die Behörden – habe zum Ziel, Straftaten zu verfolgen und zu verhüten sowie Terroranschläge abzuwehren.
Bei der Vorratsdatenspeicherung geht es vor allem um die Überwachung der Telefone und sozialer Netzwerkdaten, ohne dass ein Anfangsverdacht auf kriminelle Handlungen oder Terrorpläne gegen die betreffenden Personen vorliegen muss. Es wird also erfasst, wer wann mit wem und wie lange telefonierte bzw. in welchen sozialen Netzwerken man sich mit wem „getroffen" hat.
Das Bundesverfassungsgericht hat im Jahr 2010 die Vorratsdatenspeicherung als verfassungswidrig eingestuft.

Im Internet-Portal Google maps ist es möglich, sich im 3D-Format in bestimmte Straßenzüge hineinzuzoomen und einen virtuellen Spaziergang durch eine Straße eigner Wahl an jedem beliebigen Ort zu unternehmen.
Während der Konzern mit Argumenten wie: Dank „street view" könne man bereits vor Fahrtantritt die Parkmöglichkeiten am Zielort erkunden, Näheres über die Lage eines Urlaubsdomizils in Erfahrung bringen oder als Immobilienmakler die Vorteile der Lage anpreisen, wirbt, fürchten Kritiker, dass das Recht auf informationelle Selbstbestimmung des Einzelnen verletzt wird. Entgegen anderslautenden Beteuerungen sei es nämlich möglich, viele persönliche Daten, bis hin zum Passwort des W-LAN-Netzes, zu erfassen. Auch wird die Weitergabe solcher persönlicher Daten z.B. an Werbeunternehmen befürchtet.

1. Erstellt in Partnerarbeit einen Katalog von Rechten, die in den Fallbeispielen von den Beteiligten in Anspruch genommen bzw. verletzt werden. $\boxed{\text{A}}$
2. Sucht nach weiteren Beispielen, in denen Grundrechte untereinander in Konflikt geraten können.
3. Führt eine Pro-Contra-Diskussion (siehe S. 73) dazu, ob im Namen der Sicherheit andere Freiheitsrechte eingeschränkt werden dürfen. Beachtet bei eurer Argumentation (siehe S. 169) die Regel von John Rawls.

Projekt Menschenrechtskalender

Zu den zentralen Herausforderungen dieses Jahrhunderts zählt die wirksame weltweite Durchsetzung der Menschenrechte. Gestaltet gemeinsam einen Menschenrechtskalender, der den Zweck hat, die Menschenrechte im Bewusstsein der Menschen wachzuhalten.

Vorgehen

› Entscheidet, ob ihr einen Tages-, Wochen- oder einen Monatskalender bzw. einzelne Blätter dafür anfertigen wollt.

› Für jedes der Kalenderblätter kann ein einzelnes Menschenrecht oder eine Artikelgruppe als Motto gewählt werden. Diese wird auf dem Blatt im Wortlaut zitiert. Darüber hinaus sollte euer Kalenderblatt Informationen (z. B.: über das Verhältnis von Anspruch/Ideal und Wirklichkeit oder über Organisationen, die sich für das Menschenrecht einsetzen)

2
FEBRUAR

Aktionstag zur Abschaffung der Sklaverei

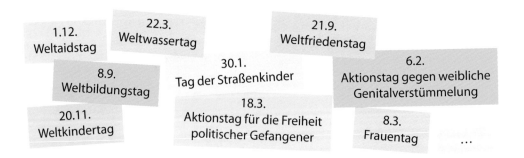

Abb. 206. Sklaventransport in Afrika.

Artikel 4 der Uno-Menschenrechtsdeklaration:
Niemand darf in Sklaverei und Leibeigenschaft gehalten werden, Sklaverei und Sklavenhandel in allen Formen sind verboten. // Dennoch gibt es nach wie vor Frauen- und Mädchenhandel, Zwangsprostitution*, Landarbeiter in Lateinamerika, Asien und Afrika, die wie Sklaven gehalten werden. // Zudem verstößt Sklaverei gegen Artikel 1 der Uno-Menschenrechte.

enthalten. Mit entsprechendem Bildmaterial oder grafischer Gestaltung des Blattes sollte die inhaltliche Aussage wirkungsvoll unterstützt werden.

› Alternativ dazu kann ein Gedenktag als Ausgangspunkt gewählt werden, um auf die Notwendigkeit, sich für ein bestimmtes Menschenrecht einzusetzen, es zu realisieren, hinzuweisen. Ihr könnt reale Gedenktage wählen oder selbst welche erfinden.

1.12.
Weltaidstag

22.3.
Weltwassertag

21.9.
Weltfriedenstag

8.9.
Weltbildungstag

30.1.
Tag der Straßenkinder

6.2.
Aktionstag gegen weibliche Genitalverstümmelung

20.11.
Weltkindertag

18.3.
Aktionstag für die Freiheit politischer Gefangener

8.3.
Frauentag

...

[A] 1. Gestaltet euren Kalender bzw. einzelne Kalenderblätter und stellt sie aus.
2. Betrachtet die Ergebnisse bei einem Galerierundgang.

Argumentieren – Meinungen begründen

M

Es ist nicht nur wichtig, eine Meinung zu haben, sondern man muss sie auch einem anderen vermitteln können. Wenn jemand anderer Meinung ist, dann ist es so, als wäre ein Graben zwischen mir und ihm. Diesen Graben muss ich überwinden.

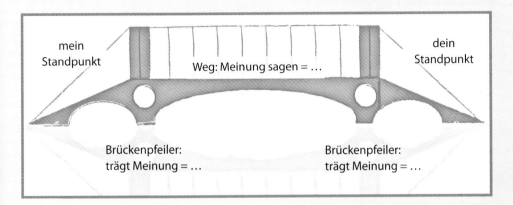

So wenig wie ich eine Straße einfach so über einen Graben ziehen kann, so wenig bringt es, wenn ich einfach nur meine Meinung sage. Diese Straße wird nicht tragen und sofort in den Graben fallen; meine Meinung wird von meinem Gegenüber nicht für voll genommen.

„Meinungen muss man stets gut begründen …"

Also muss ich die Straße richtig abstützen. Dazu brauche ich Brückenpfeiler, die die Meinung tragen. Das sind Begründungen. Diese formuliere ich am besten mit einem „weil …", „da …" oder „wegen …"

„… weil nur gut begründete Meinungen auch wirklich überzeugen."

Damit die Begründung, der Brückenpfeiler, nicht in der Luft hängt, muss ich Beispiele nennen können, die ein gutes Fundament für die Begründung sind. Sie verkörpern dann eine gute Erläuterung zu meiner Begründung, wenn der andere mit dem Beispiel etwas anfangen kann und meine Begründung trägt.

„So bringt es zum Beispiel wenig, wenn ich meinen Eltern erkläre, dass ich mehr Taschengeld benötige. Erst wenn ich einen triftigen Grund angeben kann – wie höhere Ausgaben für neue, größere Klamotten – steigen meine Erfolgsaussichten."

> **Wie sieht eine gute Brücke aus? Wie begründe ich meinen Standpunkt richtig?**
> 1. Die Straße ist gut: Die Meinung, der eigene Standpunkt ist klar und deutlich formuliert.
> 2. Der Brückenpfeiler ist stabil: Die Begründung ist einleuchtend und logisch.
> 3. Das Fundament ist solide: Meine Erläuterung, mein Beispiel trägt die Begründung.
> Diese drei Teile: Meinung, Begründung und Erläuterung gehören immer zusammen. Sie bilden den sogenannten Dreisatz.

5 Auf den Spuren unserer Kultur

Muss ich glauben und wenn ja, an was oder wen?

Ich bin nicht religiös. Haben die Zehn Gebote der christlichen Religion für mich dennoch eine Bedeutung?

Die Freiheit des Glaubens, des Gewissens und die Freiheit des religiösen und weltanschaulichen Bekenntnisses sind unverletzlich. *(GG, Art. 4, 1)*

Menschen, die derselben Religion angehören, fühlen sich oftmals miteinander verbunden wie in einer großen Familie.

Religionen und Weltanschauungen wären sinnentleert, wenn sich ihre Anschauungen nicht im praktischen Handeln der Menschen niederschlagen würden. Die Zuwendung zum Nächsten, der Einsatz für eine gerechtere Welt hat tiefe Wurzeln in den Religionen.

Religionen geben vielen Menschen Vertrauen und Sicherheit beim guten Handeln und beantworten ihre Fragen nach Sinn.

Religion kann dem Einzelnen helfen, schwierige Lebenssituationen wie Leid, Krankheit oder den Tod von Nahestehenden zu meistern.

A
1. Wähle einen Ausspruch aus, notiere drei Fragen, die sich für dich aus diesem Ausspruch ergeben und entwickle eine eigene Position dazu.
2. Geht auf Spurensuche. Wo begegnen euch auf dem Schulweg oder beim Spaziergang durch die Stadt Zeichen des Christentums? Dokumentiert eure Entdeckungen mit Fotos.

5.1 Religion und Glauben in unserem Leben

Seit es Menschen gibt, stellen sich ihnen Fragen nach dem Woher und Wohin, hegen sie Hoffnungen und Befürchtungen, die sich in ihrer Religion und ihrem Glauben* manifestieren.

Was ist Religion überhaupt?   ⟨Q⟩

a) Ein Glaube an übernatürliche Wesen (Gott) und Kräfte.

b) Eine Unterscheidung heiliger und profaner Gegenstände.

c) Rituelle* Akte, die sich um heilige Gegenstände drehen.

d) Die Annahme eines vom Göttlichen vorgeschriebenen Moralkodex.

e) Spezifische Gefühle, die in Gegenwart heiliger Gegenstände und ritueller Praxis entstehen und in Verbindung zum Göttlichen gesetzt werden.

f) Gebete und andere Formen der Kommunikation mit dem Göttlichen.

g) Eine aus Erzählungen, Bildern und Begriffen zusammengesetzte Vorstellung von Natur und Geschichte, die den Platz des Individuums in der Welt und sein (irdisches oder jenseitiges) Heil oder Unheil, seine Erlösung oder Verdammung vorzeichnet.

h) Eine Gemeinschaft, die durch Anerkennung und Praxis des eben Genannten zustande kommt ...

(Nach Maximilian Forschner: Religion. In: Otfried Höffe (Hg.): Lexikon der Ethik. Beck, München 1977, S. 198)

1. Wendet die Bestimmung in Gruppenarbeit auf die Weltreligionen an. Was stellt ihr fest?   ⟨A⟩

In der Gegenwart ist ein Nebeneinander vielfältiger weltanschaulicher und religiöser Meinungen anzutreffen. Nur noch ein Drittel der Jugendlichen glaubt an einen personalen Gott, wie ihn die monotheistischen Religionen kennen. Doch was ist mit den anderen? Sind sie ohne jeglichen Glauben*?

Woran glauben Menschen?

2. Sucht Synonyme für den Begriff „Glauben". Findet Beispiele dafür, wie er verwendet wird.   ⟨A⟩

3. Notiert, welche Sehnsüchte und Hoffnungen Jugendliche und Erwachsene an etwas glauben lassen.

4. Fertigt eine Text-Bild-Collage an, die zeigt, wobei euch der Glaube hilft.

5. Führt eine kleine Umfrage (siehe S. 129) bei Bekannten und in der Familie durch und erkundet, woran die einzelnen Personen glauben.

Neue Religionen?

Seit es Menschen gibt, gibt es Religionen. Sie helfen den Menschen, Zusammenhänge in der Welt zu verstehen und einen eigenen Platz in der Welt zu finden. Nur noch zwei Drittel der Jugendlichen gehören traditionellen Religionen an, jedoch es entstehen neue, die die Herzen der Menschen erobern.

Mesut Özil betet vor Beginn des Länderspiels

Q Zwischen Abseits und Jenseits

Fußball ist Kult. Fans pilgern zu den Spielen, tragen die Vereinskutte und beten für den Sieg ihrer Mannschaft. Das Fan-Magazin von Schalke 04 heißt *Unser Schalke* und noch heute reden wir über das Wunder von Bern. Dass sich religiöse Semantik* und Fußball keineswegs ausschließen, beweist bereits die Bezeichnung „Fan". Ursprünglich leitet sich „Fan" von „fanaticus" ab, was so viel bedeutet wie „religiös schwärmerisch, von der Gottheit ergriffen".

Das (Fußball-)Herz hat seine Gründe, die der Verstand nicht kennt. Tatsächlich können die meisten Fans für ihr Verhalten keine rationalen Gründe angeben. Die Begeisterung ist eben vorhanden. Oder [...] eben nicht. Gibt es auch im Fußball einen Sprung in den Glauben? Glaubt der Fan an die Mannschaft oder an den Sieg wie der Christ an den lieben Gott?

Eine Antwort auf die Frage, wie man zum Glauben findet, lautet für die Religion: durch praktische Einübung. Das bedeutet Teilnahme an den Ritualen der Kirche – vom Weihwasser bis zur Hostie, von den Liedern bis zum gemeinsamen Gebet. Der Glaube ist eben nicht von Anfang an vorhanden. Religiöse Hingabe muss erst in der Gemeinschaft vorgelebt werden. Ähnlich verhält es sich im Fußball. Erst die Teilnahme an bestimmten Ritualen formt den Glauben. Gesungen wird in der Kirche wie im Stadion, strenge Vorschriften gibt es in der Liturgie wie in den Arenen.

Damit verbunden ist die Solidarität der Gemeinschaften. Der Glaube hat eine integrative Kraft, was sich im Fußball bereits rein äußerlich an der Kleiderordnung der Fans ablesen lässt. Trikots, Fahnen und Schals wirken identitätsstiftend, sie stärken den Zusammenhalt in der Fankurve. Der Glaube an die eigene Mannschaft hebt den Einzelnen über sich hinaus. Er lässt den Zuschauer an einer überpersönlichen Ordnung teilhaben. Was in der Religion Gott, ist im Fußball der Verein – die Spieler werden zu seinen irdischen Vertretern.

Kollektive Teilnahme ist für die Ausbildung des Glaubens unverzichtbar. Überträgt man diese These auf den Sport, so erklärt sich dessen gegenwärtige Popularität. Im Stadion sind alle gleich. Der Fußball ist durch seine integrative Kraft für viele zu einer Ersatzreligion geworden.

Religion erschöpft sich allerdings nicht in Gruppensolidarität und Ritualisierung. Sie definiert sich vielmehr als gemeinsame Verpflichtung gegenüber einer höheren Ordnung. Sie bezieht sich auf Bereiche, die sich dem menschlichen Zugriff prinzipiell entziehen, die sich weder unter Kontrolle bringen noch planen lassen. Schicksalhafte, unvorhergesehene und unabänderliche Ereignisse, Lebenskrisen, Krankheit und Tod sollen durch Ritualisierung „bewältigt" werden. Der Soziologe Niklas Luhmann begründet die Funktion der Religion in der Bestimmung des Unbestimmbaren.

Auch im Fußball gibt es einen Bereich des Unbestimmbaren. Selbst wenn der Favorit eindeutig feststeht, kann das Spiel anders enden als erwartet. Eine Vielzahl von Faktoren beeinflusst den Spielverlauf, nicht zuletzt die Unterstützung der Zuschauer, die sich häufig abergläubischer Praktiken bedienen. Ein Fetisch oder ein Maskottchen sollen zum Sieg verhelfen, Fahnen und Transparente die Moral der Truppe stärken. Gelegentlich wird auch gebetet, vor allem angesichts einer drohenden Niederlage. In all diesen Fällen wird eine höhere Macht angerufen, eine Macht, von der man glaubt, dass sie über den Spielverlauf entscheidet, weshalb sie durch die zuvor beschriebenen Riten und Gesten günstig gestimmt werden soll.

Fan betet für den Sieg seines Teams

(Erik Zyber: Zwischen Abseits und Jenseits. DIE ZEIT, 17.2.2007)

1. Schreibt aus dem Text und darüber hinaus Wörter und Wortgruppen auf, die sowohl auf Religion als auch auf Fußball zutreffen. $\boxed{A}$
2. Begründet euren Standpunkt: Ist Fußball eine Religion? Tragt Argumente zusammen, die eure Ansicht stützen.
3. Führt anschließend dazu eine Pro-Contra-Diskussion (siehe S. 73).

5.2 Das Christentum

Jesus von Nazaret – Jesus Christus

Jesus Christus ist die zentrale Gestalt des Christentums. Sein Handeln ist bis heute Vorbild für viele Menschen, auch für Nichtchristen. Über das Leben von Jesus ist nur wenig bekannt. Das Meiste wissen wir aus den vier Evangelien der Bibel.

Jesus – Wer ist das eigentlich?

geboren etwa 6 bis 4 v.u.Z.

Vater: Josef, Zimmermann aus Nazaret

Mutter: Maria, eine sehr junge Frau

Taufe durch Johannes den Täufer im Jordan

Jesus Christus: Turiner Grabtuch

Wanderprediger

Botschaft vom Reich Gottes

Konflikt mit der jüdischen Obrigkeit

Hinrichtung unter Pontius Pilatus zwischen 30 und 33 u.Z.

 1. Ermittelt weitere historische Fakten über das Leben Jesu und schreibt einen tabellarischen Lebenslauf.

Q **Eine Weihnachtsgeschichte**

Als Jesus geboren war, da kamen Weise aus dem Morgenland nach Jerusalem und fragten: Wo ist der neugeborene König der Juden? Wir haben seinen Stern gesehen im Morgenland und sind gekommen, ihn anzubeten.

Als das der König Herodes hörte, erschrak er. Er ließ alle Hohenpriester und Schriftgelehrten holen und befragte sie, wo Christus geboren werden sollte. Sie sagten ihm: In Bethlehem, so steht es geschrieben durch den Propheten. Da bat Herodes die Weisen heimlich zu sich und erkundete genau, wann der Stern erschienen wäre. Er schickte sie nach Bethlehem und sprach: Zieht hin und forscht nach dem Kindlein; und wenn ihr's findet, so sagt mir's, dass auch ich komme und es anbete. Die Weisen zogen weiter – und siehe, der Stern, den sie im Morgenland gesehen hatten, ging vor ihnen her, bis er über dem Ort stand, wo das Kindlein war. Sie gingen in das Haus und fanden das Kindlein mit Maria, seiner Mutter. Sie beteten es an und schenkten ihm Gold, Weihrauch und Myrrhe. Gott befahl ihnen im Traum, nicht zu Herodes zurückzukehren; und sie zogen auf einem andern Weg wieder nachhause.

(Nach Matthäus-Evangelium 2,1-12)

A 2. Sucht aus dem Text Symbole* heraus, die mit Weihnachten verbunden sind.
3. Fertigt eine Übersicht an, wofür diese Symbole stehen und wie sie heute zu Weihnachten in Erscheinung treten. Überlegt danach, welche bekannten Symbole fehlen.
4. Lest in der Bibel die Weihnachtsgeschichte des Evangelisten Lukas (Lk. 2,1-21).

Wie wir Weihnachten feiern

Der genaue Tag der Geburt Jesu ist nicht bekannt. Anfangs feierten die Christen am 6. Januar, erst ab dem 4. Jahrhundert setzte sich der 25. Dezember durch. Weihnachten ist mit verschiedenen Bräuchen verbunden. Das wichtigste Symbol* ist das Licht, denn für die Christen ist Jesus das Licht der Welt, wie es im Neuen Testament überliefert ist.

Ein neues Weihnachtslied

Übertrieben viele Lichter
Glühwein, Pommes und Punsch, Pomp und Weihnachtszauber total
Von Stress gezeichnete Gesichter
Und „Last Christmas" erklingt heute schon zum zwanzigsten Mal
Den meisten kommt das Fest viel zu früh
Was man sich schenken soll lässt manch einen verzweifeln (immer wieder)
Manch and'rer setzt sich kurz vor Heiligabend in den Flieger weil er flieht
Und doch kennt jeder die Momente
In denen fernab vom Kopf
Irgendwas im Herzen geschieht.

(Maybebop: Ein neues Weihnachtslied.
http://www.info.blogs.rpi-virtuell.net/2012/12/13/maybebop-ein-neues-weihnachtslied-mit-noten/; Zugriff: 12.10.2014)

1. Beendet den Satz: Weihnachten ist für mich …
2. Hört euch das ganze Lied von Maybebop an. Legt eine Tabelle mit zwei Spalten an. Haltet in der einen fest, was die Musiker kritisieren, und in der anderen, wodurch dieses Fest wieder mehr von seiner ursprünglichen Bedeutung bekommen könnte. Steuert eigene Beobachtungen bei.
3. Schreibt einen Artikel für die Schülerzeitung zum Thema Weihnachten.

Jesus – Lehrer und Sozialarbeiter

Jesu Leben und sein Handeln sind im Neuen Testament der Bibel überliefert. Lukas schildert ihn als eine Art Sozialarbeiter.

Vom verlorenen Sohn
(Lukas-Evangelium 15, 11-32)

Die Gleichnisse Jesu – Bilder vom Reich Gottes

Im Alten Testament heißt es, dass Gott am Ende der Zeit Gerechtigkeit und weltweiten Frieden schaffen wird. Das Neue an der Botschaft Jesu vom Reich Gottes ist, dass dieses bereits mit seinem Erscheinen begonnen hat.

Um sich den Menschen seiner Zeit verständlich zu machen, erzählte Jesus oft in Gleichnissen. Durch anschauliche und bildhafte Vergleiche mit alltäglichen Begebenheiten oder nachvollziehbaren Erfahrungen beschreibt er das Reich Gottes.

Q Das Gleichnis vom Sämann

Ein Bauer säte Getreide aus. Dabei fielen ein paar Saatkörner auf den Weg. Sofort kamen die Vögel und pickten sie auf. Andere Körner fielen auf felsigen Boden, wo nur wenig Erde war. Dort ging die Saat zwar schnell auf; aber als die Sonne heiß brannte, vertrockneten die Pflänzchen, weil ihre Wurzeln in der dünnen Erdschicht zu wenig Nahrung fanden. Einige Körner fielen zwischen die Disteln, doch diese hatten die junge Saat bald überwuchert, so dass sie schließlich erstickte. Die übrige Saat aber fiel auf fruchtbaren Boden, wuchs heran und brachte das Dreißigfache, das Sechzigfache, ja sogar das Hundertfache der Aussaat als Ertrag.

(Markus-Evangelium 4, 2-9)

D **Gleichnisse** bestehen aus einer *Bildhälfte* (dem, was erzählt wird), und einer *Sachhälfte* (dem, was gemeint ist). Um sie verstehen zu können, muss man sie also entschlüsseln. Vieles, was den Menschen damals in ihrem Alltag geläufig war, kennen wir heute aber nicht mehr. Oder wisst ihr, was ein Scheffel ist und wie mit Sauerteig gebacken wird? Diese Informationen benötigen wir aber, um den Sinn des Gleichnisses zu erschließen.

↗ Eine Auslegung des Gleichnisses vom Sämann findet ihr im Markus-Evangelium 4, 13-20.

A 1. Auch in unserem Alltag werden Bilder und Symbole* verwendet, um komplexe Sachverhalte einfach und schnell darzustellen. Findet Beispiele dafür und stellt sie euch gegenseitig vor.

Wie das Reich Gottes abgebildet werden kann

Die Arbeiter im Weinberg

Das Himmelreich gleicht einem Hausherrn, der früh am Morgen ausging, um Arbeiter für seinen Weinberg einzustellen. Er einigte sich mit ihnen auf einen Silbergroschen als Tagelohn und schickte sie in seinen Weinberg. Um die dritte Stunde sah er andere müßig auf dem Markt stehen und sprach zu ihnen: Geht ihr auch hin in den Weinberg; ich will euch geben, was recht ist. Und sie gingen hin. Abermals ging er aus um die sechste und um die neunte Stunde und tat dasselbe. Um die elfte Stunde ging er erneut aus und fand andere. Was steht ihr den ganzen Tag müßig da?, fragte er. Sie erwiderten: Es hat uns niemand eingestellt. Er sprach zu ihnen: Geht auch ihr in den Weinberg. Als es Abend wurde, rief er die Arbeiter zusammen, um ihnen den Lohn auszuzahlen.

Die anvertrauten Talente (Lukas-Evangelium 19, 11-27)

Alle bekamen einen Silbergroschen. Als aber die Ersten kamen, meinten sie, sie bekämen mehr. Aber auch sie erhielten ein jeder einen Silbergroschen. Sie murrten gegen den Hausherrn und sprachen: Diese Letzten haben nur eine Stunde gearbeitet, doch du hast sie uns gleichgestellt, die wir des Tages Last und Hitze getragen haben. Er antwortete aber: Tue ich dir Unrecht? Bist du nicht mit mir einig geworden über einen Silbergroschen? Nimm, was dein ist, und geh! Ich aber will diesen Letzten dasselbe geben wie dir. Oder habe ich nicht Macht zu tun, was ich will, mit dem, was mein ist? So werden die Letzten die Ersten und die Ersten die Letzten sein.

(Matthäus-Evangelium 20,1-16)

1. Entscheidet euch für eines der Gleichnisse und erzählt es mit eigenen Worten nach. Achtet dabei auf Vollständigkeit, Anschaulichkeit sowie einen spannenden und dynamischen Vortrag. Trage das Gleichnis deinen Mitschülern vor.

Ihr könnt auch versuchen, die Handlung des Gleichnisses in die heutige Zeit zu versetzen.

2. Wählt in Gruppenarbeit ein Gleichnis aus. Lest es in der Bibel nach. Formuliert in einem Schlagwort, worum es in diesem Gleichnis geht, und versucht eine eigene Deutung. Überprüft anschließend eure Interpretation mithilfe des Internets.
3. Schreibe einen Lexikoneintrag zum Reich Gottes, wie es Jesus verkündete. Recherchiere dazu in Fachliteratur und im Internet.

Hinwendung zu den Bedürftigen

Die Gleichnisse Jesu versprechen nicht „das Blaue vom Himmel", sondern fordern die Zuhörer bzw. Leser zum Handeln auf. Sie sollen sich von schlechten Verhaltensweisen wie etwa Geiz, Neid oder Selbstsucht abwenden und die Aufforderung Jesu zu Hilfsbereitschaft, Gerechtigkeit und Vergebung in die Tat umsetzen.

Eines der bekanntesten Gleichnisse ist das vom barmherzigen Samariter*.

A
1. Berichtet, worum es im Gleichnis vom barmherzigen Samariter geht.
2. Manche Menschen werden auch heute noch mit dem barmherzigen Samariter verglichen. Tragt Eigenschaften zusammen, die diese Menschen auszeichnen.

Q
Ein Gleichnis vom Helfen

Es war ein Mensch, der ging von Jerusalem hinab nach Jericho und fiel unter die Räuber. Die zogen ihn aus und schlugen ihn und machten sich davon. Sie ließen ihn halb tot liegen. Es traf sich aber, dass ein Priester dieselbe Straße hinab zog; und als er ihn sah, ging er vorüber. Desgleichen auch ein Levit*: Als er zu der

Stelle kam und ihn sah, ging er vorüber. Ein Samariter* aber, der auf der Reise war, kam dahin: Als er den Mann sah, jammerte der ihn. Er ging zu ihm, goss Öl und Wein auf seine Wunden und verband sie ihm, hob ihn auf sein Tier und brachte ihn in eine Herberge und pflegte ihn bis er weitermusste. Am nächsten Tag zog er zwei Silbergroschen heraus, gab sie dem Wirt und sprach: Pflege ihn; und wenn du mehr ausgibst, will ich dir's bezahlen, wenn ich wiederkomme.

(Lukas-Evangelium 10, 30-37)

„Der barmherzige Samariter",
Vincent van Gogh (1853–1890)

A
3. Beurteilt das Handeln jedes der drei Passanten.
4. Tragt in einem Brainstorming Gründe zusammen, die die ersten beiden Passanten veranlasst haben könnten, vorüberzugehen.

P
5. Übertragt das Gleichnis vom barmherzigen Samariter in die heutige Zeit. Gründet ein Filmteam (Regisseur, Drehbuchautoren, Schauspieler, Requisiteure, Kameramann usw.). Dreht einen aussagekräftigen Film zu diesem Thema. Die nötige Technik könnt ihr zum Beispiel in den Medienstellen ausleihen.
Oder erzählt das Gleichnis für die heutige Zeit in Gestalt eines Comics, einer Kurzgeschichte, eines Rap-Songs oder einer kleinen Spielszene. Wem ist die Umsetzung am besten gelungen?

Jesus und die Benachteiligten seiner Zeit

In seinem Handeln wendet sich Jesus ganz bewusst den Benachteiligten seiner Zeit zu: den Armen und Ausgegrenzten, den Kranken, Alten und Behinderten, aber auch Frauen und Kindern. Sowohl in seinen Worten als auch in seinen Taten sollte das Reich Gottes, wie er es verstand, erkennbar werden.

Jesus heilt einen Gelähmten (Lukas-Evangelium 5, 17-26)

Jesus und der Zöllner Zachäus (Lukas-Evangelium 19, 1-10)

Jesus, du bist anders

Du stelltest dich zur Ehebrecherin, als sich alle von ihr distanzierten.
Du kehrtest bei dem Zöllner ein, als sich alle über ihn empörten.
Du riefst die Kinder zu dir, als alle sie wegschicken wollten.
Du vergabst dem Petrus, als er sich selbst verdammte.
Du lobtest die Opfer der Witwe, als sie von allen übersehen wurde.
Du verjagtest den Teufel, als alle anderen auf ihn hereingefallen wären.
Du versprachst dem Verbrecher das Himmelreich, als alle ihm die Hölle wünschten.
Du riefst Paulus in die Nachfolge, als alle ihn als Verfolger fürchteten.
Du flohst dem Ruhm, als alle dich zum König machen wollten.
Du liebtest die Armen, als alle Reichtum erstrebten.
Du heiltest Kranke, als sie von anderen aufgegeben waren.
Du schwiegst, als alle dich anklagten, verspotteten und auspeitschten.
Du starbst am Kreuz, als alle ihr Passah feierten.
Du nahmst die Schuld auf dich, als alle ihre Hände in Unschuld wuschen.
Du erstandst vom Tod, als alle meinten, alles sei zu Ende.
Jesus, ich danke dir, dass du anders bist.

(Verfasser unbekannt. In: Axel Kühner: Eine Gute Minute. 365 Impulse zum Leben, Aussaat-Verlag, Neukirchen-Vluyn 2012, S. 143)

1. Vergleicht die Aussagen des Gedichts mit den Überlieferungen der Evangelien über das Leben und Wirken Jesu.
2. Findet heraus, was für den Verfasser das Besondere an Jesus war und ist.

Die Bergpredigt

Einer der berühmtesten Texte der Bibel ist die sogenannte Bergpredigt im Matthäus-Evangelium Kapitel 5–7. Sie enthält die wichtigsten Botschaften Jesu. Man kann sagen, sie ist eine Zusammenfassung der christlichen Ethik.

 Die Seligpreisungen

Selig sind, die da arm sind vor Gott; denn ihrer ist das Himmelreich.

Selig sind, die da Leid tragen; denn sie sollen getröstet werden.

Selig sind die Sanftmütigen; denn sie werden das Erdreich besitzen.

Selig sind, die da hungert und dürstet nach der Gerechtigkeit; denn sie sollen satt werden.

Selig sind die Barmherzigen; denn sie werden Barmherzigkeit erlangen.

Selig sind, die reinen Herzens sind; denn sie werden Gott schauen.

Selig sind die Friedfertigen; denn sie werden Gottes Kinder heißen.

Selig sind, die um der Gerechtigkeit willen verfolgt werden; denn ihrer ist das Himmelreich.

Selig seid ihr, wenn euch die Menschen um meinetwillen schmähen und verfolgen und reden allerlei Übles gegen euch, wenn sie damit lügen. Seid fröhlich und getrost; es wird euch im Himmel reichlich belohnt werden. Denn ebenso haben sie verfolgt die Propheten, die vor euch gewesen sind.

(Matthäus-Evangelium 5, 1-12)

Neue Seligpreisungen?

Selig sind die Reichen, denn sie können sich alles leisten.

Selig sind die, die ihre Ellenbogen einsetzen, denn sie werden Karriere machen.

Selig sind die Fußballer, denn sie werden Millionen verdienen.

Selig sind die ...

A

1. Tragt zusammen, welche Menschen selig gesprochen werden. Formuliert die Normen und Werte, die in den Seligpreisungen zum Ausdruck kommen.
2. Wie sieht es heute aus? Vervollständigt die Liste neuer Seligpreisungen mit euren eigenen Gedanken.
3. Zieht im Anschluss daran gemeinsam Schlussfolgerungen, ob und warum bzw. warum nicht die Seligpreisungen der Bergpredigt auch heute noch gültig sind.
4. Die Seligpreisungen sind Zuspruch und Anspruch zugleich. Interpretiert diesen Satz.

Was würde Jesus heute sagen?

In der Bergpredigt macht Jesus, wie wir gesehen haben, ausdrücklich den Trauernden und den Verfolgten Mut, also Menschen, die sich in einer schwierigen Situation befinden. Q

Man kann nur ahnen, wie viele Menschen von der Verurteilung durch ihre Umgebung betroffen sind: im Abitur durchgefallen, im Examen gescheitert, die Ehe kaputt, im Büro gemobbt, unglücklich im Leben, Nachbargetuschel und Gerede, Unglück in der eigenen Familie. Viele denken, sie seien minderwertig, schlechter als andere und zweifeln an der Berechtigung ihrer eigenen Existenz.

Nun kommt einer und sagt: Alles falsch, kümmert euch nicht darum, was andere über euch reden, wie andere über euch urteilen, andere euch anklagen, ihr seid in eurer Würde unantastbar, weil sie in Gott verankert ist, niemand kann euch diese Würde nehmen, ihr seid unabhängig vom Urteil anderer Leute. Diese frohe Botschaft ist eine Botschaft der Befreiung, die es den Menschen ermöglicht, aufrecht durchs Leben zu gehen, auch wenn sie nach menschlichen Leistungsmaßstäben versagt, Fehler begangen und Ansprüchen nicht genügt haben.

(Heiner Geißler: Was würde Jesus heute sagen? Die politische Botschaft des Evangeliums. Rowohlt, Berlin 2004, S. 39 f.)

Die Feindesliebe

Der Befehl, unsere Feinde zu lieben, ist nicht die fromme Bitte eines schwärmerischen Träumers; er ist eine unbedingte Notwendigkeit für unser Überleben. Die Liebe auch zu unseren Feinden ist der Schlüssel, mit dem sich die Probleme der Welt lösen lassen. Q

(Martin Luther King: Kraft zum Lieben. Christliche Verlagsanstalt, Konstanz, o. J., o. S.)

A

1. Versucht mithilfe Heiner Geißlers herauszufinden, was im Alltag eines Christen anders sein könnte als im Alltag eines Menschen, der kein Christ ist.
2. Erläutert anhand von Beispielen, was ihr unter Feindesliebe versteht.
3. Positioniert euch zu Martin Luther Kings (1929–1968) Aussage über die Bedeutsamkeit des Gebots der Feindesliebe.
4. Führt an eurer Schule eine Umfrage (siehe S. 129) dazu durch, ob die Botschaft Jesu von Nächstenliebe und Vergebung auch für Nichtchristen von Bedeutung ist. Präsentiert (siehe S. 31) die Ergebnisse.

Kreuzigung und Auferstehung

Die Botschaft Jesu und sein Handeln stießen bei der jüdischen Priesterschaft auf Widerstand. Man warf ihm Anmaßung und Gotteslästerung vor. Um das Jahr 30 wurde er auf Betreiben der jüdischen Behörden festgenommen und dem römischen Statthalter Pontius Pilatus überstellt. Dieser verurteilte Jesus nach einem Verhör zum Tod am Kreuz. Die Sache Jesu schien verloren.

Der Tod Jesu am Kreuz ist aber nicht das Ende. Die Evangelien und einige außerbiblische Quellen berichten von seiner Auferstehung.

Kreuzweg Station VIII: Jesus redet zu den weinenden Frauen (Jesus begegnet seiner Mutter, die ihm mit den Frauen von Bethanien auf dem Richtwege gefolgt ist. Tief ergreifend ist der Abschied Jesu von seiner lieben Mutter. Er, der selber des Trostes bedarf, tröstet sie. Für sie aber bewahrheitet sich das Wort: Es wird ein Schwert durch deine Seele gehen.)

Q Um diese Zeit [als Pontius Pilatus Statthalter war], lebte Jesus, ein weiser Mensch, wenn man ihn überhaupt einen Menschen nennen darf. Er war nämlich der Vollbringer ganz unglaublicher Taten und der Lehrer aller Menschen, die mit Freuden die Wahrheit aufnahmen. So zog er viele Juden und auch viele Heiden an sich. Er war der Christus [der Messias*]. Und obgleich ihn Pilatus auf Betreiben der Vornehmsten unseres Volkes zum Kreuzestod verurteilte, wurden doch seine früheren Anhänger ihm nicht untreu. Denn er erschien ihnen am dritten Tage wieder lebend, wie gottgesandte Propheten dies und tausend andere Dinge von ihm vorher verkündigt hatten. Und noch bis auf den heutigen Tag besteht das Volk der Christen, die sich nach ihm nennen, fort.

(Flavius Josephus: Jüdische Altertümer. Harz, Berlin 1923, S. 63f.)

A 1. Tragt zusammen, welche Informationen dem Text von Flavius Josephus zu entnehmen sind. Recherchiert weitere außerbiblische Quellen zu Jesus und stellt ihre Aussagen tabellarisch dar.

P Kreuzwege
› Informiert euch über die Funktion von Kreuzwegen.
› Recherchiert, ob und wo sich in eurer Nähe Kreuzwege befinden.
› Unternehmt als Exkursion eine Tageswanderung auf einem Kreuzweg. Legt im Vorfeld Arbeitsaufträge dafür fest.

Die Christen glauben, dass Jesus auferstanden ist, dass Gott ihn wieder zum Leben erweckt hat. Für sie ist Jesus der Messias*, der Retter der Welt, der im Alten Testament angekündigt wurde. Deshalb wird er auch Jesus Christus genannt.

Seit dem zweiten Jahrhundert feiern die Christen am Ostersonntag die Auferstehung Jesu. Ostern ist deshalb das wichtigste Fest der Christen.

Q A wie Auferstehung

Wie Jesus bereits zu Lebzeiten Tote auferweckt und Menschen ins Leben zurückgeführt hat, so bedeutet seine Auferstehung für alle Christen ein verändertes, neues Leben. Durch die Auferstehung Christi ist die Macht des Todes als Endpunkt allen Lebens gebrochen. Es gibt genauso ein Leben nach dem Tod wie vor dem Tod. Die Auferstehung ist für viele Christen eine Hilfe zur sinnvollen Lebensgestaltung schon in dieser Welt. Lebensfeindliche Einstellungen können das Leben zur Hölle machen, es dem Tod ausliefern. Ein Leben in Hass oder Aggression, in ständiger Enttäuschung oder Verletzung kann mich innerlich absterben lassen, auch wenn ich äußerlich noch lebe. Die Auferstehung Christi ist die Hoffnung, dass es schon jetzt und hier ein sinnvolles und erfülltes Leben gibt.

„Die Auferstehung Jesus Christus", Jan Snellinck (1548–1638)

(Thies Gundlach, Ralf Meister: Glauben. Ein Lexikon für Jugendliche. Gütersloher Verlagshaus, Gütersloh 2001, S. 13)

Ausdruck der Hoffnung

Die Auferstehung der Toten zum ewigen Leben ist Ausdruck der Hoffnung, dass das Unrecht nicht siegt. Auch wenn die Gewalt von Menschen gegen Menschen im Mord einen definitiven Sieg erringt, so ist dieser Sieg nur scheinbar definitiv.

(Dorothee Sölle, Luise Schottroff: Jesus von Nazaret. dtv, München 2000, S. 132)

1. Diskutiert eure Vorstellungen davon, was mit dem Menschen nach seinem Tod geschieht. $\boxed{A}$
2. Expertenaufgabe: Bestimmt habt ihr schon einmal den Satz gehört: „Jesus ist für unsere Sünden gestorben." Recherchiert dazu im Internet und erläutert euer persönliches Verständnis dieser Aussage.

Hört euch gemeinsam Ausschnitte aus der Matthäus-Passion von Johann Sebastian Bach an.

Kirche und Gemeinde – Gemeinsam leben und handeln

Heute leben überall auf der Welt Christen. Von Anfang an war es für die Christen wichtig, dass sie eine feste Gemeinschaft bilden. Kein Christ kann sich vorstellen, ohne eine solche Gemeinschaft, die Gemeinde, zu leben.

Innerhalb des Christentums gibt es verschiedene Konfessionen. Sie stimmen in den wichtigsten Glaubenslehren überein, unterscheiden sich aber in einigen Fragen.

Wo zwei oder drei in meinem Namen versammelt sind, da bin ich mitten unter ihnen.

(Matthäus-Evangelium 18, 20)

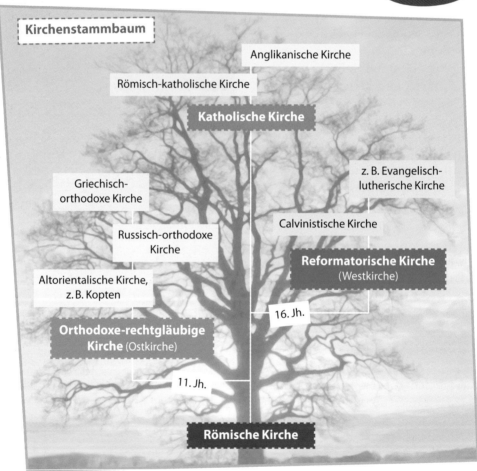

Kirchenstammbaum

Anglikanische Kirche

Römisch-katholische Kirche

Katholische Kirche

z. B. Evangelisch-lutherische Kirche

Griechisch-orthodoxe Kirche

Calvinistische Kirche

Russisch-orthodoxe Kirche

Reformatorische Kirche (Westkirche)

Altorientalische Kirche, z. B. Kopten

16. Jh.

Orthodoxe-rechtgläubige Kirche (Ostkirche)

11. Jh.

Römische Kirche

 1. Erklärt mit eigenen Worten, warum den Christen die Gemeinschaft so wichtig ist.
2. Recherchiert, in welchen Ländern der Erde welche Konfessionen verbreitet sind.
3. Informiert euch darüber, welche Kirchengemeinden es in eurer Nähe gibt.
4. Notiert Unterschiede zwischen der katholischen und evangelischen Kirche.

Religiöse Feste im Leben eines Christen

Wie andere Religionen auch kennt das Christentum
Feste, die verschiedene Lebensabschnitte begleiten.

Die Taufe

In die Gemeinschaft der Christen wird man durch
die Taufe aufgenommen. Sie ist das Versprechen
der Liebe Gottes und verbindet den einzelnen Menschen mit der christlichen Gemeinde.

Konfirmation bzw. Firmung

In der evangelischen Kirche feiern die Jugendlichen meist im Alter von 14 Jahren
ihre Konfirmation. Damit bestätigen sie den Bund der Taufe und verpflichten
sich zu einem Leben nach der Lehre Jesu. Von nun an sind sie vollgültige Mitglieder der Gemeinde und dürfen z.B. am Abendmahl teilnehmen.

In der katholischen Kirche haben die Kinder bzw. Jugendlichen im Alter von
sieben bis zwölf Jahren ihre Firmung. Sie ist ein sichtbares Zeichen der Gnade
Gottes, kennzeichnet den Eintritt in das Erwachsenenleben und gilt als Stärkung
und Vollendung der Taufe.

Beide Feste werden mit einem feierlichen Gottesdienst und einer anschließen-
den Familienfeier begangen.

Die kirchliche Trauung

Für Christen ist die Ehe ein Bund, den zwei Men-
schen vor Gott schließen. Damit übernehmen sie
vor Gott die Verantwortung füreinander und
geben sich gegenseitig das Versprechen, ihr
Leben nach den Grundsätzen des christlichen
Glaubens* zu führen. Nach evangelischem
Verständnis gibt es eigentlich keine kirchliche
„Trauung", sondern einen Gottesdienst zur
Eheschließung, bei dem die Eheleute den
Segen Gottes empfangen. Mindestens ein Ehe-
partner muss Mitglied der evangelischen Kirche
sein. In der katholischen Kirche gilt die Ehe als
Sakrament, deshalb müssen beide Ehepartner Mit-
glieder der katholischen Kirche sein.

1. Listet weitere Lebensfeste bzw. Übergangsriten auf und notiert, was und wie gefeiert wird.
   Tauscht euer Wissen aus.
2. Diskutiert darüber, ob und warum solche Feste wichtig für die Menschen sind.
3. Informiert euch, welche Aufgaben die Taufpaten für Kinder oder Säuglinge, die getauft
   werden, übernehmen.

Die Kirche – Begegnung und Andacht

Bereits die ersten Christen trafen sich, um Geschichten über Jesus zu hören, gemeinsam zu beten und das Abendmahl zu feiern. Anfangs waren sie eine verfolgte Minderheit, mussten sich verstecken und konnten sich nur heimlich in Privathäusern treffen. Im Jahr 313 erklärte der römische Kaiser Konstantin das Christentum zur rechtmäßigen Religion. Später wurde das Christentum zur Staatsreligion im Römischen Reich. Von dieser Zeit an wurden Kirchen gebaut und es entstand sogar eine eigenständige Kirchenarchitektur. Die Kirchen repräsentieren bis heute die Baustile ihrer Entstehungszeit und sind zu kulturgeschichtlichen Zeugen geworden.

St. Michael, Hildesheim (romanische Kirche)

St. Petri, Braunschweig (gotische Kirche)

Stephanuskirche Wolfsburg, moderne Kirche

St. Trinitatis, Wolfenbüttel (Barock-Kirche)

 A

1. Tragt in einer Tabelle die wichtigsten Gegenstände, die in einer katholischen und einer evangelischen Kirche zu finden sind, sowie deren Bedeutung für den Gottesdienst ein.
2. Besucht eine Kirche in der Nähe eurer Schule. Informiert euch vor Ort über Baustil, Ausstattung und Besonderheiten.
3. Vielleicht habt ihr schon einmal im Urlaub eine besonders beeindruckende Kirche besichtigt. Tauscht euch darüber aus.

Die Kirche im Dorf und anderswo

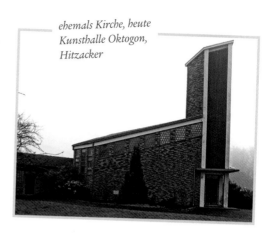

ehemals Kirche, heute Kunsthalle Oktogon, Hitzacker

Heute sieht man vor allem in kleineren Ortschaften Kirchengebäude, die nicht mehr genutzt werden und teilweise dem Verfall preisgegeben sind. Grund dafür sind vor allem die sinkende Zahl der Gemeindemitglieder und die Zusammenlegung mehrerer Pfarrgebiete. Manche Kirchen, in denen kein Gottesdienst mehr stattfindet, werden deshalb umgewidmet, damit sie verkauft oder zu anderen Zwecken genutzt oder auch abgerissen werden können.

Handeln aus Glauben – Ein Religionslehrer kauft eine Kirche Q

Man brauche nicht nur Geduld, sondern auch ein gesundes Maß an Lässigkeit, sonst werde man verrückt, so Henrik Mroska, der Kirchenbesitzer. Vor drei Jahren war er mit dem Fahrrad unterwegs und kam durch eines der Leipziger Umlanddörfer. In der Mitte von Kleinliebenau fand er ein Kirchlein. Henrik Mroska warf einen Blick in das barocke Innere und verliebte sich auf der Stelle. Und dann verwirklichte er seinen Traum: Für einen Euro kaufte er die alte Rittergutskirche.

Das seit Jahrzehnten verlassene Gotteshaus war verfallen, hatte keine Gemeinde und keine Funktion mehr. Schnell merkte der Leipziger, dass man alleine keine Kirche bauen kann, also braucht er Mitstreiter, Mitbauer, Mitbewohner. Kleinliebenau liegt direkt am Jakobspilgerweg und die geplante Funktion als Pilgerherberge öffnete die Förderschatullen. Mit Spenden und den ersten Fördermitteln legte er los und plötzlich ist auch das halbe Dorf auf den Beinen, baut mit, kümmert sich, hat die Kirche wieder für sich entdeckt. Für Henrik Mroska ist das ein echtes Wunder.

ehemals Rittergutskirche, heute Pilgerherberge

(www.mdr.de/glaubwuerdig/6354247.html; Zugriff: 17.6.2009)

1. Stellt euch vor, die Kirche in eurem Heimatort steht vor einer Umnutzung und ihr seid Mitglied einer Arbeitsgruppe, die dafür ein Konzept entwickeln soll. Unterbreitet Vorschläge, wofür eure Kirche künftig genutzt werden könnte und begründet diese kurz. A
2. Recherchiert im Internet, wozu ehemalige Kirchen noch genutzt werden. Diskutiert darüber, ob es für die Nachnutzung von Kirchengebäuden Regeln und Einschränkungen geben sollte.
3. Was denkt ihr, ist es wichtig, Kirchengebäude zu erhalten? Führt dazu eine Pro-Contra-Diskussion (siehe S. 73).

Christliche Feste im Jahreslauf

Wenn ihr in den Kalender schaut, seht ihr viele Feiertage. Oft sind sie auch mit Ferien verbunden. Aber nur drei davon sind staatliche Feiertage: der 1. Mai, der 3. Oktober und der 1. Januar. Alle anderen gehen auf christliche Traditionen zurück.

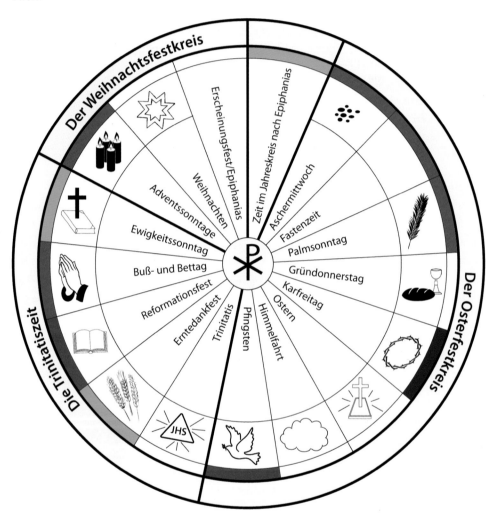

 1. Stellt gemeinsam eine Broschüre über die christlichen Feste zusammen. Bildet Gruppen und recherchiert jeweils die Herkunft, die Bedeutung sowie die wichtigsten Bräuche und Rituale* der Feiertage. Vervollständigt eure Texte mit geeigneten Bildern.

2. Vielleicht ist euch schon einmal aufgefallen, dass die Kirchen zu bestimmten Zeiten mit verschiedenen Farben geschmückt sind. Diese nennt man liturgische Farben, sie sollen den Charakter kirchlicher Feste unterstreichen. Informiert euch darüber.

3. Diskutiert darüber, warum Feste und Feiertage im Christentum wie auch in den anderen Religionen eine so große Rolle spielen. Haltet ihr persönlich religiöse Feste für wichtig?

4. Sucht in anderen Religionen nach „verwandten Festen" und stellt euch diese vor.

Bräuche und Traditionen rund ums Kirchenjahr

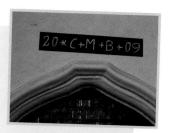

Philipp: Bei uns werden am 6. Januar die Häuser gesegnet. Dabei werden mit Kreide die drei Buchstaben C+M+B über die Tür geschrieben. Manche Menschen denken ja, das ist eine Abkürzung für die Anfangsbuchstaben der Heiligen Drei Könige – Caspar, Melchior, Baltasar. Aber unser Pfarrer hat uns erklärt, dass es die Anfangsbuchstaben des alten Segensspruches „Christus Mansionem Benedicat" sind, das heißt „Christus möge dieses Haus segnen".

Lara: Am Abend des Ostersamstags, wenn es dunkelt, wird bei uns ein großes Oster-feuer vor der Kirche angezündet. Der Pfarrer kommt dann mit einer Kerze, zündet sie am Feuer an und trägt sie vorsichtig in die dunkle Kirche. Jeder, der zum Gottes-dienst kommt, hat eine eigene Kerze mitgebracht und zündet sie an der Kerze des Pfarrers an. Die Kirche wird dann immer heller. Das ist ein Symbol* für die Auferstehung Jesu. Nach dem Gottesdienst nimmt jeder seine Osterkerze mit nach Hause.

Theresa: Am schönsten finde ich das Erntedankfest. Alle Kinder in unserem Dorf sammeln bei den Leuten Erntegaben ein, Kartoffeln, Möhren, Kohl, Äpfel, Weintrauben und auch Blumen. Damit schmücken wir gemeinsam die Kirche und bereiten alles für den Gottesdienst am Sonntag vor. Meine Mutter spielt dann die Orgel, und alle danken für die Ernte in diesem Jahr. Hinter-her gibt es im Pfarrhaus Kaffee und Kuchen und für die Kinder kleine Geschenke.

Jonas: Eigentlich ist der 31. Oktober ja der Reformationstag, aber meine Freunde und ich feiern immer eine Halloween-Party, das macht viel mehr Spaß. Wir verkleiden uns als Monster oder Gespenster, schauen Gruselfilme. Es gibt verrückte Sachen zu essen wie Zombiekuchen, Würstchenfinger und Hexenglibber-Cocktails. Und natürlich ziehen wir durch die Straßen, klingeln an den Türen und rufen: „Süßes, sonst gibt's Saures!" Die Süßigkeiten, die wir bekommen, reichen wochenlang.

1. Welche christlichen Feste werden in deiner Familie gefeiert? Wie feiert ihr? Erzähle den anderen davon.

2. Viele christliche Feiertage haben heute an Bedeutung (siehe S. 175) verloren. Diskutiert, welche Gründe es dafür geben kann.

3. Führt in eurer Schule oder in eurer Stadt eine Umfrage (siehe S. 129) durch: Warum feiern wir Weihnachten, Ostern und Pfingsten …? Wertet die Ergebnisse aus und veröffentlicht sie in der Schülerzeitung.

Die Schöpfung und der Mensch

Für Christen hat die Welt ihren Ursprung in Gott. Sie ist ein Geschenk Gottes, das er den Menschen anvertraut hat. Die Schöpfungserzählungen finden wir am Anfang des ersten Buches Mose im Alten Testament der Bibel, das deshalb auch Genesis (griechisch = Schöpfung oder Entstehung) heißt.

Q   **Die erste Schöpfungsgeschichte**

Hör, wie am Anfang Gott Himmel und Erde erschuf. Vorher gab es nichts außer Gott.

Zuerst war die Erde wüst und leer, Dunkelheit lag auf ihr, und Gottes Geist schwebte über den Wassern. Gott sprach: „Es werde Licht." Und es wurde Licht. Gott schied den Tag von der Nacht. Das war der erste Tag, und Gott sah, dass es gut war.

Am zweiten Tag trennte Gott den Himmel von der Erde und das Wasser vom Land und befahl der Erde, dass sie alle Pflanzen wachsen lassen solle. Gott sah, dass es gut war.

Dann machte Gott die beiden Lichter, das größere für den Tag und das kleinere für die Nacht. Und er sah, dass es gut war. Das war der vierte Tag.

Am fünften Tag sagte Gott: „Das Wasser wimmle von lebendigen Wesen, und Vögel sollen über dem Land am Himmelsgewölbe dahinfliegen." Und Gott sah, dass es gut war.

Am sechsten Tag sagte Gott: „Das Land bringe alle Arten von lebendigen Wesen hervor", und er sah, dass es gut war. Dann sagte Gott: „Lasst uns den Menschen machen als unser Abbild nach unserer Gestalt." Gott schuf also den Menschen als sein Abbild. Als Mann und Frau schuf er sie und gab ihnen die Herrschaft über alles Lebendige. Gott sah, dass alles, was er gemacht hatte, sehr gut war. Am siebenten Tag ruhte Gott.

(Esther Bisset, Martin Palmer: Die Regenbogenschlange. Zytglogge, Bern 1987)

Neben dieser Schöpfungserzählung gibt es noch eine zweite, die erzählt, dass Gott den Garten Eden, das Paradies, erschuf und dem Menschen anvertraute. Der erste Mensch hieß Adam, das ist hebräisch und bedeutet „Mensch". Das Wort stammt von adama (Erde) ab. Der Name Eva bedeutet „Leben".

P   1. Lest in der Bibel (1. Buch Mose 1, 1–2, 4a) die erste Schöpfungsgeschichte.
   › Gestaltet in Gruppenarbeit für jeden Schöpfungstag ein Bild oder eine Collage. Schreibt den entsprechenden Text mit euren eigenen Worten dazu.
   › Gestaltet dann als Gegenstück zu jedem Tag eine zweite Collage, die zeigt, wie die Schöpfungswerke heute aussehen, wie es der Welt, Pflanzen, Tieren und den Menschen heute geht. Wenn ihr wollt, könnt ihr dazu eigene Texte entwerfen.
   › Findet eine Überschrift zu eurem Gesamtwerk und veröffentlicht es als Wandbild oder als Buch.
   2. Schreibt eine „Gebrauchsanweisung" für den Umgang des Menschen mit der Schöpfung.

Der Mensch als Bild Gottes

Die Bibel spricht davon, dass der Mensch ein Abbild Gottes ist. Darin liegt seine besondere Verantwortung für den Erhalt der Schöpfung begründet. Zugleich bekommt der Mensch damit eine unantastbare Würde und eine unter den Geschöpfen Gottes einmalige Freiheit zugesprochen.

Gott schuf den Menschen zu seinem Bilde, zum Bilde Gottes schuf er ihn. *(1. Mose 1, 27)*

Wann werden wir endlich begreifen, dass Menschen von unendlichem Wert sind, weil sie nach dem Bilde Gottes geschaffen sind, und dass es eine Gotteslästerung ist, sie als etwas Geringeres zu behandeln? *(Desmond Tutu)*

Die höchste Aufgabe des Menschen ist zu wissen, was einer sein muss, um ein Mensch zu sein. *(Immanuel Kant)*

Und der Mensch heißt Mensch, weil er irrt und weil er kämpft, weil er hofft und liebt, weil er mitfühlt und vergibt. *(Herbert Grönemeyer)*

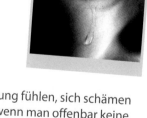

Mensch sein heißt Verantwortung fühlen, sich schämen beim Anblick einer Not, auch wenn man offenbar keine Mitschuld an ihr hat, stolz sein über den Erfolg der Kameraden, seinen Stein beitragen im Bewusstsein, mitzuwirken am Bau der Welt. *(Antoine de Saint-Exupéry)*

1. Die Lehre der Gottesebenbildlichkeit spricht jedem einzelnen Menschen eine unantastbare Würde (siehe auch S. 145) zu. Welche Anforderungen werden damit an den Umgang der Menschen untereinander gestellt? Fertigt dazu eine Collage an.

5.3 Christliche Antworten auf Fragen unserer Zeit

Sowohl einzelne Christen als auch die Kirchen setzen sich auf der Grundlage des christlichen Glaubens* für das universale Recht auf Leben, die unantastbare Würde des Menschen und den umfassenden Schutz der Umwelt ein. Wenn diese christlichen Grundwerte etwa durch aktuelle Geschehnisse, politische Entscheidungen oder wissenschaftlichen Fortschritt bedroht werden, sehen sie sich in der Pflicht, ihre Position deutlich zum Ausdruck zu bringen.
    Manche halten das für eine unzulässige Einmischung.

Kirche und Staat, Staatskirche, Kirchenstaat, Kirche im Staat???

Erziehung   Homosexualität   Gentechnik   Schwangerschaftsberatung

Sex vor der Ehe   Verhütung   Militärseelsorge   christliche Parteien

Sterbehilfe   schulischer Religionsunterricht   Rolle* der Frau   Klimaschutz

Organspende   Wirtschaft   Hartz IV   Medienkontrolle   Drogenberatung

Todesstrafe   Kirchenasyl   Sektenberatung   …   …

A   1. Führt eine Pro-Contra-Diskussion (siehe S. 73) zu der Frage durch, ob sich die Kirche in gesellschaftliche Fragen einmischen soll oder nicht.
2. Bildet Arbeitsgruppen und wählt je Gruppe eine aktuelle ethische Problematik aus, informiert euch dazu und stellt die Position der Kirche euren Mitschülern in Gestalt eines Posters oder Vortrags vor.

Mit Andersgläubigen zusammenleben

Die meisten Menschen in Deutschland gehören der christlichen Religion an. Es gibt jedoch auch solche, die keiner Religion angehören und es gibt Andersgläubige, z.B. Juden, Buddhisten und Muslime, die religiöse Minderheiten verkörpern. Durch die Zuwanderung hat sich vor allem der Anteil der Muslime erhöht. Das macht manchen Menschen Angst. Zu Beginn des Jahres 2015 formierte sich an einigen Orten eine Bewegung, die ihre Angst vor einer Überfremdung und Islamisierung der deutschen Gesellschaft offen demonstrierte. Und es formierten sich Gegenbewegungen, die Toleranz gegenüber Fremden anmahnten.

> Tatenloses Abwarten und stumpfes Zuschauen sind keine christlichen Haltungen. Q
>
> *(Dietrich Bonhoeffer)*

Wieviel Fremdheit darf es sein?

Stellt euch vor

> In unseren Verein werden keine Muslime aufgenommen

> In Lübeck, der Stadt der Türme, wird eine ausgediente Kirche zur Moschee umgewidmet. Von ihrem Turm, dem Minarett, aus ruft der Muezzin zum Gebet

> Das Freibad vor Ort öffnet an einem Tag der Woche nur für Frauen

> Bei der Schulspeisung an eurer Schule wird ein Gericht zugunsten eines Halal-Essens eingespart

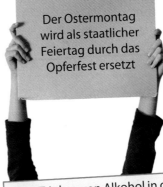

> Der Ostermontag wird als staatlicher Feiertag durch das Opferfest ersetzt

> Das Tragen der Burka wird – wie in Frankreich – in der Öffentlichkeit verboten

> Das Trinken von Alkohol in der Öffentlichkeit wird ab sofort aus Rücksichtnahme auf die deutschen Muslime verboten

1. Recherchiert, was das Grundgesetz über Menschen mit anderem Glauben und zu anderen Religionen meint. Welche Schlussfolgerungen ergeben sich daraus? A
2. Positioniert euch zu dem Ausspruch von Dietrich Bonhoeffer (1906–1945) und wendet ihn auf Islamkritiker an.
3. Entscheidet euch für eine oder zwei Fragen, die euch interessieren. Führt dazu ein Vier-Ecken Gespräch* durch und tragt dessen Ergebnisse im Plenum vor.

Kirche und Sterbehilfe – ein Gegensatz?

Jeder Mensch besitzt das Selbstbestimmungsrecht über das eigne Leben. Doch trifft das auch auf das Sterben zu? In diesem Zusammenhang stellt sich die Frage nach der moralischen Zulässigkeit von Sterbehilfe.

[A]
1. Bis zum Ende des Jahres 2015 will die Bundesregierung die Sterbehilfe gesetzlich regeln. Recherchiert in Gruppen die Positionen der evangelischen und der katholischen Kirche zur Frage der erlaubten Sterbehilfe und stellt sie euch gegenseitig vor.
2. Vergleicht die kirchlichen Positionen mit denen der Kampagne „Mein Ende gehört mir!" sowie den Wortmeldungen in der Diskussion.
3. Welche Argumente sprechen euch besonders an? Versucht unter ihrer Beachtung einen eigenen Standpunkt zur Sterbehilfe zu entwickeln und tragt diesen in einer Standpunktrede vor.

[Q] **Für ein Recht auf letzte Hilfe!**

Mit einer Plakataktion, bei der Prominente wie der Komiker Bernhard Hoëcker oder die Schauspielerinnen Eva Mattes und Petra Nadolny für das Recht auf Selbstbestimmung am Lebensende eintreten, wollen die Deutsche Gesellschaft für Humanes Sterben (DGHS) und die Giordano-Bruno-Stiftung (gbs) das klare Votum der Bevölkerung für das Recht auf Sterbehilfe unterstützen. Damit formiert sich gesellschaftlicher Widerstand gegen alle Versuche, die Möglichkeiten der Sterbehilfe einzuschränken. Eine Politik, die sich an der Menschenwürde orientiert, müsse in die entgegengesetzte Richtung wirken. So wie es ein Recht auf Erste Hilfe gibt, das im Notfall greift, sollte es auch ein Recht auf Letzte Hilfe geben, welches garantiert, dass wir unser Leben in Würde beschließen können.

(Frei nach einer öffentliche Mitteilung der Giordano-Bruno-Stiftung vom 6. Oktober 2014.
www.giordano-bruno-stiftung.de/meldung/kampagne-letzte-hilfe; Zugriff: 5.2.2015)

Christliche Wortmeldungen in der Diskussion
Hans Küng (*1928)
katholischer Theologe, verfasste 1995 zusammen mit Walter Jens (1923–2013) das Buch „Menschenwürdig sterben". Nach dem Tod seines Freundes Walter Jens nach einer langen Alzheimer*-Erkrankung, die den Freund „in eine Art Kindheit" zurückwarf, äußerte er in einem Interview:

[Q] [...] Für mich ist das Leben eine Gabe Gottes. Aber Gott hat diese Gabe in meine eigene Verantwortung gegeben. Das gilt auch für die letzte Phase des Lebens, das Sterben. Der Gott der Bibel ist ein Gott der Barmherzigkeit und nicht ein grausamer Despot, der den Menschen möglichst lange in der Hölle seiner Schmerzen sehen will. Sterbehilfe kann also die ultimative, letztmögliche Lebenshilfe sein.

(Markus Grill: „Ich hänge nicht an diesem Leben". Interview mit Hans Küng. Der Spiegel H. 50/2013, S. 120f.)

Margot Käßmann (*1958)

1999–2010 Bischöfin der evangelisch-lutherischen Landeskirche Hannover, 2006 selbst an Krebs erkrankt, erklärte in einem Streitgespräch mit Pieter Admiraal, einem niederländischen Arzt und Befürworter der aktiven Sterbehilfe:

[Es geht darum], ob aktive Sterbehilfe akzeptabel ist oder nicht. [...] In mir sträubt Q sich etwas dagegen, den Zeitpunkt des Sterbens festzulegen, etwa so: „Übrigens, Ihr Lieben, nächste Woche ist es so weit." Ich habe viele Sterbende begleitet, auch Schmerzpatienten, nicht nur Sterbende im hohen Alter. Ich denke an einen jungen Mann von 33 Jahren, der den Sterbeprozess sehr bewusst bis zum Auspusten der Kerze mitgemacht hat. Es ging über drei Wochen. Und es war schwer. Für die Ehefrau, das Kind, für die Eltern. Aber es war kein Prozess, der mir Angst vor dem Sterben gemacht hat. Es war bereichernd, das Leben in der Fülle zu sehen von der Geburt bis zu diesem Sterben. Das ist mir wichtig. Und nicht, es selbst in die Hand zu nehmen.

(Interview mit Pieter Admiraal und Margot Käßmann. www.chrismon.de/ctexte/2001/3/3-3.html; Zugriff: 3.6.2005)

Nikolaus Schneider (*1947)

Von 2010 bis 2014 Ratsvorsitzender der Evangelischen Kirche in Deutschland, Rücktritt von seinem Amt, nachdem seine Frau Anne, ebenfalls Theologin, an Krebs erkrankte.
In einem Interview äußerten er und seine Frau:

Nikolaus Schneider: Beim Sterben jede Hilfe. Aber nicht *zum* Sterben. Q

Anne Schneider: Das ist doch eine Elfenbeinturm-Unterscheidung! Ich finde, beim Sterben helfen, kann auch heißen, den Sterbeprozess beschleunigen. Dann ist es auch eine Hilfe *zum* Sterben [...]

Nilolaus Schneider: [...] Begleitung bei weitgehender Schmerzfreiheit – die muss gesichert sein. Aber ein Giftcocktail ist ausgeschlossen. [...]

Anne Schneider: „Herr, lehre uns bedenken, dass wir sterben müssen, auf dass wir klug werden": Diese biblische Bitte heißt für mich auch, dass ich mein Ende aktiv gestalten kann in Verantwortung vor Gott. Zur Gottesebenbildlichkeit des Menschen gehört für mich eine Gestaltungsfreiheit von Anfang bis Ende dazu. So wie ich die katholische Position gegen die Geburtenverhütung ablehne, so sehe ich es als Teil meiner Verantwortung, dass ich entscheiden darf: Jetzt gebe ich mein von Gott geschenktes Leben dankbar an ihn zurück. [an ihren Mann gerichtet] Ich war sehr froh, als du dich im Rheinland zu dem Satz durchgerungen hast: Sterbehilfe kann ein Akt der größeren Liebe sein.

(Evelyn Finger: „Wir halten die Wahrheit aus". Interview mit Anne und Nikolaus Schneider. Die Zeit, 17.7.2014, S. 51)

Nächstenliebe konkret

Sowohl das christliche Gebot der Nächstenliebe als auch die Lehre von der Gottes-ebenbildlichkeit des Menschen stellen hohe Anforderungen an jeden Gläubigen. Jeder kann anderen helfen. Die Kirchen haben für diese Aufgaben Wohlfahrtsver-bände und Hilfsorganisationen gegründet.

Q **Nächstenliebe beginnt heute.**

Heute leidet jemand, heute liegt jemand auf der Straße, heute ist je-mand hungrig. Unsere Arbeit gilt dem Heute, das Gestern ist vorüber, das Morgen ist noch nicht da. Wir sehen eine Notlage, wir beseitigen sie; zumindest tun wir etwas dage-gen. Wenn wir den Menschen nicht heute etwas zu essen geben, sind sie morgen nicht mehr da. Deshalb kümmern Sie sich um die Dinge, die Sie heute tun können.

Nonne mit Waisenkindern (Burundi)

(Mutter Teresa: Wo die Hoffnung wohnt. Geschichten aus Kalkutta, Herder, Freiburg 2001, S. 36)

Q **Die Verantwortung von Diakonie und Kirche**

Kirche und Diakonie wollen Menschen ermutigen, in jedem Menschen das Eben-bild Gottes zu erkennen, menschliches Leben zu achten und für seine Würde ein-zutreten. [...] In der Anteilnahme am Leiden anderer, in Pflege und Anwaltschaft versuchen Menschen eine Antwort zu geben auf menschliche Trost- und Hilfebe-dürftigkeit, auf die Sehnsucht nach Heil und Erlösung. In der Begegnung zwi-schen den verschiedenen Generationen und gesellschaftlichen Gruppen, mit Menschen in anderen Lebenssituationen kann der Respekt vor dem Anderssein anderer Menschen wachsen. Deswegen bleibt es die Aufgabe der Kirche, in Ge-meinde und Öffentlichkeit bewusst zu machen, dass in der Anwaltschaft für andere, im Eintreten für Vielfalt, in der Förderung sozialen Lernens und sozialen Engagements wie in den sozialen Dienstleistungen die jüdisch-christliche Wurzel unserer Kultur sichtbar wird.

(Soziale Dienste als Chance. Dienste am Menschen aufbauen. Menschen aktivieren. Menschen Arbeit geben. In: EKD-Texte 75, 2002)

A   1. Schreibt aus dem Text heraus, welche Aufgaben benannt werden. Recherchiert, wie sich die Kirchen diesen Aufgaben konkret widmen, und präsentiert eure Ergebnisse.
      2. Menschen wie Mutter Teresa, Albert Schweitzer, Mahatma Gandhi, Frère Roger, Oscar Romero oder Ruth Pfau setzen sich auf der Grundlage ihres Glaubens* für Kranke, Arme und Benachteiligte ein. Wählt eine Persönlichkeit aus und stellt sie euren Mitschülern vor.

Hilfsaktionen

Die Kirche ist nur Kirche, wenn sie für andere da ist.

(Dietrich Bonhoeffer)

Mut ist, zu geben, wenn alle nehmen.

Ihr Fastenopfer am 5./6. April 2014

MISEREOR
● MUT ZU TATEN

Weniger ist leer.

Es gibt so viele Gründe für den Hunger in der Welt, wie Hände, ihn zu beseitigen: Zwei davon gehören Ihnen.

Postbank Köln 500 500 500
BLZ 370 100 50
www.brot-fuer-die-welt.de

Brot für die Welt
Ein Stück Gerechtigkeit

1. Betrachtet die Plakate. Wozu rufen sie den Betrachter auf?
2. Wiederholt, welche Botschaft Jesus den Menschen mit seinem Reden und Handeln vermitteln wollte. Erläutert, ob ihr sie in den Plakaten wiederfindet.
3. Führt eine Pro-Contra-Diskussion (siehe S. 73), ob die Kirchen ihrer Aufgabe gerecht werden.

Helfen kann jeder

Für Christen ergibt sich ihre gesellschaftliche Verantwortung aus dem Glauben*
und sie engagieren sich in verschiedenen Bereichen. Das bedeutet jedoch nicht,
dass Hilfsbereitschaft und Nächstenliebe ein religiöses Vorrecht sind. Jeder kann
helfen – es muss nichts Großes sein, auch einfache Ideen und kleine Bemühungen
sind wirksam.

Pflanz einen Baum!

2007 sollte der damals neunjährige Felix Finkbeiner in der
Schule ein Referat zum Thema Klimawandel halten. Durch
seine Recherchen kam er auf die Idee, dass Kinder in jedem
Land der Welt Bäume pflanzen und so ihren eigenen Beitrag zum Klimaschutz leisten könnten. Er gründete die
Bewegung „Plant for the planet", die weltweit aktiv ist und
bereits 30.000 Kinder im Alter von 9–12 Jahren als Bot-
schafter für Klimagerechtigkeit vereint. Im Januar 2015
meldete die Internetseite, dass bereits über 13 Milliarden
Bäume gepflanzt wurden.

Ein Lied für Obdachlose

Die Studenten Julian, Andreas, Peter
und Yannik wollten eigentlich nur die
Frage klären, wie sozial soziale Netz-
werke wirklich sind. Daraus entstand
der Verein be japy e.V., der sich mit verschiedenen Aktivitäten für Obdachlose
einsetzt.

Fahrradwerkstatt der besonderen Art

Im Rahmen der Schulprofilwoche „Schule ohne Rassismus – Schule mit
Courage" hat der Lehrer Hans H. mit Schülern und Asylbewerbern alte Fahrräder
gesammelt und aufgearbeitet, weil das Asylbewerberheim etwas außerhalb liegt,
die Bewohner sich keine öffentlichen Verkehrsmittel leisten und deshalb das
Stadtzentrum nur schwerlich erreichen können.

1. Wie steht es bei euch mit der Nächstenliebe? Wo engagiert ihr euch? Was könntet
   ihr tun? Startet ein Projekt: Sucht in eurer Nähe eine soziale Einrichtung oder ein
   soziales Projekt. Überlegt, welche Hilfe und Unterstützung ihr anbieten wollt, z.B.
   eine Märchenvorführung im Kindergarten, die Instandsetzung eines Spielplatzes,
   ein Besuch im Altenheim usw.

Textanalyse

M

Viele Sachtexte wirken auf den ersten Blick kompliziert und schwer zu verstehen. Oft enthalten sie unbekannte Begriffe und Fremdwörter, umfangreiche Satzkonstruktionen und Zitate. Um den Inhalt eines Sachtextes verstehen zu können, brauchst du eine geeignete Methode, die es dir ermöglicht, das Wesentliche zu erfassen und den Inhalt korrekt wiederzugeben.

Bewährt haben sich dabei fünf Schritte:

1. Erwartungen an den Text klären

Grenze das Thema ein und notiere die Fragen, auf die du Antworten erwartest.

2. Überblick über den Inhalt des Textes

Lies die Überschrift und überfliege den Text. So kannst du sehr schnell feststellen, ob er Informationen zu deinem Thema und Antworten auf deine Fragen enthält.

3. Text lesen und markieren

Viele Schüler neigen dazu, den Textmarker allzu großzügig zu verwenden, und am Ende ist fast der gesamte Text markiert. Das hilft wenig. Markiere deshalb möglichst nur Schlüsselwörter und zentrale Aussagen, unbekannte Begriffe bzw. unklare Textstellen, Zusammenhänge und Widersprüche usw. Hierbei ist es wichtig, dass du immer die gleichen Markierungen verwendest, so dass du damit auch später noch etwas anfangen kannst. Unten findest du Vorschläge dazu.

4. Inhalt der einzelnen Abschnitte in kurzen Aussagen (Thesen) zusammenfassen

Kläre zunächst alle unbekannten Begriffe und unklaren Textstellen. Überlege dann: Worum geht es in diesem Abschnitt, welche Aussagen werden getroffen? Du kannst auch für jeden Abschnitt eine Überschrift formulieren.

5. Die wesentlichen Aussagen des Textes notieren

Wähle dazu eine Form, die für dich geeignet ist, z. B. eine kurze Inhaltsangabe, Stichpunkte, Mindmap oder wörtliche Zitate.

Vorschläge für Markierungen

((…))	zentraler Begriff/zentrale Aussage
(((?))	unklar
((Def))	Definition

1. Fertigt euch eine kleine Karteikarte mit einer Legende für eure persönlichen Markierungen an, die ihr immer griffbereit habt. So könnt ihr diese Methode trainieren.
2. Wendet die Methode auf den Text von Erik Zyber auf Seite (172 f.) an.

Glossar

Althochdeutsch
ist die älteste durch Zeugnisse belegbare
deutsche Schriftsprache. Sie war in der Zeit
von 750–1050 gebräuchlich. Althochdeutsche Texte sind u. a. von Walther von der
Vogelweide überliefert.

Alzheimer
ist eine Erkrankung, bei der es zu massiven
Ausfällen in der Leistungsfähigkeit des Gehirns kommt. An Alzheimer Erkrankte verlieren bspw. große Teile ihres Gedächtnisses,
ihres Wortschatzes sowie alltäglicher Fähigkeiten. Dadurch sind sie bei der Bewältigung
ihres Alltags auf Hilfe angewiesen.

Amphibien
oder Lurche sind Landwirbeltiere, z.B. Frösche und Salamander.

Animismus
bezeichnet vom Lat. „Hauch" kommend Religionen sog. Natur- oder indigener Völker.

Annelida
werden als Ringel- oder Gliederwürmer bezeichnet. Ihr Körper ist in eine Vielzahl von
Segmenten untergliedert. Der Regenwurm
gehört zu ihnen.

Apartheid
steht für eine strikte Rassentrennung zwischen Angehörigen der schwarzen und weißen Bevölkerung.

Apollon
heißt in der griechischen Sage der Gott der
Künste und des Lichts.

Arthropoden
Bei den Arthropoden handelt es sich um
Gliederfüßer. Zu ihnen gehören u. a. Spinnen
und Krebse.

Barebacker
kommt aus dem Amerikanischen und heißt
übersetzt „Reiter ohne Sattel". Barebacker
sind ein Teil der Schwulenszene. In ihr
treffen sich Schwule (sowohl HIV-positive
wie HIV-negative), um ohne Kondom Geschlechtsverkehr (mit dem vollem Risiko,
sich mit dem HI-Virus zu infizieren) zu
haben.

Bedürfnispyramide
Der Psychologe Abraham Maslow (1908–
1970) entwickelte ein Modell menschlicher
Bedürfnisse. Er ordnete diese stufenförmig
in einer Pyramide an. Das Fundament bilden die Grundbedürfnisse. Auf den nächsten
Stufen folgen Gemeinschaftsbedürfnisse, kulturelle und schließlich – in der Spitze der Pyramide – Selbstverwirklichungsbedürfnisse.
Nach Maslows Auffassung bauen die Stufen
aufeinander auf. Erst wenn die Bedürfnisse
der vorigen Stufen erfüllt sind, entstehen die
nächsten.

Echinodermata
sind Stachelhäuter wie z.B. der Seeigel, die
ausschließlich im Meer leben.

Ekstase
ist eine Verzückung, ein rauschhafter Zustand, in welchem der Mensch der rationalen
Kontrolle durch das eigene Bewusstsein entzogen ist.

Erotik
bezeichnet, abgeleitet vom griech. „Eros" =
„Liebe", die Sinnlichkeit und die menschliche Verfeinerung des Sexualtriebs.

Evolutionstheorie
bezeichnet eine biologische Theorie, welche
die Entstehung und Veränderung der Arten
als Ergebnis eines organismischen Entwick-
lungsprozesses betrachtet.

Exzess

ist eine Ausschweifung, bei der jedes Maß (des Trinkens oder eines gesunden Konsums) überschritten wird.

Freiheitsrechte

sind die allen Menschen zustehenden Grundrechte, die mit der freien Entfaltung der Persönlichkeit zu tun haben, u. a. Meinungsfreiheit, Religionsfreiheit, Berufsfreiheit. In der Bundesrepublik Deutschland sind die Freiheitsrechte durch das Grundgesetz garantiert.

Fünfsatz

Der Fünfsatz ist ein Argumentationsmuster, das sich gut an der eigenen Hand verfolgen lässt, da es aus fünf Bestandteilen besteht. Diese sind

1. die Behauptung („Ich bin der Meinung, dass ...“),
2. die Begründung („Denn ...“),
3. eine Erläuterung („Wenn beispielsweise ...“),
4. ein Fazit („Also ...“) und
5. ein Appell („Daher sollte ...“).

Fünf-Schritt-Lesetechnik

ist eine Methode zur Textanalyse, die so funktioniert:

1. Überfliege den Text zunächst und verschaffe dir einen Überblick über den Inhalt.
2. Formuliere den Grundgedanken des Textes möglichst in einem Satz.
3. Lies den Text nun ein zweites Mal, diesmal gründlich und unterstreiche wichtige Aussagen und Begriffe.
4. Unterteile den Text in einzelne sinntragende Abschnitte und gib ihnen treffende Überschriften.
5. Gib den Text mit eigenen Worten wieder und argumentiere zu den aufgeworfenen Problemen.

Gaia

ist eine Gestalt aus der griechischen Mythologie. Sie gilt als die Urmutter allen Lebens, als Mutter Erde, die alles Lebendige, darunter auch den Menschen, hervorgebracht hat.

Glaube

ist eine innere Gewissheit, die unabhängig von Beweisen existiert. Er äußert sich darin, dass eine Person unerschütterliches Vertrauen und Zuversicht in den Gegenstand ihres Glaubens (z. B. Gott, Frieden, Gerechtigkeit) setzt und diesen Gegenstand als hohen Wert betrachtet.

Harappa-Kultur

Harappa ist ein Dorf in Pakistan. Nach ihm wird eine neben dem Dorf liegende historische Stadt am Oberlauf des Flusses Indus benannt. Die Stadt beherbergte schon in der Bronzezeit (2600–1800 v.u.Z.) eine Stätte der Indus-Kultur, in der es Architektur und Wege aus gebrannten Ziegeln gab.

HI-Virus (HIV)

HIV ist eine Abkürzung für „Human Immunodeficency Virus“, auf deutsch: menschliches Immunschwäche-Virus.

Homophobie

heißt eine gegen Lesben und Schwule gerichtete Haltung, die aus Vorurteilen und diffusen Ängsten entspringt.

Hypothese

ist eine wissenschaftliche Annahme oder Vermutung, deren Wahrheit erst noch zu beweisen ist, für die aber bestimmte Indizien und Fakten sprechen.

Industrialisierung

bezeichnet den Übergang von der Agrarwirtschaft und der handwerklichen Produktion zur Massenproduktion von Gütern in großen Fabriken. Begleitet wird dies von einem raschen Wachstum der Städte und der Arbeiterschaft am Ende des 18. und zu Beginn des 19. Jh. Als Symbol der Industrialisierung gilt die Dampfmaschine.

Institution

Darunter versteht man öffentliche Einrichtungen, die das gesellschaftliche Zusammenleben regeln. Unter anderem zählen dazu juristische Gesetze und staatliche Einrichtungen.

Koma

ist eine mit einem langen und tiefen Schlaf vergleichbare Bewusstlosigkeit, aus der die betreffende Person nicht ohne Weiteres „geweckt" werden kann.

Konsens

Bezeichnet die Zustimmung bzw. Übereinstimmung (der Meinungen) von verschiedenen Personen zu einem bestimmten Sachverhalt.

Kreationismus

ist eine Auffassung von der Entstehung des Lebens und des Universums, nach der sich diese genau so vollzogen habe, wie im Schöpfungsbericht der Bibel beschrieben. Der Kreationismus widerspricht der Evolutionstheorie und wird von den meisten Wissenschaftlern für unsinnig gehalten, aber von fundamentalistischen Christen vertreten.

Kultur

Im ursprünglichen Wortsinn bezeichnet Kultur die Pflege und das Urbarmachen des Bodens (agricultura). Davon abgeleitet steht Kultur für alle menschlichen Aktivitäten zur Verbesserung der biologischen Möglichkeiten des Menschen z.B. durch Technik. In diesem Sinne ist Kultur das Gegenteil von Natur, nämlich das vom Menschen Geschaffene.

Lepra

ist eine auch als Aussatz bezeichnete Infektionskrankheit.

Levit

Im Alten Testament bezeichnete man die Tempeldiener aus dem Stamme der Levi als Leviten.

Mänaden

sind Frauen, die sich rauschhaft und verzückt gebärden.

Messias

ist ein Ehrentitel. Er bedeutet, aus dem Hebräischen kommend, der Gesalbte. Im Christentum gilt Jesus Christus (Christus bedeutet, aus dem Griechischen kommend, ebenfalls der Gesalbte) als der erwartete Messias, der Gesandte Gottes, der durch seinen Kreuztod die Menschheit erlöst hat.

Die Juden hingegen sehen in Jesus lediglich einen jüdischen Menschen. Die Ankunft des Messias, des Erlösers, erwarten sie erst in ferner Zukunft.

Metapher

ist ein Sprachbild. Der Begriff Metapher kommt aus dem Altgriechischen *meta pherein* und bedeutet sinngemäß „etwas woandershin tragen". Die Bedeutung eines Wortes wird dabei woandershin getragen. Aufgrund einer Ähnlichkeit (z.B. Kribbeln) wird von einem Bildspender (flatternden Schmetterlingen) das Bild zu einem Bildempfänger (Verliebter) getragen, wenn z.B. beim Verliebtsein von „Schmetterlingen im Bauch" die Rede ist.

Mollusca

sind Weichtiere (z.B. Schnecken), die auf dem Land und im Süßwasser leben.

Mythos

Aus dem Griechischen kommend, bezeichnet Mythos die Darstellung von Ur-Erlebnissen, die in Erzählungen oder Bildern überliefert werden und wesentliche (häufig religiöse) Erfahrungen des Menschen mit seiner Wirklichkeit wiedergeben. Eine Mythologie ist eine in sich geschlossene Sammlung von Mythen.

Nachhaltigkeit

Der Begriff *Nachhaltigkeit* stammt aus der Forstwirtschaft. Dort steht er für den Grundsatz, nicht mehr Bäume zu fällen, als nachwachsen können. So bleibt der Wald erhalten und kann über Generationen hinweg genutzt werden. Heute beinhaltet der Begriff zwei Grundgedanken: Zum einen die Überzeugung, dass wir auf lange Sicht nicht auf Kosten zukünftiger Generationen und der Menschen in anderen Regionen der Welt leben dürfen. Zum anderen die Einsicht, dass Umwelt, Wirtschaft und Gesellschaft sich gegenseitig beeinflussen. Ohne intakte Umwelt ist ein dauerhafter wirtschaftlicher und gesellschaftlicher Fortschritt unmöglich; ohne gesellschaftlichen und wirtschaftlichen Wohlstand gibt es keine intakte Umwelt. Nachhaltigkeit beschreibt also einen Weg, um die Welt im Gleichgewicht zu halten.

Nematoda

werden auch Älchen genannt. Es handelt sich dabei um Fadenwürmer.

Neuzeit

bezeichnet eine geschichtliche Epoche, die mit dem Ausgang des Mittelalters (Ende des 15./Anfang des 16. Jh.) beginnt und bis in die Gegenwart reicht.

Odysseus

ist ein Held der griechischen Mythologie. In der Ilias, der Sage um Troja, spielt er eine entscheidende Rolle. Von ihm soll die List mit dem hölzernen Pferd, dank dessen Troja erobert werden konnte, stammen. Als Strafe für diese List ließen die Götter ihn viele Jahre mit seinem Schiff umherirren und viele Abenteuer bestehen, ehe er in sein Königreich Ithaka zurückkehren durfte.

Ökosystem

oder das natürliche Gleichgewicht bezeichnet die Wechselwirkungen der in einem Lebensraum zusammenlebenden Pflanzen und Tiere.

Petrischale

ist eine flache nach dem Biologen Julius Petri benannte Glasschale mit Deckel, in der Nährböden für Bakterienkulturen gezüchtet werden.

Prostitution

Das Wort stammt aus dem Lat. und bedeutet übersetzt „sich öffentlich preisgeben". Prostitution ist die Hingabe des eigenen Körpers für sexuelle Zwecke gegen Bezahlung.

Protozoa

oder Urtierchen gehören zu den Einzellern.

Psychoanalyse

ist ein von Sigmund Freud (1856–1939) und Josef Breuer (1842–1925) entwickeltes Verfahren, bei dem psychische Störungen (Neurosen) durch das Bewusstmachen von unbewussten und verdrängten Erlebnissen geheilt werden können.

Pubertät

heißt die Zeit zwischen 12. und 18. Lebensjahr, in der Jugendliche die Kindheit hinter sich lassen und langsam erwachsen werden. Hierzu gehören die körperliche Reifung, die Suche nach einer eigenen Identität, das Abnabeln von den Eltern und eine höhere Eigenverantwortlichkeit für das Handeln sowie die Suche nach der eigenen Geschlechterrolle.

Pythagoreer

sind Vertreter einer philosophischen Schule, die von Pythagoras von Samos (570–495 v.u.Z.) gegründet wurde.

Reptilien

sind Kriechtiere wie bspw. Schlangen und Schildkröten.

Ritus/Ritual

(Pl. Riten) nennt man einen religiösen Brauch bzw. eine kultische Handlung, deren Form, Gestik und Sprache genau festgelegt sind.

Robinsonade

bezeichnet angelehnt an den Roman Robinson Crusoe von Daniel Defoe, der 1719 erstmals erschienen ist, eine Geschichte, bei der die Hauptperson(en) auf einer einsamen Insel stranden und fernab von anderen Menschen und den Errungenschaften der Kultur allein überleben müssen.

Rolle, soziale

Unter einer sozialen Rolle versteht man die in einer bestimmten Gemeinschaft (z.B. in der Familie oder dem Sportverein) existierenden Vorstellungen vom richtigen Verhalten des Individuums in der jeweils eingenommenen Position (z.B. als Bruder, als Mann oder Frau ...). Diese Vorstellungen zeigen sich in den Erwartungen, die an das Verhalten des Individuums gestellt werden. Sie münden in bestimmte Pflichten ein, denen der Einzelne in dieser Rolle nachkommen muss.

Samariter

ist ein Mensch aus der Stadt Samaria. Samaria war seit ca. 880 v.u.Z. die Hauptstadt des jüdischen Nordreiches. In ihr lebten Araber, Juden sowie zugewanderte Fremde zusammen. Aufgrund des Charakters als Mischbevölkerung wurden die Samariter von vielen Juden ein wenig verachtet.

Satyr

(Pl. Satyrn) ist ein lüsterner Waldgeist, der zugleich menschliche und tierische Züge aufweist.

Semantik

ist die Lehre von der Bedeutung der Wörter.

Sippe

ist eine durch Blutsverwandtschaft verbundene Gruppe von Menschen, die zusammenlebt und zusammenwirkt. Sippen werden nach (bei den einzelnen Völkern unterschiedlich) der väterlichen oder der mütterlichen Linie gebildet. Da die Sippenmitglieder blutsverwandt sind, herrscht häufig das Gebot der Exogamie, d.h. Ehepartner müssen aus anderen Sippen gewählt werden.

Skeptiker

machen den Zweifel zum Ausgangspunkt ihrer philosophischen Erkenntnis. Diese philosophische Richtung geht ebenfalls bis in die Antike zurück. Vertreter dieser Richtung sind u.a. Gorgias (480–380 v.u.Z.) und David Hume (1711–1776).

Spezies

Als Spezies bezeichnet man eine bestimmte Art oder Sorte von Lebewesen, Pflanzen oder Tieren. Die Spezies Homo sapiens steht für den Menschen als Gattungswesen oder die Art „Mensch".

Stalking

bezeichnet eine Form der besitzergreifenden (obsessiven) Liebe, bei der der/die Geliebte ständig überwacht, verfolgt und belästigt wird. Die Überwachung und Verfolgung des Liebesobjektes erfolgt auch dann, wenn dieses die Liebe des Stalkers nicht erwidert.

Stoa

ist eine Philosophenschule der Antike, die versuchte, dem Menschen zu zeigen, wie er glücklich werden könnte. Dabei spielte die Gelassenheit eine besondere Rolle.

Symbol

(griech. = das Zusammengebundene) bezeichnete in der Antike in zwei Teile zerbrochene Tontafeln, die als gegenseitiges Erkennungszeichen genutzt wurden. D.h., die Tontafel besaß eine versteckte Bedeutung. Bis heute bestehen Symbole aus einem sichtbaren und einem unsichtbaren Teil. Der sichtbare verweist den, der ihn zu deuten weiß, auf den unsichtbaren. Ein Autoaufkleber mit einem Stock, um den sich eine Schlange windet, der sog. Äskulapstab, verrät, dass hier ein Arzt im Einsatz ist.

These

Eine These ist eine Aussage, deren Richtigkeit/Wahrheit erst noch bewiesen werden muss.

Totem

bezeichnet eine bei den Indianern verbreitete Vorstellung, sich mit einem bestimmten (Totem-)Tier oder einer Pflanze emotional verbunden zu fühlen und mit ihm bzw. ihr verwandt zu sein. Totems dürfen weder berührt noch getötet oder gar verzehrt werden.

Tugend

bezeichnet eine besondere moralische und sittliche Haltung oder Eigenschaft eines Menschen.

Vier-Ecken-Gespräch

ist eine Methode, bei der zu einer Frage vier unterschiedliche Antworten gesucht werden, die alle plausibel scheinen. Jede Antwort wird auf ein großes Blatt geschrieben und in einer Ecke des Raumes platziert. Jeder Schüler entscheidet sich spontan für die Antwort, die ihm am plausibelsten erscheint und begibt sich in die entsprechende Ecke. In der Gruppe wird nun weiterdiskutiert, werden Standpunkte ausgetauscht und Begründungen festgehalten und schließlich im Plenum vorgestellt.

Viktorianisches Zeitalter

heißt eine Periode am Ende des 19. Jh., in welcher in England die Königin Viktoria herrschte. Diese Herrschaft begann 1837 dauerte mehr als 60 Jahre lang.

WWF

steht als Abkürzung für „World Wide Fund For Nature", eine große internationale Naturschutzorganisation mit einem Netzwerk in mehr als 100 Ländern.

Zeus

ist der ranghöchste Gott der griechischen Mythologie, auch als Göttervater bekannt. Er thront auf dem Olymp.

Bildverzeichnis

Seite 1: istockphoto (2): a-wrangler (Mädchen); Zaichenko (Skater); ◀ 6: mauritius images / Alamy (o); mauritius images / dieKleinert (u); ◀ 7: Lafit86 / Wikimedia Commons; ◀ 9: © Arne Trautmann / PanterMedia (o); © Halfpoint / istockphoto; ◀ 12: © konurk / istockphoto; ◀ 14: phoenixie / photocase.de; ◀ 15: © dedMazay / istockphoto; ◀ 16: akiebler / Fotolia.com; ◀ 17: inkje / photocase.de; ◀ 18: © 2004 Blizzard Entertainment; ◀ 19: © d3images / istockphoto; ◀ 20: © Hans-Jürgen Krahl / Fotolia.com; ◀ 21: Doatsch / Pixelio.de; ◀ 22: © nito100 / istockphoto; ◀ 23: © Kondor83 / istockphoto; ◀ 24: © ragneda / istockphoto; ◀ 25: http://www.kenn-dein-limit.info/downloads-co/materialien.html / Bundeszentrale für gesundheitliche Aufklärung (BZgA) ◀ 26: © gurcanozkan / istockphoto; ◀ 28: © kevinhillillustration / istockphoto; ◀ 30: © Jim DeLillo / istockphoto; ◀ 33: Dole08 / istockphoto; ◀ 35: Herbert Reimann / panthermedia.net; CreativeNature_nl / istockphoto; SteveByland / istockphoto; KatPaws / istockphoto; Paweł Ku niar (Jojo_1, Jojo) / CC BY-SA 3.0 (v.o.n.u.); ◀ 40: Yofial / Wikipedia (CC BY-SA 3.0); ◀ 42: © paulprescott72 / istockphoto (l); Ond ej Zvácek / Wikipedia (m); © mathess / istockphoto; ◀ 43: Sven-Olaf Froehlich / istockphoto.com (u); ◀ 44: © Ammit / istockphoto; ◀ 46: mauritius images / United Archives; ◀ 48: © Jez Bennett / istockphoto; ◀ 49: steffne / photocase.de; ◀ 50: M. Großmann / Pixelio.de; ◀ 51: © Biosphärenreservat Mittelelbe; ◀ 53: Michael Grabscheit/Pixelio.de; Christiane Heuser / Pixelio.de; Alexandra H. / Pixelio.de; jba / photocase.de (v.l.n.r); ◀ 54: © bugphai (Sasin Tipchai) / istockphoto; ◀ 55: © GlobalP (lifeonwhite.com) / istockphoto; ◀ 57: © foodwatch/Dirk Heider; ◀ 58: © Bkamprath / istockphoto; ◀ 59: © Bkamprath / istockphoto; ◀ 60: © RagilSP / istockphoto; ◀ 61: © Carnegie42 / istockphoto; ◀ 63: Uta Wolf, atelier up, Leipzig; ◀ 64: © bluebearry / istockphoto (Lebensmittel); © Voysla / istockphoto (Vignetten); ◀ 65: © AnnBaldwin / istockphoto; ◀ 66: Rebecca Meyer; ◀ 67: Thomas Butsch (Waldsterben); Ralf Thielicke (Wald); M. Großmann / Pixelio.de (Kühe); Niko Korte / Pixelio.de (Getreide); Thomas Knauer / PantherMedia (Windräder); Thomas Kraft / cc-by-sa (Milan); Frank Röder / PantherMedia (Tagebau); Jocic / istockphoto (Straßenbau); Andreas Weber / istockphoto (2, Staumauer, Fischerboot); iVOOK / istockphoto (Stadtplan); NABU / A. Hentschel; ◀ 68: Ralf Zierold / Pixelio.de (ol); katanski (CC BY 3.0) / Wikimedia Commons (or); uschi dreiucker / Pixelio.de (ul); Katrin S. / Pixelio.de (ur); ◀ 69: Thomas Knauer / PantherMedia. (HG, Ausschnitt), Thomas Kraft / cc-by-sa (Roter Milan); ◀ 70: © TonisPan / istockphoto; ◀ 71: unter Verwendung einer Abb. von lukeruk / istockphoto (o); w.r.wagner / Pixelio.de (u); ◀ 74: viki2win / istockphoto; ◀ 75: ValeriyaRedina / istockphoto; ◀ 76: obere Reihe: Ehrenberg-

bilder / Fotolia.com (l); © monainshanghai (Monica Ninker) / istockphoto (m); Bronwyn Photo / Fotolia.com (r); mittlere Reihe: © Rolf_52 / istockphoto (l); wallenrock / PantherMedia (m); Christian Schwier / PantherMedia (r); untere Reihe: © shironosov / istockphoto (l); © Elenathewise / istockphoto (m); Gerke & Fritsch / MEV Verlag GmbH, Germany; ◀ 77: Jastrow (2006) / Wikimedia Commons; ◀ 79: a-wrangler / istockphoto; ◀ 80: © monkeybusinessimages / istockphoto (l); © Anna30 / istockphoto (m); © Aliaksei Kaponia (JohanJK) / istockphoto; ◀ 82: MjFe / (CC BY 3.0) / Wikimedia Commons (or); mauritius images / United Archives (2, untere Reihe); ◀ 83: © Shelly Perry / istockphoto; ◀ 84: Tetiana Vitsenko / PantherMedia (ol); Nicholas Piccillo / PantherMedia (or); © Heinz Wolf, Ruhla (ml); JMG / Pixelio.de (mr); Klicker / Pixelio.de (ul); © rockabella / photocase.de (um); Anja Schulz, Bad Lauchstädt (ur); ◀ 85: OlgaLebedeva / istockphoto (2); ◀ 86: Nils Julia Weymann Pfeifer / PantherMedia (o); a-wrangler / istockphoto (ul); Jacek27 / istockphoto; ◀ 87: J614 / istockphoto; ◀ 89: Alessandro De Leo / 123rf; ◀ 90: Uta Wolf, atelier up, Leipzig; seamartini / istockphoto (u); ◀ 91: oksanaok / 123rf.com; ◀ 93: Duncan Noakes / PantherMedia (l); Gelpi José Manuel / PantherMedia (m); Oleksii Akhrimenko / PantherMedia; ◀ 95: Pjacobi / Wikimedia Commons (l); Camille Claudel; ◀ 96: © goodynewshoes (Tracy Whiteside 2007) / istockphoto; ◀ 97: Monkeybusiness Images / PantherMedia (or); Lutz B. / PantherMedia (ur); Christine Langer-Püschel / PantherMedia (um); Thomas Lammeyer / PantherMedia (ul); Roman Sigaev / Fotolia; ◀ 98: © FilippoBacci / istockphoto; ◀ 99: stw / Fotolia; ◀ 100: © clownbusiness / istockphoto; ◀ 101: Denis_pc / Fotolia.com (Vignette Mädchen); Martin Röll / cc-by-sa (Vignette Bulldozer); ◀ 102: CFalk / Pixelio.de (o); Mondbogen / cc-by-sa (ml); Rainer Sturm / Pixelio.de (mr); ◀ Tomizak / Pixelio.de (ul); Wikitanvir / cc-by-sa (ur); ◀ 103: Denis_pc / Fotolia.com; ◀ 104: ellirra / 123rf; ◀ 106: Furfur / cc-by-sa; ◀ 107: www.machsmit.de / Bundeszentrale für gesundheitliche Aufklärung (BZgA); ◀ 108: © Massonstock (Vladimir Nikulin) / istockphoto; © NevP7 / istockphoto (Herz); ◀ 109: © kevinruss / istockphoto (o); © NevP7 / istockphoto (Herz); ◀ 112: Mike Witschel / MEV-Verlag, Germany (ol); goodluz / Fotolia (or); © purmar (Arrow Studio) / istockphoto (ml); Susanne Kracke / MEV Verlag GmbH, Germany (mr); © MariaDubova / istockphoto (ul); Wavebreakmedia ltd / PantherMedia; ◀ 113: Stefan Kunert / PantherMedia; ◀ 114: Arne Trautmann / panthermedia.net (o); Iryna Hramavataya / PantherMedia (l); Anne Heine / PantherMedia (u); Robert Kneschke / PantherMedia (r); ◀ 115: © GlobalStock / istockphoto (o); © kate_sept 2004 / istockphoto; ◀ 116: © PIKSEL / istockphoto (o); Andrey Kiselev / panthermedia.net (l); Stefano Valle / panthermedia.net + Florian Huber / PantherMedia (Musiker); Yuri Arcurs / panthermedia.net (r); ◀ 117: © stylephotographs (Robert Kneschke) / istockphoto (o);

Herausgeber
Prof. Dr. habil. Silke Pfeiffer

Autoren
Kapitel 1: Eckhard Gruen
Kapitel 2: Dr. Martina Wegener
Kapitel 3.1 und 3.3: Prof. Silke Pfeiffer
Kapitel 3.2: Dr. Eveline Luutz
Kapitel 4: Stefanie Ströhla
Kapitel 5: Jana Paßler

Dieses Lehrbuch folgt der reformierten Rechtschreibung und Zeichensetzung.
Texte mit * sind aus urheberrechtlichen Gründen davon ausgenommen.

© Militzke Verlag GmbH, Leipzig 2015
Lektorat: Dr. Eveline Luutz / Korrektorat: Julia Vaje
Umschlag, Layout und Satz: Ralf Thielicke
Umschlagfoto: istockphoto (2): a-wrangler (Mädchen); Zaichenko (Skater)
ISBN: 978-3-86189-557-2

www.militzke.de

Die letzte Jahreszahl bezeichnet das Erscheinungsjahr dieser Auflage.
2018   2017   2016   2015